큰 정신은 어떻게 만들어지는가? 익숙한 곳에 머물기를 거부하고 더 큰 지평을 향해 끝없이 나아가면서 형성되는 것이리라. 무릇 참을 찾는 이들은 흐름 속에 존재의 집을 짓는다. 믿음의 반대말은 회의가 아니라 확신이라는 말이 있다. 확신이 때로는 우리 영혼의 감옥이 되기도 한다. C. S. 루이스는 참을 찾는 구도자로 살았다. 구도의 길에서 무신론적 절망에 빠지기도 하지만 그는 상상력에 의지하여 회의의 강을 건넜다. 루이스는 기독교 전통이 소홀히 다뤄 온 상상력이 실은 존재와 삶의 신비를 캐내는 놀라운 도구임을 우리에게 일깨워 준다. 상투적인 신앙 언어 속에 새로운 활력을 불어넣은 루이스의 사유 세계로 우리를 안내하는 데 김진혁 박사보다 더 나은 이가 있을까?

김기석 청파교회 담임목사

많은 이가 C. S. 루이스의 이름을 들어 안다. 그중 많은 이가 루이스의 책을 몇 권 소장하고 있다. 그중 많은 이가 일부를 읽었다. 그러나 루이스는 책 한두 권으로만 알려지기에는, 특히 기독교 변증의 대명사로 꼽히는 책으로만 알려지기에는 너무도 다면적인 인물이다. 조직신학자인 김진혁 교수의 여러 저술에는 논리와 이성, 체계와 조직을 핵심에 둔 전통적 조직신학과는 다른 감수성이 짙게 묻어 있다. 아마도 그가 신앙과 상상과 이성의 삼위일체성을 전인으로 체화한 '순전한' 그리스도인이기 때문일 것이다. 그 배경에는 여러 영향이 있겠지만 거기서 루이스를 빼놓을 수는 없을 것이다. 루이스가 옥스퍼드에서 살던 집 킬른스에 머물면서 그가 주술을 건 신비의 세계로 진입한 저자는, 자신이 경험한 세계를 함께 맛보자고 독자를 초대한다.

이재근 광신대학교 교회사 교수

『순전한 그리스도인』은 독자의 상상력을 살찌우고 이성을 예리하게 하며 신앙을 뜨겁게 만들어 주는 루이스의 글이 가진 힘이 그가 걸었던 '길'에서 발원한다는 사실을 보여 준다. 저자는 루이스의 다층적·다면적 회심 여정에 대한 두터운 묘사와 촘촘한 분석을 통해 루이스의 기독교 세계가 발원하는 지점의 지층과 배경을 드러내고, 회심 이후 루이스가 그려 내며 살아간 기독교 세계의 풍요로움이 어떻게 '여정'이라는 회심의 열매이자 '순례'라는 삶의 결실이었는지를 보여 준다. 그리하여 루이스가 단순히 '오래된' 기독교를 유능하게 변호한 변증가가 아니라 이를 '새롭게' 그려 낸 작가였으며, 이 새로운 비전의 배면에는 '우주적 이성'과 '신화의 힘'과 '상상력의 세례'에 대한 그의 믿음과 경험이 자리하고 있음을 밝혀낸다. 루이스의 가장 루이스다운 면모가 한국 학자의 탁월한 안내서로 출간된다는 사실에 루이스 애독자이자 연구자로서 몹시 기쁘다. 저자는 무엇보다 루이스를 자기 길을 걸은 사람이자, 그렇게 자기 길을 걷고자 하는 사람들에게 용기와 위안과 통찰을 주는 '순전한 길벗'으로 소개하는데, 이는 루이스의 방에서 한동안 지낸 저자가 예전에 루이스가 아침마다 열었을 그 방의 창문을 열며 했던 생각일 것이다.

이종태 한남대학교 초빙교수

영국의 "한 별난 평신도"였던 C. S. 루이스를 다룬 『순전한 그리스도인』에서는 루이스를 획일적 기독교 변증가가 아니라 상상력, 이성, 신앙의 다차원에서 회심을 경험한 다채로운 인물로 제시한다. 김진혁 교수는 루이스를 통해 '순전한 기독교'는 교파와 전통을 넘어서 정통적인 것을 추구하더라도 '순전한 그리스도인'의 모습은 사람마다 다양한 형태로 구현된다고 말한다. 책의 안내를 받아 순전한 그리스도인이 되는 여정을 따라가다 보면, "그리스도 안에서 상상력과 이성과 신앙이 조화를 찾는 모험의 길"이 이미 내 안에서 시작되었음을 느끼며, 회심이란 하나님께로 돌아오는 여행의 끝이 아니라 하나님의 은혜에 전인적으로 응답하는 진정한 신앙인으로서 맞이할 새로운 시작이라는 저자의 서술에 공감하게 된다.

　이 책에는 루이스만 등장하지 않는다. 맥도널드, 체스터턴, 톨킨, 세이어즈 등 루이스에게 자극을 준 이전 시대와 동시대의 기독교 작가들과 관련한 흥미진진한 이야기도 담겨 있다. 이러한 이야기들과 함께 저자가 이끌어 가는 여정은 쪼그라들고 공허해진 근대성의 세계에 매인 인간 실존에 생기를 불어넣으면서도 상상력을 자극하는 흥미진진한 길이다. 루이스에게 도전을 받으면서

동시에 그에게 매이지 않는 가운데 "각자 고유한 방식으로" 순전한 그리스도인이 되는 것이 얼마나 흥미진진하며 드라마틱한 여정인지 멋지고 풍성하게 제시한다는 점에서 이 책은 우리 모두에게 값진 선물이다.

장경철 서울여자대학교 기독교학과 교수

몇 년 전, 루이스에 대한 강연 원고와 논문, 글감, 구상이 쌓여 있는데 책으로 엮어 낼 시간이 없다는 저자의 말을 들으면서 어서 책으로 엮인 결과물을 읽고 싶어 조바심이 났었다. 이제야 책을 읽으면서 오래 기다린 보람을 맛보았다. 읽는 내내 '청지기'라는 단어가 뇌리에 맴돌았다. 저자는 루이스의 생가 킬른스에서 살았던 특별한 경험, 루이스 전문가들과 맺은 교류, 학자로서 행한 연구와 강연이라는 다섯 달란트를 묵히지 않고 열심히 '장사하여' 루이스를 관통하는 상상력, 이성, 신앙의 삼화음을 밝히 드러내는 열 달란트의 책을 내놓았다.

루이스의 책을 여러 권 번역하면서 루이스 좀 안다고 생각했는데, 이 책을 보면서 독학이 갖는 한계를 절감했다. 공부는 역시 돈을 들여 해야 한다는 말의 의미를 알 듯하다. 특히 루이스가 다루는 상상력과 신화에 대해 제대로 정리해 보고 싶었던 마음이 오래전부터 있었는데, 이번에 맞춤형 수업을 들은 느낌이 든다. 재수강하는 기분으로 두고두고 읽으면서 새겨 두고 싶은 대목이 가득하다. 추천사를 쓰는 일은 좋은 책이 주는 유익을 먼저 경험한 사람이 다른 이들을 같은 자리로 부르는 초대장을 보내는 일임을 이번에 알았다. 적극 추천한다.

홍종락 전문 번역가, 『오리지널 에필로그』 저자

순전한 그리스도인

IVP(InterVarsity Press)는
캠퍼스와 세상 속의 하나님 나라 운동을 지향하는
IVF(InterVarsity Christian Fellowship)의 출판부로
생각하는 그리스도인을 위한 문서 운동을 실천합니다.

C. S. 루이스를
통해 본
상상력, 이성, 신앙

순전한 그리스도인

김진혁

ivp

차례

감사의 글　11

들어가며: '순전한'이라는 주술에 걸리다　15

1부
신앙과 불신앙 사이에서
C. S. 루이스의 세 번의 회심　25

1장　무신론의 길에 들어선 소년　31
점진적 배교 | 커밍아웃 무신론자 | 존재하지 않는 신에 대한 분노 |
현실과의 협약 | 맺으며: 갈림길에 선 무신론

2장　기독교로 돌아오는 순례자　69
상상력의 회심 | 이성의 회심 | 신앙의 회심 |
맺으며: 이제 다시 떠나는 순례

2부
새롭게 만나는 기독교
상상력, 이성, 신앙의 종교

101

3장 상상력과 신화   107

두 세계를 이어 주는 상상력 | 신화적 상상력 되찾기 | 역사 속에 들어와 사실이 된 신화 | 맺으며: 역사가 된 신화, 실종된 역사

4장 이성과 도덕법   137

양심, 그리고 옳고 그름 | 도덕의 한계에서 만나는 은혜 | 가슴 잃은 사람을 위한 복음 | 맺으며: 선에 대한 아이 같은 믿음

5장 신앙과 성경   163

새로운 세계관의 도전 앞에 놓인 성경 | 하나님의 말씀인 성경의 권위 | 성경 해석의 어려움과 유익 | 신화를 만드는 하나님, 신화를 담은 성경 | 맺으며: 참여와 변화의 성경 읽기

나오며: 판타지에 빠진 세계, 재주술화된 그리스도인   195

재주술화와 새로운 신화 창조 | 판타지를 통한 참 생명으로의 도피 | 맺으며: 순전한 그리스도인의 여정

주   209
참고문헌   237
인명 찾아보기   247
주제 찾아보기   249

더 생각할 거리

이성의 역설, 섭리의 반전　38

맹독보다 독한 믿음의 고집　46

심판대에 서신 하나님　53

사람은 죽음을 견뎌야 한다!　63

어린아이 같은 하나님, 동화 같은 세계　77

인간의 시간과 하나님의 영원　87

단번의 돌이킴, 여러 번의 회심　95

연필 자국 없는 세계　113

시를 이해하고자 나는 믿습니다　122

하나님이 주신 세 가지 선물　130

온 세상을 위한 윤리　143

보편 법칙인가 사회적 합의인가　151

삼화음의 원리　158

신화 구출하기　168

성육신과 성경의 권위　175

책을 위하여 자기 목숨을 잃는 자는　182

완전한 하나님의 불완전한 계시　189

감사의 글

유머와 상상력을 발휘할 여백이 넉넉했던 중세 세계관을 좋아한 C. S. 루이스Lewis, 1898-1963. 중세 문학 전문가였던 그는 현대인에게 낯선 중세의 흥미로운 특징을 이렇게 소개한다. "역설적이게도, 중세인들이…독창성을 버렸을 때 그들이 실제로 보유한 독창성이 나왔습니다."[1] 창조적이고 비판적이기를 강조하는 우리 시대의 글쓰기와 달리, '겸손한' 중세 작가들은 이전보다 더 나은 작품을 창작하기보다 기존의 좋은 이야기를 전달하는 데 만족했다. 옛 명작을 자유롭고 즐겁게 모방, 각색, 변주하는 활동을 통해 중세인은 이전 세대에 진 빚을 갚고 감사를 표한다고 생각했다. 사실 조직신학 전공자인 필자가 루이스에 관한 책을 쓰게 된 가장 큰 이유도 루이스와 그를 사랑하는 여러 사람에게 본의 아니게 진 빚 때문이다.

영국에서 학위 과정이 막바지에 이르렀을 때, 학교 기숙사를 나와 머물 집이 필요했다. 옥스퍼드의 비싼 월세 때문에 집을 구하러 다니며 꽤 골치가 아팠다. 그러다 루이스의 생가이자 현재는 C. S. 루이스 연구소C. S. Lewis Study Centre로 사용되는 킬른스Kilns에서 연구원으로 거주하며 공부하게 되었다. 그 덕분에 루이스가 1963년 11월 22일 갑자기 쓰러져 죽음을 맞이한 방에서 아내와 한동안 사는 예기치 못한 경험을 했다. 살아생전 루이스는 그 방에서 50년 후 젊은 한국인 부부가 살게 되리라 상상이나 했을까? 솔직히 말하자면 그때까지는 루이스를 잘 알지도 못했고 그의 책을 제대로 읽지도 않았다. 하지만 루이스가 추구했던 기독교 인문학자들의 우정 공동체를 본떠 만든 킬른스에서 지낸 기간은 그의 작품을 새롭게 보는 눈을 선사했다. 가만히 있기만 해도 월터 후퍼, 알리스터 맥그래스, 마이클 워드, 윌 바우스 등 루이스 전문가가 수시로 찾아와서는 루이스에 관한 이야기를 들려줬다. 영국식 애프터눈티Afternoon tea를 두고 오간 대화는 루이스를 주제로 한 양질의 튜터링을 받는 듯한 느낌을 주었다. 킬른스 주위의 아름다운 자연은 상상력을 일깨워 줬고, 루이스와 필자의 생활 공간이 동일해지자 그의 생각을 잘 이해하도록 마음의 주파수도 서서히 조정되었다.

영국 생활을 정리하고 한국에 돌아오자 '루이스의 집' 덕분에 과분할 정도로 다양한 일을 하고 여러 사람을 만나게 되었다. 킬른스에서의 추억이 문득 떠오를 때마다, 교회와 학교와 방송국에서 루이스 강연을 부탁받을 때마다 빚진 마음이 커졌다. 게다가 한국 기독교에서 루이스의 다채로운 모습 대신 '기독교 변증가'로만 루이스의 이미지를 소비하는 것도 불편했다. 사실 킬른스에 머물기 전까지 루이스의 저작을 멀리했던 것도 '대중 변증가' 딱지가 그에게 찐득하게 붙어 있었기 때문이었다. 어떻게든 마음의 빚을 갚아야 할 것 같았다.

그러던 중 2015년 여름 옥스퍼드에 잠시 머물 기회가 생겼다. 다른 연구 프로젝트 때문에 옥스퍼드를 방문했지만, 몇 년을 따라다닌

부채 의식 때문인지 이 기회에 루이스도 조금 공부하면 좋겠다는 생각이 들었다. 구체적으로 출판을 계획하진 않았지만 3주 동안 자료를 모으고 이 책의 원고 대부분을 작성했다. 하지만 분주한 한국 생활로 돌아오자 원고를 더 발전시키지 못한 채 시간이 흘렀다. 원고 일부를 논문으로 출판하기도 했으나, 원고 전체를 한 호흡으로 다듬어 내지는 못하고 있었다. 그 사이에 루이스의 중요 저작이나 루이스 관련 양서는 계속 출판되었고, 한국 기독교의 상황과 필자의 생각도 꽤 변했다. 결국 이제는 옛 원고를 독자가 읽을 만한 글로 만들어야겠다고 생각하며 보완하고 수정했다. 아뿔싸! 묵혀 뒀던 원고가 책이 되려니 더 많은 사람에게 빚을 지게 되었다.

  '인간은 사회적 동물'이라는 고대의 격언은 여러 맥락에서 사용됐지만, 한 권의 책을 낼 때마다 '작가는 사회적 동물'임을 통감한다. 홀로 하지 못할 일을 가능하게 해 준 여러 사람에게 고마움을 표하고 싶다. 우선, 개인적 충동으로 썼다가 컴퓨터 하드디스크에 한동안 잠재워 두었던 원고를 검토하고 출판을 제의하신 IVP 신현기 대표간사님과 정지영 간사님께 특별히 감사드린다. 저자를 두렵게 만드는 편집으로 책의 완성도를 높인 설요한 간사님과 투박한 원고에 아름다운 형상을 입혀 주신 디자이너 이혜린 간사님께도 깊은 감사를 표한다. 이 책이 독자의 손에 이를 수 있도록 보이지 않는 곳에서 기획, 제작, 유통, 홍보로 수고하신 분들께도 말로 표현하지 못할 고마움을 전하고 싶다. 또한 「횃불트리니티저널」과 「피어선신학논단」의 배려 덕분에 논문으로 출판된 글의 일부가 수정을 거쳐 이 책에 실리게 되었다.[2]

루이스에 대해 여전히 잘 모르고 그의 영어를 어려워하는 필자가 감히 책을 낼 수 있었던 것은 여러 번역자께서 루이스의 품위 있으면서도 까다로운 글을 한국어로 훌륭하게 옮겨 주셨기 때문이다. 특별히 홍종락 선생님과 이종태 교수님은 뛰어난 번역뿐만 아니라 수준 높은 글과 가르침으로 루이스를 이해하는 데 큰 도움을 주셨다. 급하게 쓰인 원고의 거친 문장을 다듬어 주고 때로는 독자 시각에서 귀한 조언과 격려를 해 주신 김주희 님의 수고도 언급하지 않을 수 없다. 아직 영글지 않았던 생각을 루이스에 관한 10주 연속 강의로 다듬을 기회를 주셨던 횃불트리니티신학대학원대학교 평생교육원의 홍일영 목사님과 최준호 팀장님, 그리고 수강생 모두에게 고마움을 전하고 싶다.

남편이 영국의 상쾌한 여름 하늘 아래서 루이스의 책을 읽고 글을 쓰는 동안, 한국의 무더위 속에서 열심히 직장 생활을 했던 아내 이현주의 인내와 자비가 없었다면 이 책은 탄생하지 못했을 것이다. 그리고 킬른스에 장기간 머물게 해 주고, 그 이후에도 루이스 자료를 열람하게 허락해 줬던 미국의 C. S. 루이스 재단 C. S. Lewis Foundation에도 감사의 말을 전한다. 끝으로, 킬른스에서 함께 먹고 마시고 대화하며 그리스도인의 삶을 기쁨으로 함께 배워 갔던 데비 히긴스 Debbie Higgins와 조너선 커크패트릭 Jonathan Kirkpatrick, 라이언 펨버턴 Ryan Pamberton에게, 비록 뭐라고 썼는지 알 길은 없겠지만 이 책을 드리고 싶다.

2020년 7월 양재동에서
김진혁

들어가며: '순전한'이라는 주술에 걸리다

예기치 못한 운명을 가진 책 한 권이 세상에 등장했다. 영국의 영문학자이자 기독교 작가 C. S. 루이스는 1952년에 『순전한 기독교』*Mere Christianity*라는 제목의 얇은 책을 출판했다.¹ 별다른 홍보 없이 나왔음에도 곧 베스트셀러가 된 이 책은 출간 이후에도 독자들의 사랑을 꾸준히 받았고, 세계 곳곳의 많은 그리스도인은 한 별난 평신도가 제안한 '순전한 기독교'에 이상할 정도로 푹 빠졌다. 일례로 미국의 복음주의 잡지 「크리스채너티 투데이」*Christianity Today*에서 20세기 기독교 명저 100권을 발표했을 때 바로 이 '소박한' 책이 1위로 선정되었다.² 중년의 아마추어 신학자가 묘사한 기독교의 모습을 놓고 여러 전문 학자의 찬반 의견이 뒤따랐고, 다양한 교단의 수많은 사람이 이 책을 읽고 또 읽었으며, 적잖은 무신론자가 이 책 덕분에 그리스도인이 되었고, 세계 곳곳에서 36개 이상의 언어로 이 책이 번역되었다.³

그뿐만 아니라 루이스가 사용한 '순전한'mere이라는 형용사는 큰 '주술적' 힘을 발휘했다. 이 단어가 유독 매력적이었는지 여러 작가와 출판인이 『순전한 제자도』Mere Discipleship, 『순전한 인간』Mere Humanity, 『순전한 변증학』Mere Apologetics, 『순전한 희망』Mere Hope, 『순전한 칼뱅주의』Mere Calvinism, 『순전한 영성』Mere Spirituality, 『순전한 도덕』Mere Morality, 『순전한 성』Mere Sexuality, 『순전한 교육』Mere Education 등을 내놓았다.[4] 도대체 '순전한'이 무엇이기에 20세기 중반 이후 그리스도인에게 이토록 영향을 끼치고 있을까?

'순전한'으로 번역된 영단어 mere는 '대상이 그리 중요하거나 크지 않음'을 강조하거나 '대상을 향한 느낌이 얼마나 강한지'를 표현하고자 사용한다.[5] 루이스는 책 제목을 정하면서 이 두 가지 뜻을 모두 염두에 둔 듯하다. '순전한 기독교'란 정의상 특정 교단이나 전통을 대변하지 않고 "모든 그리스도인이 공통적으로 믿어 온 바" 혹은 "여러 방으로 통하는 현관 마루" 같은 기독교를 의미한다.[6] 루이스는 교파주의에 빠지지 않고 '성경과 신경에 헌신'하는 기독교를 표현하는 '순전한'의 특별한 용례를 약 400년 전 리처드 백스터Richard Baxter, 1615-1691의 글에서 발견했고, 이를 기꺼이 자기 책 제목에도 사용했다.[7] 백스터에 비해 루이스식의 '순전한 기독교'가 특별한 바가 있다면, 그것은 바로 이해하기 쉬운 현대인의 언어와 이미지가 풍성히 담긴 설명으로 그리스도인의 공통된 고백을 표현해 내려 했다는 데 있다.

순전한 기독교는 단순히 뛰어난 지성이 기독교의 공통된 가르침을 응축해 낸다고 해서 만들어지지 않는다. 신앙의 본질에 집중하면서도 각자의 다름을 인정하는 성숙함 없이 순전한 기독교는 불가능하다. 루이스는 '현관 마루'에 있다가 '자기 방'에 들어간 사람, 즉 순전한 기독교를 통해 특정 교단에 속하게 된 이들에게 간곡히 부탁한다. "마침내 자신의 방을 찾게 되었다면, 다른 방을 택한 사람들과 여전히 현관 마루에 머물러 있는 사람들을 친절하게 대해 주십시오."[8] 이런 시각에서 보면, 단지 성경이나 교리를 공부함으로써 알게 되는 기독교는 뭔가 불충분하다. 그리스도인이 된다는 것은 하나님의 은밀한 흔적을 교회 밖 일상에서도 발견하는 일, 아울러 하나님이 자비로우시듯 이웃에게 자비로운 존재로 변화하는 일까지도 의미한다.

사실 이 정도는 루이스 외에 수많은 기독교 작가나 설교자도 어렵지 않게 이야기해 왔다. 중요한 것은 일상에서 '어떻게' 하나님을 경험하고 그리스도인답게 살아가느냐다. 성경 묵상, 기도, 예배, 봉사, 전도를 언제 어디서나 힘써야 한다는 '정답'은 이미 많이 들어 왔다. 동서고금을 막론하고 정답은 잔소리라는 오명을 뒤집어쓰는 운명을 피할 수 없다지만, 무신론자였다가 그리스도인이 된 루이스가 볼 때 신앙에서 '…을 해야 한다'라는 당위론은 그다지 효율적이지 못한 설득 방법이다.[9] 그 대신 그는 자신의 회심 과정을 반영하는 깊고도 다차원적인 '인간론적' 통찰을 제시한다. 매일의 삶에서 하나님의 은밀한 현존에 참여하고 그분의 성품을 닮아 가려면 하나님이 인류에게 주신 '상상력'과 '이성'과 '신앙' 모두가 일깨워지면서 서로 어우러져야 한다. 자연 상태로는 각자 한계가 있고 그냥 내버려 두면 서로 갈등을 일으키기 마련인 상상력과 이성과 신앙은, 하나님의 자비로운 은혜로 조화를 이룸으로써 우리를 더욱 '인간답게' 만들어 간다. 즉, 예수 그리스도를 통해 올바른 지향성을 얻으며 상상력과 이성과 신앙이 어우러질 때 순전한 기독교의 이상을 체화한 '순전한 그리스도인'이 탄생한다.

이 책의 목표는 상상력과 이성과 신앙이 빚어낸 '순전한 그리스도인'을 루이스의 삶과 사상을 통해 살펴보는 것이다. 1부인 "신앙과 불신앙 사이에서: C. S. 루이스의 세 번의 회심"에서는 루이스가 무신론자가 되었다가 다시 그리스도인이 되는 특이한 과정을 추적한다. 특별히 그가 기독교로 돌아오기까지 상상력과 이성과 신앙이 맡은 역할을 분석하는 데 집중할 것이다. 그의 영적 여정을 소개하다 보니 전기傳記, biography 형식을 취한 것처럼 보이지만, 사실 전기와는 여러모로 차이가 있다. 전기라는 장르가 갖춰야 할 조건을 신학자인 필자가 잘 모르기도 하지만, 무엇보다도 루이스의 생애 전체가 아니라 그가 기독교로 회심할 때까지 첫 33년에만 집중했기 때문이다. 또한, 그 기간 루이스에게 중요하고도 흥미로운 일이 일어났더라도 이 책의 주제와 무관하다면 애써 무심한 척 건너뛰었다. 그 결과 루이스를 사랑하는 사람이라면 잘 알 만한 그의 가족사, 학창 시절, 무어 부인과의 관계, 옥스퍼드 학자가 되는 과정, 여러 문인과 나눈 우정, 책 출판 배경, 사랑 이야기 등은 언급하지 않거나 간략하게만 다루었다. 이런 일화들은 재미도 있거니와 루이스를 제대로 이해하는 데도 꼭 필요하니, 관심 있는 독자들은 부디 다른 전기를 통해 루이스의 특별한 삶의 이야기도 들어 보기 바란다.

    루이스는 1955년 "나의 젊은 시절 삶의 형성"The Shape of My Early Life 이라는 부제를 붙인 자서전 『예기치 못한 기쁨』Surprised by Joy을 출판했다. 필자가 루이스의 회심 과정을 재구성하며 사용한 기초적 뼈대와 자료도 『예기치 못한 기쁨』에서 가져온 것이다. 하지만 루이스의 삶을 공부하겠다고 그의 자서전을 집어 들었다가는 낭패에 빠질 수 있으니 조심해야 한다. 많은 전문가가 지적하듯, 『예기치 못한 기쁨』은 "자서전의 수수께끼"[10]라 불릴 만큼 신뢰도가 떨어지는 자전적 기록이다. 기억이 종종 정확하지 못했던 루이스였기에, 50대 중반이 지나 자서전을 집필하며 자기 생애의 첫 33년을 재구성하는 데 한계가 있을 수밖에 없었다. 하지만 무엇보다도 루이스는 의도적으로 과거에 있던 특정 사건의 의미는 축소하고 다른 일의 중요성은 과장하며 글을 썼다. 그래서 루이스 학자들은 루이스의 삶을 다룰 때 루이스를 얼마나 믿어야 할지를 놓고 재밌는 고민에 빠진다.

이 책에서는 『예기치 못한 기쁨』에서 루이스가 들려주지 않은 여러 중요한 이야기를 그가 주고받은 편지, 무신론자 시절 쓴 시, 주위 친지가 남긴 기록 등 그가 생전에 출판하지 않은 다양한 자료를 활용하여 보충했다. 특별히 그의 자서전이나 다른 루이스 전기에는 자세히 소개되지 않은 무신론자 시절 루이스의 반기독교적 신념을 재구성하는 데 노력을 기울였다. 사실 한국의 독자에게 널리 사랑받는 루이스의 변증적 글은 상당 부분 젊은 무신론자 시절의 신념과 경험에 대한 반작용으로 나왔다고도 할 수 있다. 따라서 기독교 작가 루이스를 제대로 이해하려면 10-20대 시절 그의 사고와 심리를 잘 알 필요가 있다.

이 책의 나머지 절반인 2부 "새롭게 만나는 기독교: 상상력, 이성, 신앙의 종교"에서는 루이스의 글 속에서 발견되는 상상력과 이성과 신앙의 본질을 추적한다. 구체적으로는 '상상력과 신화', '이성과 도덕법', '신앙과 성경'의 관계를 제시함으로써, 루이스의 저작을 보는 특별한 시각을 제시할 예정이다. 루이스는 본업이 영문학자이자 문예 비평가였기에, 신학이나 철학에서 상상력과 이성과 신앙의 본성과 역할을 다루듯 체계적이고 조직적으로 이 주제를 설명한 적이 없다. 따라서 그의 기독교 변증서, 설교문, 문학 이론, 문학 작품 곳곳에 퍼져 있는 여러 생각의 조각을 모아 연결하는 작업이 필요했다. 그가 전문 철학자나 신학자로서 논문을 쓰지도 않았고, 한국어로 루이스의 저작이 소개될 때 여러 번역자의 손을 거치다 보니, 그의 사상에서 핵심 역할을 하는 상상력, 욕망, 생각, 감정, 이성, 지성, 믿음, 신앙 등의 용어가 간혹 통일되지 않을 때도 있다. 하지만 문맥을 보면 각 단어의 의미는 충분히 파악할 수 있으며 번역자들의 뛰어난 판단과 남모를 수고를 전적으로 존중하고자 가능한 한 한국어판 번역본에 나오는 표현을 그대로 사용했다.

본문에서 루이스의 삶을 재구성하고 그의 다양한 저서를 분석하면서, 독자들이 루이스의 주장이 전개되는 큰 맥락을 파악하거나 그와 영향을 주고받은 사람을 알면 도움이 되리라는 생각이 들었다. 그래서 각 장 내에서 단락이 끝날 때마다 "더 생각할 거리"를 짧은 칼럼 형식으로 썼다. 특별히 루이스의 저작과 그의 스승이나 친구의 글을 중심으로 다룸으로써, 19세기 중후반과 20세기 초중반에 활동하던 영국의 대표 기독교 작가들의 작품을 짧게나마 두루 맛볼 수 있게 구성했다. 햄버거 세트에서 햄버거보다 감자튀김을 더 좋아하는 사람이 있듯, 본문보다 "더 생각할 거리" 같은 글을 선호하는 독자도 있으리라 예상한다. 총 17편의 "더 생각할 거리"는 본문과 함께 읽으면 더욱 좋지만, 각 글은 독립된 주제를 다룬 만큼 선호도에 따라 어느 것을 먼저 읽어도 크게 상관없다.

책을 맺으면서는 루이스의 사상적 기여를 조금 더 큰 사상사적 맥락에서 간략히 평가한다. 유럽에서는 르네상스 이후에 과학과 기술의 발전 덕분에 중세까지 세계를 이해하던 '마법적' 방식을 버리고 그 대신 세상만사를 합리적으로 파악하려는 '탈주술화' 과정이 진행되었다. 물론 대부분의 현대인이 근대화가 던져 준 여러 혜택을 누리며 풍족하고 안정적으로 살아감을 부정할 수 없다. 하지만 인간의 이성을 과도하게 강조하고 우주를 법칙에 따라 운행하는 기계처럼 간주하는 시대정신 때문에, 이제껏 인간과 우주를 설명해 주던 기독교의 역할은 주변화되었고 사람들은 일상에서 의미를 찾는 지혜를 잃어 갔다. 게다가 미신으로 물든 옛 '신화'를 극복했다고 외치는 현대인들은 오히려 과학을 신봉하고 인간의 진보를 찬양하는 새로운 현대적 '신화'에 빠져 버리는 역설에 빠졌다. 루이스는 과학 기술의 세계에 길든 '신화적 상상력'을 새로운 방식으로 일깨워 이성과 신앙의 조화를 이루려 했다. 이러한 '재주술화' 시도는 루이스가 40대에 주력했던 기독교 변증에서도 어느 정도 보이지만, 50대에 집필한 『나니아 연대기』 The Chronicles of Narnia 라는 제목의 7부작 판타지에서 정점에 이르렀다.

저술 스타일이나 다루는 주제가 변하는 가운데서도 루이스는 꾸준히 순전한 기독교, 즉 모든 그리스도인이 함께 고백하는 담백한 기독교를 추구했다. 이를 위해 그는 성경과 전통이 전해 주는 '정통적' 신앙고백에 헌신했다. 하지만 그가 밟았던 회심의 과정이나 회심 이후 걸었던 신앙인으로서 여정은 결코 '정통적'이라는 단어로 한정하기 어렵다. 심지어 그는 하나님 아들의 성육신과 죽음과 부활이 현실을 바꿨다고 믿었지만, 이를 글로 표현할 때는 고대 신화나 요정 이야기에 나올 법한 마녀, 거인, 난쟁이, 반인반수, 말하는 동물로 가득 찬 상상의 세계를 만들어 내는 데 전혀 어색함을 느끼지 않았던 기이한 사람이었다. 루이스의 삶과 작품 세계를 거울삼아 보면, '순전한 기독교'는 정통적인 것을 추구하더라도 '순전한 그리스도인'의 모습은 사람마다 다른 관심과 배경과 꿈을 반영하듯 다양한 형태로 구현된다고 할 수 있다.

솔직히 고백하자면 이 책의 가장 큰 목적은 루이스의 삶과 사상에 관한 세세한 정보를 알려 주는 것이 아니라, 그리스도 안에서 상상력과 이성과 신앙이 조화를 찾는 모험의 길을 각자 고유한 방식으로 떠나도록 마음에 바람을 불어넣는 것이다. 순전한 그리스도인은 같은 방향을 향하더라도 서로 다른 방식으로 길을 걷는다는 사실을 인정하고 타인이 걸어가는 낯선 모습에도 존중을 표할 줄 아는 존재다. 그런 의미에서 기독교 가정에서 태어난 루이스가 무신론자가 되었다가 다시 기독교로 돌아오기까지 걸어야 했던 몹시 특이한 여정을 함께 밟아 보는 일은 의미 있고 보람 있는 작업일 것이다. 이 책을 통해 루이스의 기이하면서도 진솔한 모습을 접하며, 자신이 살아가는 모습이 평범하지 않다고 생각하는 이들이 공감과 위로를 발견할 수 있길 희망한다. 세계적인 기독교 변증가요 옥스퍼드의 영문학자라는 화려한 이미지와 달리 전형적인 틀에 매이기 거부했던 루이스를 통해, 다른 사람들은 쉽게 여기는 여러 일이 자신에게는 어색하거나 어렵다고 종종 느끼는 사람들이 삶에서 여유와 긍지를 품을 수 있게 되길 바란다. 익숙한 것들을 낯설게 보게 해 주는 루이스의 매력을 접하며, 세상을 어떻게 진실하게 볼지 여전히 고민하며 헤매는 이들이 새로운 시각을 가질 수 있는 통찰을 얻길 기대한다.

"진리로 되돌아가는 길은 많다.
어떤 길이든 충실하게 따라가기만 한다면
결국에는 중심으로 인도할 수 있다."[11]

1부

신앙과 불신앙 사이에서

C. S. 루이스의 세 번의 회심

> 셰익스피어와 햄릿이 만났다면,
> 그것은 셰익스피어가 성사시킨 일임이 틀림없다.
> C. S. 루이스, 『예기치 못한 기쁨』[1]

"작가의 생애가 아니라 그들의 저술이 비평의 더 중요한 대상이다." 영문학자이자 문학비평가로서 C. S. 루이스는 이 단순한 주장을 거듭 강조하곤 했다.[2] 루이스는 독자들에게 글쓴이의 역사나 사회적 배경보다는 글 자체를, 삶에 관한 뒷이야기가 아닌 생각 자체를 먼저 봐야 한다고 권했다. 이러한 주장은 오늘날뿐만 아니라 당시에도 고루한 이론으로 치부되었지만, 루이스는 자신의 신념을 굽히지 않았다. 그가 보기에 탁월한 작품 속에서 독자는 작가라는 인물만이 아니라 그를 훨씬 뛰어넘는 '큰 정신'과 만나게 되기 때문이었다. 작가에 집중하다가 텍스트를 통해 우리에게 말을 건네는 정신에 주의를 기울이지 못한다면 독서가 주는 더 큰 유익을 잃어버릴 수도 있다.

저자보다는 글을 더 중요시했던 루이스가 이 책을 집어 든다면 슬프게도 바로 이 지점부터 실망할지도 모르겠다. 책을 여는 1부에서 루이스 생애의 첫 33년, 즉 기독교 가정에서 태어났던 그가 신앙을 잃었다 되찾는 오랜 과정을 재구성할 것이기 때문이다. 사실 루이스가 오늘날 전 세계적으로 유명한 인물이 될 수 있었던 것은 무엇보다도 그가 남긴 수많은 저작이 그 자체로 탁월성을 가지고 있기 때문이다. 실제 언어와 문화와 시대를 가로질러 수많은 독자가 지적이면서도 따스하고, 품위가 있으면서도 위트가 가득하며, 공감적이면서도 논리적인 그의 글을 매우 사랑하고 있다. 하지만 루이스의 삶이 연극과 영화로 만들어질 정도로 흥미로웠기에 그의 인기가 유별나다는 점도 부인하기 힘들다.[3] 많은 루이스 학자도 이 특이한 작가와 그의 글을 이해하려면 그의 삶을 알 필요가 있다고 조언한다.[4]

루이스가 생전 특별한 애정과 존경을 표했던 친구인 오언 바필드 Owen Barfield, 1898-1997는 다섯 명의 루이스를 접해야 그를 제대로 이해할 수 있다고 말한다.[5] 첫 세 명은 그의 작품 세계에 따라 (1) 베스트셀러 작가 루이스, (2) 기독교 변증가 루이스, (3) 영문학자 루이스로 나뉜다. 그리고 나머지 두 명은 (4) 무신론자 루이스, (5) 그리스도인 루이스다. 이 책에서는 특별히 5명 중 마지막 2명, 즉 무신론자 루이스와 그리스도인 루이스를 소개한다. 기독교 가정에서 태어났다가 신앙을 잃어버렸고, 무신론 신념을 붙들다 다시 신앙인이 되는 길고도 복잡한 과정에서 루이스는 기독교뿐만 아니라 현실을 바라보는 특유의 사고를 형성했고, 그러한 사고의 변화는 루이스에게 이전과는 매우 다른 사람됨을 선사했다.

신앙이 없던 사람이 그리스도인이 되는 놀라운 사건을 성경과 신학의 언어로 '새사람이 되다'라고 표현한다. 이것은 당연히 회심 이후 루이스의 중심 사상이기도 하다.[6] 보통 새사람이 되는 것은 환희가 넘치는 감격적 사건인데, 루이스가 남긴 자전적 글에서는 그런 감정적 분출을 발견하기 어렵다. 무신론자가 될 때나 다시 그리스도인이 될 때나 그의 삶에서 그다지 극적인 모습은 관찰되지 않는다. 오히려 신을 슬금슬금 부정하게 되고 그리스도를 서서히 인정하게 되는 과정에서 그는 여러 복잡한 생각과 경험을 자기 안에서 묵묵히 숙성시키며 발전해 갔다. 이러한 영적 순례기를 세세히 나열하는 일은 상당한 양의 전기적 서술이 되기에, 여기서는 루이스가 무신론자가 된 결정적 계기와 그리스도인이 되기까지 겪었던 세 번의 회심 과정에 특별히 집중할 것이다.[7]

1장 무신론의 길에 들어선 소년

> 신은 편지를 보내도 받았다는 연락이 없는 사람과 같다.
> 시간이 지나면 그가 존재하지 않거나
> 내가 주소를 잘못 알았다는 결론에 이르게 된다.
> C. S. 루이스, L. K. 베이커에게 한 말[1]

19세기 후반 유럽에서 태어난 대부분 사람이 그렇듯 루이스의 부모님은 그리스도인이었고, 구체적으로는 아일랜드 성공회 신자였다.[2] 아일랜드 공립 문서 보관소에 있는 1901년 인구 조사 보고서에는 두 살의 루이스가 이미 아일랜드 성공회 신자로 기재되어 있다.[3] 루이스의 외할아버지 토마스 해밀턴Thomas Hamilton, 1826-1905은 성공회 성직자였고, 부모님 모두 신앙생활을 충실히 했다. 하지만 루이스와 그의 형 워런 해밀턴 루이스Warren Hamilton Lewis, 1895-1973는 어린 시절 가족들의 기독교 신앙에 큰 영향을 받지 않았다. 오히려 책으로 가득했던 가정 환경, 형과 만들어 냈던 기발한 놀이, 아일랜드의 아름다운 자연이 루이스의 유년기에 더 큰 영향을 끼쳤다. 어린 나이에 루이스는 매우 우연히 '아름다움에 대한 동경'을 발견했고, 이 경험은 유년 시절을 넘어 인생 전체에 큰 영향을 끼친다.

> 아주 어렸을 때, 형이 양철통 뚜껑을 이끼로 덮은 다음 잔가지와 꽃들로 장식한 장난감 동산 내지는 장난감 숲을 놀이방으로 들고 온 적이 있었다. 그것이 내 최초의 미적 경험이었다. 진짜 정원이 하지 못한 일을 장난감 정원이 해냈던 것이다.…물론 그 순간에는 그 인상이 그렇게 중요하게 와 닿았던 것 같지 않다. 그러나 그것은 곧 중요한 기억으로 자리 잡게 되었다. 이 땅에 사는 한, 내가 상상하는 천국의 모습에는 항상 형이 만든 장난감 동산의 모습이 얼마간 깃들어 있을 것이다.[4]

그렇다면 기독교적 환경에서 자라났고 아름다움에 경이를 품었던 루이스가 냉소적이고 무감각한 무신론자가 된 계기는 무엇일까? 안타깝게도 루이스는 이에 대해 분명히 밝히지는 않았다. 10대 초반이었던 1911-1913년 사이에 "점진적 배교"[5]가 이루어졌다고 말했을 뿐이다. 무엇이 어린 소년의 신앙을 서서히 침식해 나갔을까? 이에 대해 루이스의 자서전과 주위의 증언은, 완벽하진 않더라도 충분히 그 과정을 짐작할 수 있는 흥미로운 이야깃거리를 제공한다.

❄ 점진적 배교 *❄

루이스의 어머니 플로라 루이스 Florence Augusta Lewis, 1862-1908는 루이스가 열 살도 되기 전 세상을 떠났다. 너무 어린 나이에 충격을 겪어서인지, '죽음'과 '고통'은 그의 글 속에서 늘 발견되는 주제가 된다.[6] 50대 중반의 루이스는 당시 경험을 생생히 묘사한다.

> 아이들이 어른만큼 고통을 겪지 않는 것은 아니라고 생각한다. 단지 다른 방식으로 겪을 뿐이다. 우리 형제는 어머니가 돌아가시기 전에 이미 진정한 사별을 경험했다. 어머니가 우리로부터 점점 멀어져 간호사와 광란과 모르핀의 세계로 들어가게 되면서, 우리의 존재 전체가 낯설고 위협적인 것으로 바뀌어 가면서, 집 안에는 이상한 냄새가 감돌고 한밤중에 웅성거리는 소리와 불길하게 속삭이는 귀엣말들이 떠돌게 되면서, 우리는 서서히 어머니를 잃어 갔다.[7]

루이스의 회고에서 보이듯 어머니의 죽음은 사별의 고통만을 안겨 준 것이 아니라, 루이스가 이제껏 모르던 '낯선 세계'와 조우하게 했다. 어머니의 존재가 갑자기 없어진 공허한 공간, 밀물이 빠져나가듯 멀어지는 행복을 바라만 봐야 하는 인간의 무력함, 죽음의 공격에 언제라도 무너져 버릴 수 있는 연약한 세계를 어린 루이스가 맛본 것이다. 예기치 않게 너무나 빨리 찾아온 어머니와의 이별은 루이스의 삶에 지속적 영향을 끼치는 중요한 두 결과를 낳았다.

첫째, 아버지 알버트 루이스Albert James Lewis, 1863-1929와 루이스의 관계가 크게 뒤틀렸고, 그 불편한 관계는 아버지가 사망할 때까지 계속되었다. 사회에서는 존경받고 호탕한 성격을 지닌 변호사였지만, 자기 생일에 사랑하는 아내를 잃은 가여운 사내는 자기 슬픔을 어떻게 다스려야 하는지도, 고통 속의 두 아이를 어떻게 위로해야 하는지도 잘 몰랐다. 슬픔을 잊기 위해서인지 양육비 부담 때문인지, 그는 자신의 법률 사무실에서 살다시피 하고 아이들을 제대로 살피지 못했다. 그러다 보니 "운명은 잔인하게도, 이 불운한 남자가 알지도 못하는 사이에 그의 아내뿐 아니라 아들들까지 빼앗아 갔다."[8] 그 후 영민한 아들은 아버지에게 거듭 거짓말을 했고, 자존심 강한 아버지는 아들을 계속 실망시키는 악순환이 계속되었다.

둘째, 어머니를 잃은 아들을 어떻게 다뤄야 하는지 몰랐던 아버지는 성급히 막내아들을 잉글랜드 기숙학교로 유학 보냈다. 이때 겪은 불우한 경험은 그가 신앙을 잃는 데 지대한 영향을 끼쳤다. 교육에 대한 열정과 잉글랜드에 대한 환상이 남달랐던 알버트는 아내의 죽음을 겪지 않았더라도 이미 잉글랜드 기숙학교로 보낸 장남에 이어 언젠가 막내도 유학을 보냈을 것이다. 하지만 어머니를 잃은 지 한 달도 되지 않은 예민한 루이스를 학생들에게 매질을 일삼는, 정신 이상의 징후가 농후하고 절대 권력을 휘두르는 교장 선생이 다스리던 학교인 원야드Wynyard에 머물게 한 것은 현명한 처사라 보기 힘들다.[9] 루이스는 원야드에 들어가자마자 교장 선생의 잔인하고 기이한 행동을 접했고, 입학한 지 하루가 지난 1908년 9월 19일에 형 워런과 함께 학교를 떠나게 해 달라고 간청하는 편지를 아버지에게 보냈다. 아버지는 급히 답장을 써서 두 소년의 요청을 정중히 거절했다. "나는 너희가 용감한 기독교 소년처럼 선과 악을 대면하리라 확신한다. 사랑스러운, 사랑스러운 너희 어머니를 위해서."[10]

그런데 흥미롭게도 C. S. 루이스는 그 힘든 상황에서 처음으로 '실질적인 신자'effective believer가 되었다.[11] 낯선 잉글랜드의 불친절한 기숙학교라는 환경 속에서 그는 일요일마다 두 번씩 교회에 가고, 교리 교육을 받고, 진지하게 기도했고, 성경을 읽었다. 또한 그는 양심을 따라 살려고 했고, 종교에 대해 다른 학생들과 토론했다. 하지만 과하게 긍정적으로 보이는 현상 배후에는 대부분 어두운 그림자가 있게 마련이다. 신실해 보이던 종교 생활의 얇은 표피 아래에는 낯선 환경에 홀로 던져져 무서움에 사로잡혔던 한 소년의 생존 의지가 있었다. 그 결과 루이스는 종교의 본질이 인간의 공포와 밀접히 연결되어 있다는 것을 어릴 때부터 본능적으로 깨달았고, 이는 이후에 그가 종교의 본질에 대해 회의하게 만드는 계기가 되었다.

잉글랜드에서의 끔찍한 생활과 아버지와의 계속된 불화는 루이스의 삶을 근원적으로 흔들어 놓았다. 루이스는 그 불안정함을 이렇게 표현한다. "안전한 울타리는 전부 사라져 버린 것 같았다. 내 발밑을 받치고 있는 것은 단단한 대지가 아니었다."[12] 흔들리는 터전이 무너져 내리고 신앙을 잃는 건 시간문제일 뿐이었다. 윈야드 학교가 1910년 문을 닫은 것이 루이스에게 낯선 땅을 벗어날 좋은 기회가 될 수도 있었지만, 그 후에도 그는 아버지의 계획에 따라 잉글랜드에 계속 남았다. 그는 1911-1914년 사이에 캠벨에서 샤르트르로, 또 샤르트르에서 몰번으로 학교를 옮겨 다니며 '끔찍한' 생활을 이어 갔다. 특별히 루이스는 자신이 샤르트르에서 무신론자가 되어 있었다고 밝힌다. 당시 기숙학교의 폭력적인 분위기, 새로운 학문과의 만남, 억제할 수 없는 성적 충동에서 나오는 죄책감,[13] 그리고 특유의 염세적 성격 등이 루이스의 신앙을 서서히 잠식해 갔다. 홀로 감당하기 어려운 여러 복잡하고 고통스러운 요인이 그의 마음에서

"'…라고 믿습니다'를 '…인 것 같습니다'로 바꾸고 있었다."[14] 믿음을 객관적 대상에 대한 헌신이 아니라 개인의 감정 혹은 취향이라고 여기게 되면서 그는 무신론으로 이끌려 갔다. 이러한 자신의 경험을 반영하듯, 그리스도인이 된 루이스는 믿음을 독특하게 정의한다. "믿음은, 아무리 기분이 바뀌어도 한번 받아들인 것은 끝까지 고수하는 기술art입니다."[15]

10대 초중반 루이스가 신앙을 개인의 '주관적 느낌' 정도로 간주하는 수준이었다면, 1914년부터 약 2년간 이루어진 윌리엄 커크패트릭William Thompson Kirkpatrick, 1848-1921과의 집중적인 일대일 수업은 어린 소년의 무신론적 직관을 체계화하고 단단하게 할 이론적 토대를 마련해 주었다. 잉글랜드 기숙학교에서 극도의 부적응 증상을 보인 막내아들을 보다 못한 아버지는, 결국 자신의 스승이자 큰아들 워런을 성공적으로 가르쳤던 커크패트릭을 대안으로 떠올렸다.[16] 루이스는 잉글랜드 서리Surrey 지역의 부컴Boocham에 거주하던 스승 커크패트릭을 이렇게 묘사한다. "만약 인간이 완전히 논리적인 실체가 될 수 있다면, 커크 선생님이야말로 거기에 가장 근접한 분일 것이다.…진실을 발견하거나 전달하는 것 외에 다른 목적을 위해 인간 성대를 사용한다는 것은 선생님에게 있을 수 없는 일이다. 별생각 없이 쓴 말도 논쟁의 불씨가 되었다."[17] 루이스 가족 사이에서 '위대한 노크 선생님'이라 불리던 커크패트릭은 자신의 강한 합리주의 때문에 이미 기독교를 거부한 지 몇 년이 지난 상태였다. 하지만 루이스의 아버지는 그 사실을 모른 채 막내아들을 그에게 맡겼다.

2년 뒤 루이스는 옥스퍼드 대학교 유니버시티 칼리지의 장학생으로 선발됨으로써 아버지의 선택이 (최소한 겉으로는) 옳았음을 증명했다. 커크패트릭 밑에서 루이스는 고전어와 현대 유럽 언어를 습득했고, 고전을 읽는 방식을 훈련받았을 뿐만 아니라 어떤 주장을 펼치든지 확고한 증거와 매끈한 논증 절차를 제시하는 합리주의적 사고를 훈련받았다. 그 결과 루이스는 더욱 확고한 무신론자가 되었지만, 이러한 학습 과정이 결코 부정적 결과만 가져오지는 않았다. 그가 회심한 이후 기독교를 변증할 때 필요한 논리와 배경지식도 이때 커크패트릭을 통해 상당히 형성되었다.[18]

커크패트릭과 함께하는 동안 루이스는 두 가지의 이중생활을 영위했다. 첫째로 그는 강한 합리주의 교육을 받았지만, 역설적으로 상상력에 기초한 낭만적 사고도 은밀히 발전시켰다. 커크패트릭 덕분에 인류 문명의 위대한 고전을 원어로 읽게 되면서 감정의 지평은 확장되었고, 상상력은 문학의 옷을 입고 더욱 풍성해졌다. 부컴의 아름다운 자연 속에서 규칙적으로 생활하면서 외부 세계의 아름다움에 대한 그의 감각도 새롭게 깨어났다. 둘째, 루이스는 확고한 무신론자가 되었지만, 주변 사람 대부분에게는 이 사실을 숨겨 왔다. 특별히 루이스는 아버지에게 교회에 출석한다고 거짓말을 했다. 루이스의 마음 깊숙한 곳에는 종교에 대한 무관심을 넘어선 증오가 싹텄지만, 그러면서도 이때부터 15년 넘게 아버지를 속여야 했던 이중생활로 인해 마음에는 죄책감이 쌓여 갔다. 이 시절 루이스가 무신론적 신념으로 쌓아 올린 둑은 견고해져 갔지만, 사실 그 둑은 언제 어떻게 터질지 모르는 불안한 상태였다.

더 생각할 거리
이성의 역설, 섭리의 반전

누가 미쳤는가? 합리적이고 냉철한 사람인가 아니면 온갖 공상을 펼쳐 놓는 사람인가? 물론 사람마다 다르고 문화마다 차이가 있을 수도 있다. 하지만 둘 중 하나를 굳이 고르라면, 이성적인 사람이 광기에 빠질 확률이 더 낮을 것 같지 않은가? 20세기 초 영국의 작가 G. K. 체스터턴Gilbert Keith Chesterton, 1874-1936은 유머러스한 반전을 준비하고 있다. '역설의 대가'라는 별명이 무색하지 않게 그는 상상력이 아니라 이성이 광기를 낳는다고 주장한다. 우리가 볼 때 흔히 정신질환자가 이성을 잃고 횡설수설하는 것 같지만, 오히려 정신 이상의 위험은 '논리' 속에 숨어 있다. 왜 그런지 그의 설명을 한번 들어 보자.

> 시詩가 정신적으로 온전한 이유는 무한한 바다에서 쉽게 떠다니기 때문이다. 반면에 이성은 무한한 바다를 건너려고 하다 보니 그것을 유한하게 만들고 만다. 그 결과, 정신적인 탈진 상태에 이르게 한다.⋯모든 것을 수용하는 일은 일종의 훈련이지만 모든 것을 이해하려는 일은 무리한 긴장을 가져온다.⋯시인은 그저 높고 넓게 뻗어 나가고, 드높은 하늘로 머리를 밀어 넣고 싶을 따름이다. 하늘을 자기 머릿속으로 밀어 넣으려고 하는 자는 바로 논리학자이다. 그래서 그의 머리가 쪼개지는 것이다.[1]

상상력이 마르지 않던 체스터턴답게 이성보다 상상력의 편을 일방적으로 들어 주는 것 같다. 그런데 그의 말을 곧이곧대로 들으면 안 되는 것이 여기서 그는 일반적인 광기가 아니라 매우 구체적인 의미에서 광기, 특히 현대인이 빠지기 쉬운 광기를 염두에 두고 있다. "미치광이는 자기의 이성을 잃은 사람이 아니다. 이성을 제외한 모든 것을 잃어버린 사람이다."[2]

우리가 일상에서 쉽게 접할 수 있는 예를 한번 찾아보자. 술 취한 사람과 논쟁할 때 이상하게도 맨정신인 사람이 밀리곤 한다. 술 취한 사람이 술기운으로 공포 분위기를 조성해서가 아니라, 알코올 때문에 정신이 오락가락하면서도 말은 논리적으로 하기 때문이다. 왜 그럴까? 체스터턴의 진단에 따르면, 정신이 맑은 사람은 '미치광이'를 말로 이기기가 몹시 힘들다. 올바른 판단을 할 수 있는 이에 비해 미치광이는 경험이 주는 지혜, 타자에 대한 배려, 유머가 만들어 내는 편안한 분위기, 공감으로 형성되는 상호 신뢰, 복잡한 상황 인식 등이 자아내는 무언의 압박을 덜 받기 때문이다. 그래서 말도 빠르게 하고, 논리의 인과 사슬도 쉽게 만들며, 상대방을 무자비하게 궁지로 몰아세울 수 있다. 역설적으로 이성을 잃은 사람이 논리적으로 말싸움에서 이길 수 있는 여러 유리한 조건을 갖추고 있는 셈이다.

체스터턴은 이성 중심주의에 빠져 있던 현대인을 논리만 남아 있는 광인에 빗댄다. 계몽주의 이후 합리주의는 이성이 추구하고 정당화한 진리가 보편성을 가진다는 슬로건을 내세웠다. 하지만 체스터턴은 근대철학이 추구한 이성의 보편성은 '편협한 보편성'

혹은 '작고 비좁은 영원성'이라 보았고, 원circle이라는 유비를 들어 이를 설명했다. 모든 원이 셀 수 없는 '무한'의 점으로 이루어졌지만, 원에는 '큰' 원도 있고 '작은' 원도 있다. 이성을 신처럼 받드는 강한 합리주의는 작은 원과 같아 상당히 많은 것을 다루더라도 넓고 포괄적인 방식으로는 설명하지 못한다. 마치 조그만 원의 원주 위에서 일어나는 운동이 끝없이 같은 경로를 맴도는 것처럼, 이성을 신봉하는 이의 논리는 더 광활한 세계로 확장되지 못하고 굳어져 버리기 쉽다. 체스터턴이 거듭 상상력의 중요성을 강조했던 것은, 세계에 개방되어 있고 다른 사람의 이야기를 품을 수 있는 '더 큰 설명'이 인간을 치유하리라 보았기 때문이다.

> 이 세상에는 당신의 이야기 말고 다른 이야기는 없는 것이오?⋯ 당신의 자아가 당신의 인생에서 더욱 작아진다면, 당신이 평범한 호기심과 즐거움을 품고 다른 사람들을 바라볼 수만 있다면, 당신이 지극히 자기중심적이고 남에게 무관심한 채로 걷는 그들의 모습을 있는 그대로 볼 수만 있다면, 당신의 인생은 지금보다 얼마나 더 커지겠소![3]

루이스의 소년 시절로 잠깐 돌아가 보자. 냉철하고 엄격한 근대적 합리주의자였던 커크패트릭과 공부하면서 루이스의 무신론적 신념은 확고해져 갔다. 하지만 그만큼 그가 볼 수 있던 세계는 협소했다. 그런데 신앙을 되찾는 과정에서 우연히 접한 체스터턴의 글이 루이스의 말라 버렸던 상상력에 다채로운 색깔을 불어넣어 주었다. 책을 통한 체스터턴과 루이스의 기묘한 만남은 신적 섭리가 준비한 은밀하지만 결정적인 반전 아니었을까?⁴

1 G. K. 체스터턴, 『G. K. 체스터턴의 정통』, 홍병룡 옮김(서울: 아바서원, 2016), pp. 52-53.
2 같은 책, p. 56.
3 같은 책, pp. 58-59.
4 C. S. 루이스, 『예기치 못한 기쁨』, 강유나 옮김(서울: 홍성사, 2003), p. 274.

❋ 커밍아웃 무신론자 ❋

10대 소년 루이스는 어떤 무신론을 가지고 있었을까? 루이스가 이에 대해 직접 언급하지는 않지만, 당시 그의 종교관을 보여 주는 편지와 시 등이 남아 있다. 우선 루이스는 자신이 신앙을 버렸음을 절친한 친구이자 독실한 기독교 신자였던 아서 그리브즈Arthur Greeves, 1895-1966에게 알렸다.¹⁹ 두 친구는 루이스가 잉글랜드에서 유학을 하는 중에도 서신 왕래를 통해 우정을 이어 갔다.²⁰ 1916년 어느 날 그리브즈는 루이스의 종교관에 대해 질문을 던졌고, 갑자기 루이스는 "열일곱 살짜리 합리주의자의 대포로 그에게 폭격을 가했다."²¹ 그렇다면 루이스가 친구의 순수한 신앙의 영토에 떨어뜨린 무신론의 폭탄은 어떤 것일까? 1916년 10월에 일어난 "3주간 계속된 폭력적 논쟁"²²이 실마리를 제공한다. 이때 루이스가 보낸 편지는 당시 그의 신앙을 엿볼 수 있는 흥미로운 자료이기에 다소 길게 인용해 보려고 한다.

[종교는] 자신을 받쳐 줄 어떤 증거도 가지고 있지 않고, 철학적 관점에서 보더라도 기독교가 최고의 종교라고 할 수도 없어. 모든 종교는 말하자면 신화에다 고유 명사를 만들어 주고자 인간이 만들어 낸 것일 뿐이야.…원시인은 천둥, 전염병, 뱀 등 자신이 이해하지 못하는 온갖 끔찍한 것들에 둘러싸여 있었어. 이런 불가사의한 것들은 악한 영들이 인간을 괴롭히려고 조종하는 것이라고 자연스럽게 생각하게 되었겠지. 원시인은 울부짖고, 노래하고, 희생제물을 바치는 등의 행동으로 이런 것들을 피하려 했고. 그러다 자연의 영에 불과하던 것들이 점차 더 고상한 생각들로 고양되기 시작했어. 말하자면 고대의 신들이 등장했어. 인간이 더욱더 세련되어졌을 때 이러한 영들이 선하고 능력 있다고 주장하게 되었고. 말하자면 종교란 신화가 자라난 형태야.[23]

여기서 우리는 영민한 17세 무신론자 소년이 당시 유행하던 프로이트식의 종교 비판을 어떻게 사용하고 있는지 볼 수 있다. 모든 종교의 뿌리에는 자연적 현상에 무지하고 자신들의 약함에 대비되는 자연의 거대한 힘에 눌려 있던 원시인의 공포가 놓여 있다. 따라서 종교는 초자연적 기원을 가지는 것이 아니라 인간이 만들어 낸 것이다. 하지만 인간의 의식은 역사 속에서 진화했고, 종교 역시 이러한 정신의 발전을 반영하며 합리적 형태로 변화했다. 이 같은 종교관에 따라 루이스는 기독교의 기원 역시 '자연주의적'이고 '역사주의적'으로 파악했다.

위대한 사람들이 죽고 나면 때로 신으로 여겨지곤 했어. 헤라클레스나 오딘이 좋은 예지. 마찬가지로 (우리가 그 이름을 예수로 만들며 오염시켰던) 히브리 철학자 예슈아도 신으로 간주되었지. 그를 예배하는 종교 의식이 생겨났고, 결국 고대 히브리 야웨 숭배와 결합하면서 이후에 기독교가 생겼어. 이건 많은 신화 중 하나지만, 그 속에서 우리가 우연히 자라나게 된 거지.[24]

본문에 언급된 예슈아Yeshua는 예수Jesus를 의미하는 히브리 이름 여호수아의 또 다른 형태로 신구약 중간기에 자주 쓰였다. 여기서 루이스는 19세기 말에서 20세기 초에 큰 영향을 발휘하던 역사주의적 방식으로 고대 기독교 교리의 발전을 해석하려고 시도한다. 그는 의도적으로 나사렛 예수를 단지 '철학자'라고 규정할 뿐만 아니라, 그의 '역사적인' 히브리어 이름과 '기독교화된' 영어 이름의 차이를 부각한다. 또한 자신이 그리스도인이 된 것은 단지 우연히 기독교 문명에서 태어났기 때문일 뿐 큰 의미가 없다고 빈정댄다. 6일 후 친구에게 보낸 다른 편지에서는 19세기에 유행했던 실제 '역사적 인물'인 예수와 대중적 '신앙의 대상'인 그리스도라는 구분법을 사용하여,[25] 전자를 옹호하고 후자를 공격한다.

나는 예슈아라고 불리던 히브리인이 있다고 분명하게 말했어.…물론 내가 그리스도라고 할 때는 이 역사적 인물을 이후 대중적 상상력이 바꿔 놓은 신화적 존재를 의미해.…이 사람이…존재했다는 것은 부처가 실제 존재한 것과 마찬가지로 확실한 사실이야. 타키투스가 『연대기』에서 그의 처형을 언급하고 있거든. 그러나 동정녀 탄생, 기적적 치유, 죽은 후

현현 등의 모든 바보 같은 소리는 다른 신화의 기초를 떠받드는 이야기들이야. (만약 우리가 아서왕에 대한 최신 이론을 믿어서) 그가 실존함을 인정해도, 맬러리의 오래된 책이 실제 역사라고 생각할 필요는 없어. 알렉산더 대왕이라는 인물이 있었다고 하더라도, 중세 때 붙여진 그의 모험담이 다 헛소리인 것과 마찬가지야.…자, 이제 너도 보듯 대부분의 전설 어딘가에 사실을 말해 주는 알맹이는 있어. 이러한 구분은 정말 명확하거든.[26]

이 인용문을 보면 10대 소년 루이스가 당시에 유행하던 신학과 종교학 이론에 어느 정도 지식이 있었음을 알 수 있다. 1세기에 살았던 '역사적 예수'를 교회가 '신앙의 그리스도'로 만들어 버렸다. 역사적 사실이 '알맹이'라면 그 이후 더해진 해석과 교리적 발전은 본질을 은폐하는 '껍데기'다. 껍데기에 매달린 기독교 교리도 다른 고대 종교와 다를 바 없이 비합리적 기적과 이를 유치하게 묘사하는 '신화'에 기초하고 있다. 이러한 생각들을 내면화하면서 루이스는 무신론을 더욱 확신했던 것으로 보인다(나중에 살펴보겠지만 이때 사용된 알맹이, 껍데기, 신화 등의 단어는 루이스의 회심 과정에서 새로운 의미를 형성하여 그의 신학에서 핵심 언어가 된다).

다시 1916년의 편지로 돌아가 보자. 두 번에 걸쳐 보낸 편지에서 루이스는 친구의 신앙을 파괴하기 위한 또 다른 포격을 가한다. 도덕법을 통해 기독교를 설명하는 대표적 기독교 변증가로 알려진 루이스가 무신론자 시절에는 도덕을 이용해 친구의 신앙을 무너뜨리려 했다.

추가로 나는 어떤 사람의 종교관이 도덕에 전혀 차이를 만들어 내지 않음을 말해야겠어. 사회의 훌륭한 구성원이라면 물론 정직하고, 순결하고, 믿을 만하고, 친절하려고 하겠지. 이러한 덕목들은 상상력이 만든 신 혹은 신들에 기원해 있지 않고, 우리 자신의 인간성과 긍지에서 나오는 것들이야.[27]

넌 내가 왜 슬프냐고 물어봤고, 내가 죽음 이후의 행복한 삶에 대한 희망이 없기 때문일 거라고 생각했지. 아니…나는 거의 불가능한 [도덕적] 이상을 충족시키지 못했다고 육체가 영원히 고문을 받게 된다면, [그런 교리를] 믿지 않고 살아가는 데 아주 만족해(네가 아무리 설명하려고 하더라도, 이건 기독교 신화의 일부야).…영혼의 불멸성이란 낮잠 자며 꿈꾸기에 매혹적인 주제지. 여기에는 어떤 증거도 없고, 나는 단순히 아무 것도 모른다고 말해야겠어.[28]

두 인용문에서 루이스는 윤리의 초자연적 기초를 배격함으로써 종교도 함께 부정하려 한다. 그리고 기독교 심판관의 부당함을 이유로 부활과 영생에 대해서도 부정적 태도를 취한다. 결국 소년 루이스가 볼 때 도덕의 기원은 인간학적 바탕에 있고, 도덕은 인간의 자율성과 합리성의 한계 속에서 이해되어야 한다. 사실 이러한 편지들은 글 자체로 보면 독창적 시각은 거의 없이 20세기 초 유럽에서 유행한 종교 이론을 답습하는 진부한 수준에 머물러 있다.[29] 하지만 루이스가 처음으로 자신의 무신론을 글로 남긴 것이기에 그의 무신론적 신념과 앞으로 펼칠 사상의 발전을 가늠하게 해 주는 자료로서

가치는 매우 높다.[30]

그런데 3주간 루이스와 그리브즈가 주고받은 편지에서 놓쳐서는 안 되는 점이 있다. 어린 무신론자 루이스는 자신이 "종교의 발전에 대해서 인정받은 과학적 이론"[31]을 이야기한다고 자랑스럽게 말하지만, 실제로는 친구의 신앙을 잃게 하는 것이 목적인 양 비판의 날을 세우고 심지어 친구를 모욕하기까지 한다. "내가 슬픈 이유는 단 하나야. [내세에 대한 신앙이 없기 때문이 아니라] 네가 신앙에서 빠져나오기를 바라는데 넌 나를 실망시키고 있다는 거지. 그게 자꾸 내 행복을 감소시키고 있어."[32] 왜 루이스는 이론적 냉정함을 지키지 못하고 친구의 신앙을 감정적으로 공격했을까? 어린 나이에 부리는 만용인가? 옥스퍼드 대학교 입시를 앞두고 스트레스를 표출한 것인가? 아니면 다른 데 근원이 있던 분노를 '믿음의 고집'을 계속 피우고 있는 친구에게 대신 풀고 있는 것인가?

> **더 생각할 거리**
> **맹독보다 독한 믿음의 고집**
>
> "여자가 하지 않았어. 증거가 확실하고 딱 맞아떨어지는 것 같지만 다 틀렸어."
> "진짜로 그렇게 생각하는 건 아니겠지."
> "진짜야."
> …
> "어디 오점이 있단 말인가?"

"그런 게 아니야. 칼날 하나 들어갈 데 없을 정도로 논리가 탄탄하지. 그 자체로는 아무런 문제가 없어. 다만 무죄라는 것밖에."[1]

20세기의 대표적 추리소설 작가이자 기독교 변증가, 그리고 C. S. 루이스와 맺은 친분으로도 잘 알려진 도로시 세이어즈Dorothy L. Sayers, 1893-1957의 대표작 『맹독』Strong Poison의 한 장면이다. 해리엇 베인은 헤어진 애인을 독살한 혐의로 재판을 받는다. 모든 증거는 베인을 범인으로 지목하고, 재판은 철저하게 그녀에게 불리하게 흘러간다. 하지만 예기치 못한 변수가 생긴다. 무죄 판결을 받을 여지가 전혀 없던 피고인에게 지적이고 도도한 탐정 피터 윔지 경이 첫눈에 반해 버린다. 사랑에 빠진 그는 모든 증거가 베인을 가리키는 것으로 보이는 불리한 상황에서도 배심원이 모르는 무언가가 있을 거라고 믿는다. 그리고 그녀에 대한 확고한 신뢰 속에서 모든 증거를 다른 시각으로 철저하게 재해석한다. 결국 피터 윔지 경은 파편적인 정보를 재조직하여 다른 이들의 탄탄했던 추론이 틀렸음을 입증한다.

애인을 독살했다는 누명에서 베인을 자유롭게 한 것은 사랑에 빠진 피터 윔지 경의 지극한 '믿음의 고집'이었다. 이와 유사하게, C. S. 루이스는 기독교에 반대되어 보이는 결정적 증거가 나올 때, 혹은 제대로 답하지 못할 정도로 엄밀한 의심 앞에서 어떻게 할지를 고민한다. 그는 이럴 경우 우리의 경험이나 상상력, 지성 모두와 반대될지라도 기독교는 '믿음을 고수하기를 요구'한다고 결론 내린다. 그렇다고 그의 입장에 섣불리 '반지성주의적 신앙주의'라는 표를 붙이지는 말자. 우리가 정확하게 꼬집지는 못할지라도 증거와 의심은 그 자체에 한계가 있을 수밖에 없다. 엄밀한 논리나 추론이 볼 수 없는, 오히려 인격적 신뢰만이 은밀히 보여 주는 '큰 그림'이 있게 마련이다.

> 어떤 이에게 필요한 일이 분명하지만 그가 우리를 신뢰하는 경우에만 우리가 그 일을 할 수 있을 때가 있습니다. 개를 덫에서 꺼내 줄 때, 아이의 손가락에 박힌 가시를 뽑을 때, 소년에게 수영을 가르치거나 수영을 못하는 소년을 물에서 건질 때…그들의 불신이 유일하고 치명적인 장애물이 될 수 있습니다.…앞발을 덫 속으로 더 깊숙이 넣어야 덫에서 빠져나올 수 있다고, 손가락을 더 아프게 해야 손가락 통증이 멈춘다고, 그대로 빠져들 것 같은 물이 몸을 밀어내고 떠받쳐 줄 것이라고…이 모든 믿기지 않는 말을 입증하기 위해서는 우선 상대방이 우리를 믿어야 합니다.[2]

우리가 믿을 때는 의심이 필요하고, 합리적 의심이라면 더더욱 필요하다. 하지만 루이스의 말대로 '믿음의 고집'을 피워야 할 때도 있다. 사랑으로 형성된 신뢰에서 나온 고집에는 생명과 관계를 풍요롭게 만드는 신비한 힘이 있다. 피터 윔지 경의 이야기에서도 그가 사랑의 고집을 피웠기에 모든 이가 손가락질하던 한 여인의 참 사람됨이 드러나고 둘 사이에 로맨스가 시작된다.

그런데 여기서 조심할 점이 있다. '믿음'이 성격상 무척이나 질기고 센 만큼, 인격적 신뢰 없는 믿음의 고집이 폭력적으로 변할 위험이 있다. 그리고 '고집'이 본질상 막무가내인 만큼, 의심과 질문을 허락하지 않는 믿음의 고집만큼 추한 것도 찾기 힘들다. 믿음의 꼰대가 되지 않게 믿음의 고집을 피울 수 있는 지혜와 기술이 필요하다.

1 도로시 세이어즈, 『맹독』, 박현주 옮김(서울: 시공사, 2011), p. 50.
2 C. S. 루이스, "믿음의 고집", 『세상의 마지막 밤』, 홍종락 옮김(서울: 홍성사, 2014), p. 32.

❋ 존재하지 않는 신에 대한 분노 * ❋

루이스는 자신이 무신론으로 가는 과정을 다음과 같이 흥미롭게 묘사했다. "나는 신이 존재하지 않는다고 주장했다. 그리고 신이 존재하지 않는다는 데 분개했다. 동시에 신이 세상을 창조했다는 사실에 똑같이 분개했다."[33] 이 모순된 진술을 어떻게 이해해야 할까? 무신론자라면 신이 존재하지 않는다는 사실에 무감각하거나 잘못된 신념으로부터 해방되었다고 기뻐해야 하지 않을까? 왜 루이스는 분노했을까? 그 분노가 친구 그리브즈의 신앙을 향한 공격으로 이어진 것은 아니었을까?

성인이 된 루이스는 소년 시절을 돌아보며 자신이 신앙을 버리게 된 여러 의식적 원인과 무의식적 원인이 있었다고 밝혔다. 여기서 주의 깊게 볼 점은 무의식적 동기다. 특별히 그가 자서전에서 언급한 무의식적 동기는 그의 '실패한 기도 경험'과 깊게 연관되어 있다.

예를 들면, 루이스 학자들은 어머니와의 사별이 루이스에게 알게 모르게 큰 상처를 줬고, 그런 의미에서 이 사건이 그에게 신앙의 전환점이었다고 본다. 실제로 루이스는 어머니의 병이 심각해지자 어머니의 회복을 위해 기도했고, 어머니가 돌아가셨을 때는 어머니가 되살아나리라 믿었다. 그러나 하나님은 기적을 일으키시지 않았다. 사람들의 추측과 달리 루이스는 이 실망스러운 사건이 자신의 종교관에 영향을 주지 않았다고 말한다. 하지만 사실 어머니의 죽음을 통해 어린 루이스는 "구세주나 심판자가 아니라 한낱 마술사에 불과"[34]한, 즉 인간이 자기 필요로 만들어 낸 신이 얼마나 무능력한지를 체험했던 것 같다.

세월이 지나서 루이스는 당시 기도가 자신에게 끼쳤던 부정적 영향을 인지할 수 있었지만, 당시에는 이를 깨닫지 못했고 그를 제대로 지도해 줄 사람도 없었다. 그런 상황에서 루이스는 기도가 자신의 신앙을 서서히 옥죄도록 내버려 둘 수밖에 없었다.[35] 기도 응답에 대한 거듭된 실망이 쌓이자 인간의 고통에 응답하지 않는 신에 대한 분노가 그의 마음에 응축되었다. 어머니와 사별한 후 잉글랜드로 갑자기 보내진 루이스는 기숙학교의 끔찍한 환경에서 벗어나고자 진심으로 기도했던 적이 있었다. 그러나 하나님 아버지도, 육신의 아버지도 그를 강제 수용소 같은 학교에서 구원해 주지 않았다. 또한 진지하게 기도할 때마다 자기가 무엇을 제대로 알고 기도하는지, 또 기도하는 대로 다 실천하며 살고 있는지가 떠올라 양심의 가책을 크게 느꼈다. 이 악순환 속에서 소년 루이스는 "밤에 겪을 [양심의] 고통 생각에 저녁 내내 우울해하고, 불면증자처럼 취침 시간을 무서워하는 상태에 빠져 있었다.…이처럼 기도에 잘못된 의무를 부여함으로써 뒤집어쓰게 된 우스꽝스러운 멍에 때문에…기독교 신앙에서 몸을 빼고 싶다는 소망을 무의식적으로 품게 되었다."[36] 끝없이 자신을 괴롭히는 양심의 목소리, 기도할수록 깊어 가는 죄책감, 그런데도 침묵하는 신 때문에 결국 그는 마음의 문을 굳게 닫았다.

이 무렵 시인으로서 꿈을 키워 가던 루이스는 "사슬에 묶인 로키"라는 첫 작품을 쓰며 절규하듯 물었다. "왜 피조물들은 자신들이 동의하지 않았는데 존재해야 하는 버거운 짐을 져야 하는가?"[37] 1914년 루이스의 신앙이 거의 사라질 무렵 북유럽 신화를 모방해서 창작된 이 서사시는 오딘에게 노예로 잡혀 있는 로키라는 신을 주인공으로 삼고 있다. 루이스가 그려 낸 로키는 자기 생각과 본성을 숨기고 살아가는 슬픈 지혜를 가진 존재다. 로키는 창조신 오딘에게 "세계를 창조하는 것은 잔인무도한 짓"[38]이라 경고한다. 창조는 인간에게 삶이라는 무거운 멍에를 지우게 될 것이기 때문이다. 오딘은 이 말을 무시하고 세상을 창조하고, 로키는 자기보다 더 강한 오딘에게 이기지도 못할 반항을 하게 된다.

> 오딘, 당신은 누구시기에 영혼을
> 존재하게 하셨습니까, 당신은 누구시기에
> 세상에서 고통받도록 인간을 만드셨습니까.
> …이것을 기억하십시오.
> 모든 우주에서 가장 가혹한 법은
> 어떤 영혼도 죽을 수 없다는 것…

> 억겁의 시간을 영원토록 그 피로한 길 위를 질질 끌며
> 당신의 변덕 때문에 끔찍한 일들을 견뎌야 할 것입니다….[39]

흥미롭게도 시의 마지막 장에서는 영광에 휩싸인 창조신 오딘마저 비극적 운명을 지닌 것으로 드러난다. "[오딘]은 외로운 신이야. 인간, 신, 거인 모두가 그의 피조물, 즉 단지 노예들의 무리일 뿐이야. 누구도 그와 동등하지 못하기에, 그는 친구가 없지."[40] 사슬에 묶여 고통받는 로키, 삶의 버거운 짐을 진 인간, 고독하게 영원을 버텨 내야 하는 오딘. 모두가 슬픈 존재다. 이 서사시는 피조물이나 로키가 아무리 오딘에게 절규하고 소리친다고 하더라도 오딘에게는 미미한 영향조차 줄 수 없음을 보여 주며 막을 내린다. 서사시의 결말에 이르러 루이스는 원래 로키 신화보다 더 짙은 염세주의적 색을 가한 셈이다.

"사슬에 묶인 로키"는 기도에 응답 않던 냉담한 신을 형상화하려던 시도였을까? 루이스는 이 시에 깊은 애정을 가졌고, 자기가 만들어 낸 고전적 형식을 자랑스러워했고, 오페라로 작곡하고 삽화도 그려 넣을까 생각했다.[41] 이 서사시는 이후 다른 초기 원고와 함께 파기되었지만, 그중 일부를 루이스의 형이 받아 적어 그 내용이 전해지고 있다. 이 시의 전체 개요는 루이스가 아서 그리브즈에게 보낸 편지에 보존되어 있다. 나중에 나이가 들고서야 루이스는 로키가 자신의 또 다른 모습임을 깨달았고, 자신의 염세적 영웅주의가 북유럽 신화의 옷을 입고 재탄생했음을 알았다. 로키와 마찬가지로 그는 신앙을 버림으로써, 그리고 친구의 신앙을 위협함으로써, 자신의 동의

없이 세상 속에 자기를 내던진 신에게 저항하고자 했다. 신에 대한 분노와 시에 대한 열정으로 들떠 있던 문학 소년의 까칠했지만 설익었던 무신론은 전 유럽인의 의식에 깊은 상처를 남겼던 세계대전이라는 비극적 사건을 통해 더욱 굳어 갔다.

더 생각할 거리
심판대에 서신 하나님

영단어 dock은 흔히 '부두'라는 의미로 잘 알려져 있다. 이 단어는 단어가 사용되기 시작하던 16세기 영국에서 '피고석'이라는 뜻으로 활용되었고, 예전만큼은 아니지만 지금도 재판정에서 피고가 서는 자리를 의미하는 단어로 사용된다. 당시 유럽에서 dock은 교회 건물 안에 많이 있었다. 근대 초기까지 유럽의 교회가 종교 활동 외에도 주민들의 삶과 관련된 온갖 일이 벌어졌던 장소였던 만큼, 그 지역의 대소사를 결정하는 재판 역시 교회에서 진행되곤 했다. 정치와 종교, 법원과 교회의 분리를 당연시하는 현대인의 시각에서는 매우 특이해 보이는 일이긴 하다.

C. S. 루이스는 1948년 "현대 불신자들에게 기독교 신앙을 소개할 때 만나는 여러 어려움"이라는 짧은 글을 발표했다. 후에 이 글은 편집자 월터 후퍼가 붙인 "피고석의 하나님"God in the Dock이라는 제목으로 더 잘 알려지게 되었다. 정본 번역본이 나오기 전에 국내에서는 간혹 "부두에 계신 하나님"으로 잘못 번역되기도 했던 작품이다. 그런데 '하나님이 피고석에 계시다'는 말은 무슨

의미인가? 유럽의 오래된 교회의 내부 구조를 잘 아는 사람이 이 말을 들으면 하나님이 교회 한구석 피고석에서 심판받으시는 장면을 자연스럽게 떠올릴 것이다. 하지만 뭔가 이상하다. 신구약성경에서 하나님은 피고가 아니라 심판관이요 재판장이지 않은가? C. S. 루이스는 과거와 달라진 현대의 종교 상황을 설명하고자 '피고석에 서신 하나님'이라는 발칙한 표현을 만들어 냈다.

> 고대인은 피고인이 재판장에게 가듯이 하나님께 (또는 신들에게) 나아갔습니다. 현대인의 경우엔 그 역할이 뒤바뀌었습니다. 인간이 재판장이고 하나님은 피고석에 계십니다. 인간은 상당히 이해심 많은 재판장입니다. 하나님이 전쟁, 가난, 질병을 허용하신 일에 대해 조리에 맞는 항변을 내놓으시면 귀 기울일 준비가 되어 있습니다. 재판은 하나님의 무죄 방면으로 끝날 수도 있습니다. 그러나 중요한 사실은 인간이 판사석에 앉아 있고 하나님은 피고석에 계시다는 겁니다.[1]

과학적 세계관의 등장과 함께 '설명의 강박'은 사람들의 의식 깊은 곳까지, 심지어 종교적 믿음까지 점령해 갔다. 중세까지 사람들이 가장 두려워했던 것은 하나님의 심판이었다. 하지만 시대가 바뀌면서 사람들은 하나님께 당당히 요구하기 시작했다. 자신의 존재를 합리적으로 증명해 보이라고. 왜 이런 일이 일어났는지 설명하라고. 나의 성공과 안녕을 보장하라고.

지금도 예배, 집회, 성경 공부를 할 때마다 하나님은 교회의 피고 자리로 소환되시는 것 같다. 하지만 하나님은 묵비권을 행사하듯 침묵을 지키시고, 목회자와 신학자는 변호사처럼 하나님을 열심히 방어한다. 그러다 보니 객관적 증거와 엄밀한 논증이 신학의 중요한 가치이자 좋은 믿음의 필수 요건처럼 되어 버렸다. 이쯤 되면 왜 스탠리 하우어워스가 무신론과 변증학을 근대의 시대정신이 낳은 쌍둥이로 취급했는지 알 만하다.[2]

그렇다고 하나님을 피고 다루듯 하는 몰지각한 반기독교적인 세상이 왔다며 의로운 분노를 뿜어낼 필요는 없다. 사실 기독교의 경전인 신구약성경은 인간에게 하나님을 재판정으로 소환하는 본능이 있음을 폭로한다.[3] 욥은 하나님이 법정에 나와야 한다고 항변했고(욥 19:6-7), 이스라엘이 내린 판결에 하나님이 직접 항소하기도 하셨다(미 6:3). 심지어 복음서에서는 인간이 신에게 누명을 씌우고 부당한 판결을 내렸으며, 신을 매질하고 사형에 처했다. 그렇다면 우리는 질문을 바꿔 볼 필요가 있다. 왜 하나님은 인간이 자신을 피고의 자리에 두도록 허락하시는가? 현상적으로 보이는 신성 모독을 넘어선 근원적인 일이 피고석에서 일어나고 있기 때문은 아닐까? 하나님을 열심히 변호하는 것보다 신앙에서 더 중요한 일이 있음을 알려 주는 것은 아닐까? 하나님을 고소하고 재판한다고 할 때 정작 실제로 심판받는 자는 누구인가?

---

1   C. S. 루이스, "피고석의 하나님", 『피고석의 하나님』, 홍종락 옮김(서울: 홍성사, 2011), p. 329.
2   Stanley Hauerwas, *Naming the Silences: God, Medicine and the Problem of Suffering* (Edinburgh: T & T Clark, 1993), pp. 40-42.

3 로완 윌리엄스, 『심판대에 선 그리스도: 우리의 판단을 뒤흔드는 복음에 관하여』, 민경찬·손승우 옮김(서울: 비아, 2018), pp. 13-17.

✹ 현실과의 협약 * ✹

루이스의 배교가 서서히 진행되는 동안, 영국은 제1차 세계대전(1914-1918)의 소용돌이 속으로 급속히 빠져들어 갔다. 세계대전의 폭력과 광기가 유럽인들에게 남긴 고통과 트라우마는 기독교의 필요성 자체를 의문 삼게 했고, 유럽 교회 쇠퇴의 주원인이 되었다.[42] 전쟁은 루이스의 신앙에도 부정적으로나 긍정적으로나 큰 자국을 남겼다. 루이스는 그토록 꿈꿨던 옥스퍼드에서의 대학 생활을 제대로 즐기지도 못하고 전쟁터에 나가야 했다. 그는 1917년 4월 29일 옥스퍼드에 도착했지만, 약 1주일 뒤인 5월 7일부터 보병 장교 후보생으로 훈련을 시작했고, 그해 11월 열아홉 번째 생일날 프랑스 전선에 배치되었다.

제1차 세계대전에 참전했던 영국 젊은이들은 현실에 적응하지 못하고 우울증이나 신경 쇠약으로 고통스러운 나날을 보냈다. 하지만 루이스의 자서전을 보면 그는 군대 생활이 아무 일도 아닌 듯 담담히 묘사한다. 아버지께 편지를 보내면서도 루이스는 전쟁을 '즐기는' 듯 이야기하고, 심지어 전쟁보다 기숙학교 생활이 더 힘들었다고 말한다.[43] 하지만 이는 지나친 과장이다. 사실 루이스는 군대를 혐오했고 끔찍한 전투는 그에게 큰 정신적 상처를 주었던 것 같다. 특별히 그는 친구들의 죽음에 몹시 힘들어하고 극도로 우울해했으며,[44] 프랑스 전선에서 오감으로 경험했던 "공포, 추위, 폭약 냄새, 참혹하게 뭉개졌으면서도 짜부라진 딱정벌레처럼 움찔거리던 사람들, 앉아 있는 시체나 서 있는 시체, 풀 한 포기 없는 맨땅의 정경"[45]의 기억이 그에게 트라우마로 어느 정도 남았던 것 같다.

그렇다면 세계대전 참전에 대해 루이스가 사람들 앞에서 보이던 이상할 정도의 무관심과 감정적 거리 두기를 어떻게 받아들여야 할까? 어쩌면 염세주의적 성격 때문에 루이스는 이미 최악의 상황을 충분히 그려 봤고, 그렇기 때문에 전쟁이 그가 상상했던 것보다는 덜 끔찍했을 수도 있었다. 이 문제에 관하여 알리스터 맥그래스는 흥미로운 가설을 제시하는데, 바로 루이스가 비극적 상황에서 살아남고자 '현실과 협약'을 맺었다는 것이다. 즉, 루이스가 전쟁의 충격으로 삶 전체가 무너져 버리는 것을 막고, "제정신을 유지하기 위한 방편으로 삶을 '분할'하거나 '구획'"[46]했다는 주장이다. 이 가설은 충분히 설득력 있지만, 루이스가 자신의 끔찍한 상황을 다뤘던 방식을 지나치게 과장하는 것도 부적절해 보인다.

인간이라면 매일 감당키 힘든 엄청난 경험과 정보에 부딪히고, 모호하고 때론 폭력적인 일상과 씨름하게 마련이다. 그 결과 많은 사람이 현실을 있는 그대로 직면하거나 일상에서 의미를 찾지 못하며 하루하루 살아간다. 루이스가 말한 "현실과의 협약 내지는 경계 짓기"a treaty with reality, the fixing of a frontier[47]는 누구나 알게 모르게 취하는 생존전략이다. 현실과의 협약이 정도를 넘어서면, 삶을 부정하게 부추기거나 자기 정당화를 부당하게 용인하거나 망상에 빠져 실재를 조작할 위험도 있다. 달리 말하면 '현실과의 협약'은 보다 일반적인 의미에서 '현실 도피' 혹은 심리학적 용어로 '방어 기제'라고도 할 수 있다. 루이스는 인간 모두에게 '현실과 협약'하는 기술이 있다고 봤지만, 자신은 너무 쉽게 이런 태도를 취하는 문제가 있다고 고백했다. 특히 10대 후반 루이스의 경우는 무신론적 신념으로 현실과의 협상을 독자적으로 진행하다가 영적인 것이 들어오기 힘든 단단한 자아의 벽이 형성되었다.

참혹한 전쟁이 신앙에 어떻게 영향을 주었는지는 루이스가 침묵을 지키고 있는 한 파악하기 쉽지 않다. 하지만 그가 전쟁 후, 1918년에 아서 그리브즈에게 보낸 편지와 1919년 출판한 시집 『구속된 영혼』을 통해 어느 정도는 알 수 있다. 전쟁의 비극을 배경으로 쓰인 편지에서는 놀랍게도 이전과 다른 느낌의 무신론을 발견할 수 있다. 루이스는 여전히 신을 부정하는 견해를 고수한다. 하지만 자기 안에 "보편적 영혼의 조각으로서 영혼"이 있고, 선하고 기쁜 일들은 본질적으로 '영적'이라고 말한다.[48] 하지만 그다음 편지에서 루이스는 다시 강경한 무신론적 태도로 돌아서 "자연은 전적으로 악마적이고 적대적"이며, "만약 신이 존재한다면, 그 신은 이 우주적 질서 밖에 그리고 이 질서에 대항하여 존재할 것"[49]이라 주장한다.

비인격적인 우주적 영은 인정하나 기독교의 인격신은 부정하는 역설, 그리고 인간이 고통받는 무대인 자연에 대한 극도의 혐오는 1919년 3월에 간행된 『구속된 영혼』에서 더욱 뚜렷하게 드러난다. 루이스의 첫 공식 출판물이기도 한 시집에 실린 21편의 시에는 다양한 주제가 있지만, 특별히 인간의 고통에 무관심한 신에 대한 원망이 곳곳에서 발견된다.[50] 하지만 이 시집에서 간과할 수 없는 것은 루이스가 '아름다움에 대한 동경'을 새롭게 발견했다는 점이다. 앞서 살펴봤듯 아름다움에 대한 경이는 그의 어린 시절을 사로잡았던 강렬한 경험이었다. 모순적으로 보일지도 모르지만, 『구속된 영혼』에서 강한 무신론적 감정을 뿜어낼 때 자연은 악마적으로 묘사되지만, 때로 자연은 긍정적 동경을 불러일으키는 감미로운 대상으로도 등장한다.[51]

그렇다면 『구속된 영혼』의 대표적 시 두 편을 통해 당시 루이스의 무신론을 대략적이나마 파악해 보자. 첫 번째로, 루이스가 적의 포격 속에서 맞이했던 1917년 연말에 쓰기 시작한 "변명"Apology의 일부를 번역해 보았다. 풋내기 시인은 그리스 신화에서 지하 세계의 여신인 데스포이나Despoina에게 말한다.

데스포이나, 만약 내가 쓴 시에는 왜
현재의 끔찍한 저주 아래 있는 마음을 밝혀 주고
진정한 지옥 안에서도 꿈의 천국을 만들 수 있는
기쁜 것도 고상한 것도 없냐고 사람들이 묻는다면,

그들에게 가서 그들 가운데서 이렇게 말씀하십시오.
"꿈틀거리는 벌레가 기어 다니는 썩어 가는 무덤 아래
우리에게 너무나 아름답게 웃어 주던 푸른 평원 위에
회상만큼 더 큰 슬픔은 없다."
…
[죽은 영웅들에 대한 찬가와 이야기]는 밤의 장밋빛 환상입니다.

그 사랑스러움과 지혜로움은 이미 색이 바랬죠.
그러나 이제 우린 잠에서 깨어났어요. 동쪽은 창백하고 춥고,
여명에는 희망이 없습니다. 그리고 기쁨도.[52]

이 시는 기쁨도 고상함도 희망도 찾을 수 없도록 말라비틀어진 세계에, 특히 아무 영광도 없이 무의미하게 죽은 병사들에게 바친 노래다. 흥미롭게도 루이스는 이 절망의 소식을 직접 선포하지 않고 지하 세계 여신의 입을 통해 간접 전달하려 한다. 헛된 위로라도 듣기 원하는 대중의 소망과 대조적으로, 시인의 세계에서는 새로이 태양이 떠오를 동녘마저 차갑고 우울하다.[53] 현실에서의 즐거움도 미래에 대한 기대도 없는 차가운 세계는 신에 대한 믿음을 잃어버린 루이스의 마음을 대변하는 것처럼 황량하게 느껴진다.

세계대전을 전후해서 쓰인 시들인 만큼, 루이스는 자주 절대자를 거부하고 버려진 세상에 분노를 표출한다. 하지만 신에 대한 분노와 원망과는 다른 복잡한 감정이 등장하는 시도 있다. 오히려 신이 없는 현실이 슬프고 허무하게 다가오기까지 한다. "찬송: 소년 합창단의 목소리로"Hymn: For Boy's Voices는 한편으로는 신비를 해체하는 듯하지만, 다른 한편으로는 신처럼 되지 못하는 인간의 비애를 역설적으로 드러낸다. 시의 일부를 소개하면 다음과 같다.

마법사가 했던 모든 일을
나와 너도 할 수 있었다.
자유롭게, 알기만 했다면.

인간 아이들은 매일매일
요정들의 놀이를 할 수 있었다.
만약 그 아이들이 방법을 배우기만 했다면.

모든 사람은 영원을 통과해서 크게 웃으며
신과 같이 될 수 있었다.
만약 그들이 신의 눈처럼 볼 수 있었다면.
…
그 힘의 모든 사랑스러움은
인간에게 주어진 특유한 상속물이 될 수 있었다.
심지어 내 것으로, 바로 이 시간에.

우리는 숨겨진 그 땅에 도착해야 한다.
그리고 즉각 불멸성에 도달해야 한다.
만약 우리가 이해할 수만 있다면….[54]

이 시에서는 무신론적 정서 이면으로 아름다움과 신비에 대한 경이가 과하지 않은 방식으로 부각된다. 눈을 올바로 뜨기만 하면 유한한 인간일지라도 마법과 요정의 놀이와 불멸성 등을 맛볼 수 있다. 그러나 이러한 지식을 가지고 있음에도 인간은 지금 현실을 바꿀 수는 없다. 아직은 맛보지 못한 가능성에 대한 찬양보다는, 신 없는 상태에 대한 애절한 감정과 시인을 부드럽게 유혹하는 자연의 아름다움이 은연중에 마음을 적신다.

루이스의 첫 시집 『구속된 영혼』은 사람마다 그 의미를 다르게 평가할 수 있다. 무엇보다도, 시집이 출판되자 루이스의 아버지와 형은 막내가 신앙을 잃었음을 짐작할 수 있었다.[55] 신학자 맥그래스는 이 시집이 "확고한 무신론의 증언"이자 시인이 되고 싶은 젊은 날의 "포부"를 보여 준다는 데 의의를 둔다.[56] 반면 영문학자들은 오늘날 많은 사람의 기억에서 잊힌 초기 시집은 루이스가 무신론자였고 성공하지 못한 시인이라는 '증거'이긴 하지만, 시인으로서 갈고 닦은 아름다운 표현과 풍성한 은유는 이후 그가 작가로 성장하는 데 크게 이바지했다고 후하게 평가한다. 루이스의 친구이자 영문학자인 세이어George Sayer, 1914-2005는 루이스의 초기 시에서 보여 주는 문체의 우아함과 풍부한 상상력에 주목할 필요가 있다고 말한다.[57] 영문학자 킹은 루이스가 평소 말하기 꺼리던 전쟁 경험이 잘 드러난 곳이 바로 『구속된 영혼』이며, 문학사적으로 볼 때도 루이스의 초기 시는 전쟁시라는 장르에서 주목할 만한 작품이라고 주장한다.[58]

이러한 다양한 평가가 엇갈리는 『구속된 영혼』에 스며든 루이스의 무신론 신앙은 어떤 것일까? 결론적으로 말하자면 이때 루이스는 애매모호한, 달리 말하자면 이렇게도 저렇게도 발전할 가능성이 있는 무신론을 가지고 있었다. 분명히 이 초기 시집에 실린 여러 시에서는 신에 대한 분노를 추적할 수 있다. 그러나 전통적 의미에서 기독교적이라고 할 수는 없더라도 유신론적 느낌을 주는 작품들이 분명히 있다.[59] 게다가 이전의 염세적 태도와 달리 현실을 충실히 살아가는 사람들에 대한 찬가도 보이며,[60] 무엇보다 현실이 암울한데도 그 현실을 넘어선 초월적 아름다움을 찾으려는 시도가 간혹 돋 보인다.[61] 그런 의미에서 이 시집은 신의 존재를 전적으로 부정하는 증거라기보다는, 유물론적 세계관을 넘어서 '보편적 영혼의 조각'을 찾는 그의 새로운 시도가 씨앗이 발아하듯 자라나는 곳이라고 할 수 있다.

『구속된 영혼』을 출판한 1919년의 루이스는 친구의 신앙을 무너뜨리려 달려들던 1916년의 철없고 공격적이던 무신론자와는 차이가 있다.[62] 그렇다면 상당수의 시가 쓰였고 편집된 프랑스 전선과 군대 병원에서 경험한 생활은 루이스의 무신론을 다시 확인시키면서도 무신론에 또 다른 성격을 부여한 사건이라고 봐야 하지 않을까? 실제 루이스는 "군대에서 '세상'도 만났고, '넌센스'라는 위대한 여신"[63]도 만났으며, 이후 회심을 하는 데 지대한 영향을 끼쳤던 G. K. 체스터턴의 수필집도 처음 읽게 되었다. 이러한 예기치 못한 만남이 10대 중반의 독단적이고 지적 허풍에 물들어 있으며 합리주의 도그마에 빠져 있던 그의 미성숙한 무신론에 균열을 내지는 않았을까? 물론 시적 여운과 모호함이 가득한 『구속된 영혼』의 중요성을 지나치게 강조하는 일은 경계해야 하지만, 이 시집이 천천히 변화되던 루이스의 정신세계가 드러날 문학적 통로가 되었을 가능성은 충분하다.

> **더 생각할 거리**
> **사람은 죽음을 견뎌야 한다!**

고통은 인간이라면 피할 수 없는 보편적 경험이다. 하지만 고통에 반응하는 방식은 다양하다. 미국의 작가 프레드릭 비크너Carl Frederick Buechner, 1926- 는 고통에 대처하는 사람들의 유형을 네 부류로 나눴다.[1] 첫째 부류는 나쁜 일 혹은 고통스러운 일이 일어날 때 아무 일도 없는 것처럼 그 상황을 견디거나 지나치려 한다. 둘째 부류는 고통에서 벗어나지 못해 고통에 갇혀 버리고 만다. 셋째 부류는 고통의 강도를 서로 경쟁하듯 비교하면서 자신을 정당화하거나 위로를 얻으려 한다. 마지막으로 넷째 부류는 '고통의 선한 청지기', 즉 고통을 인정하며 삶을 서로 나눔으로써 인생의 고통이 보물로 승화되게 한다. 이것이 바로 고통의 수수께끼가 사람됨의 깊은 신비와 맞닿아 있는 지점이다.

누구나 혼자서 견뎌 낼 수 있다. 혼자서 강해질 수 있다. 혼자서 승리까지도 할 수 있다. 그러나 아무도 혼자서 인간답게 될 수는 없다.[2]

C. S. 루이스의 어머니 플로라는 남편 알버트의 마흔다섯 번째 생일에 어린 아들 둘을 남겨 두고 세상을 떠났다. 플로라가 죽은 그날 침실 달력에는 셰익스피어의 『리어왕』King Lear에 나오는 명언이 적혀 있었다. "사람은 죽음을 견뎌야 한다."[3] 『리어왕』 5막의 전쟁 장면에서 더는 도망가지 못하고 그냥 죽겠다는 글로스터 백작에게 아들 에드거가 던진, 그럼으로써 삶의 의지를 되찾게 해 준 말이다. 하지만 현실에서 알버트 루이스는 이 무거운 명언이 새겨진 아내의 달력 한 장을 넘기지 못하고 평생 그대로 두었다.

마치 시간이 거기서 멈춰 섰고, 슬픔이라는 감옥에 자신을 가둔 것처럼.

플로라의 죽음은 루이스 삼부자에게 고통의 자국을 깊게 남겼다. 이 땅에 남겨진 세 남자는 아내 없이 어머니 없이 어떻게든 살아남아야 했다. 특별히 막내 C. S. 루이스는 고통의 충격을 축소하려다 오히려 자기 자신이 심하게 쪼그라든 것처럼 보인다. 협소해진 자아가 기숙학교 생활과 세계대전 참전이 던진 고통의 여파를 제대로 소화하지 못하며 점차 신앙을 잃게 되었다.

루이스가 다시 그리스도인이 되는 과정은 어떤 면에서는 그가 고통의 좋은 청지기가 되어 가는 길이기도 했다. (비크너의 표현을 빌리면) 루이스는 신앙을 되찾으면서 "고통에 관해 이야기"하는 것이 아니라 "고통에서 우러난 이야기"[4]를 나눌 수 있을 정도로 성숙해졌다. 실제 그리스도인이 된 후 그가 남긴 글 곳곳에서 고통에 대한 솔직하면서도 깊이 있는 성찰을 찾아볼 수 있다. 특별히 고통과 상실이라는 주제를 심도 있게 다룬 『고통의 문제』와 『헤아려 본 슬픔』을 통해 지금껏 많은 사람이 고통 속에서 의미를 찾고 슬픔을 위로받고 있다.

1963년 11월 22일 건강이 좋지 않던 C. S. 루이스는 방에서 갑자기 쓰러졌고 곧 세상을 떠났다. 4일 뒤 그는 유일한 가족이자 오랜 친구였던 형과 함께 평소에 예배드렸던 헤딩턴 쿼리의 홀리 트리니티 교회 Holy Trinity Headington Quarry 뜰에 묻혔다. 장례식에는 바필드, 톨킨, 세이어, 파러 등 그의 친구와 지인 소수만이 모였다. 누구보다도 루이스와 오랜 시간을 함께 보냈고 그를 잘 알았던 형 워런은 자기보다 먼저 죽게 된 동생의 무덤 비석에 새겨질 명언을 직접 골랐다.

"사람은 죽음을 견뎌야 한다."

동생을 잃은 슬픔에 압도된 형 워런은 장례식에도 참석하지 못하고 아침부터 집에서 위스키를 마셔 댔다. 알코올 의존증 및 외로움과 싸우던 워런은 약 10년 뒤 1973년 4월 9일 마지막 숨을 거뒀고, 홀리 트리니티 교회에 동생과 함께 묻혔다. 지금도 많은 사람이 루이스 형제의 무덤을 찾아 그들의 특별했던 삶과 오랜 우애를 기념한다. 그리고 비석 위에 새겨진 『리어왕』의 대사 "사람은 죽음을 견뎌야 한다"를 음미하며 삶과 죽음의 신비에 잠기곤 한다.

---

1   프레드릭 비크너, 『기이하고도 거룩한 은혜: 고통과 기억의 위로』, 홍종락 옮김 (서울: 비아토르, 2019), pp. 17-22.
2   같은 책, p. 52.
3   알리스터 맥그래스, 『C. S. 루이스: 별난 천재, 마지못해 나선 예언자』, 홍종락 옮김(서울: 복있는사람, 2013), p. 49. 하지만 『리어왕』 5막 2장에 나오는 대사 전체는 이렇다. "Men must endure their going hence even as their coming hither. Ripeness is all." William Shakespeare, *King Lear* (5.2.9-10). 9행과 10행을 구분한 셰익스피어의 본래 문장의 느낌과 리듬을 살리려면 이렇게 번역할 수도 있다. "사람은 견뎌야 한다, 그곳으로 떠날 때나 이곳으로 올 때나. 때가 무르익는 것이 중요하다."
4   비크너, 『기이하고도 거룩한 은혜』, p. 37.

❋ 맺으며: 갈림길에 선 무신론 * ❋

19세기와 20세기 전환기에 태어나 유아기와 학창 시절을 고통스럽고 고독하게 보낸 루이스는 10대 중반에 신앙을 잃었다. 그러나 오랜 방황 끝에 루이스는 결국 교회로 돌아오게 된다. 회심 이후 루이스가 쓴 초기 변증서를 보면, 기독교를 열심히 변호하는 모습과 동시에 자신과 의견을 달리하는 사람을 지나치게 비판하는 모습이 보인다. 이 때문에 루이스에 대한 호불호가 갈리기도 한다.[64] 하지만, 회심 전 루이스가 걸어왔던 길을 재구성하며 뒤따라가 보면, 그가 이후 공격했던 이론의 상당수가 무신론자 당시 자신이 가지고 있던 신념들이었음을 알게 된다. 심지어 변증가로서 그가 극복하고자 한 대상이 젊은 날의 자기 자신이 아닐까 하는 생각마저 들게 할 때도 있다. 루이스 본인도 "내 책을 이해하는 열쇠는 '사람은 자기가 몸담았다가 떠난 이단을 가장 미워하는 법'이라는 존 던John Donne의 경구에 있다"[65]라고 하지 않았던가? 그런 의미에서 루이스가 비록 자신이 어떤 무신론을 가졌는지 분명히 밝히지 않았더라도, 무신론자 루이스는 그리스도인 루이스를 비춰 주는 거울 역할을 한다고 할 수 있다. 그렇다면 이제는 독단적이고 자존심 강하며 시인의 꿈을 키웠던 젊은 무신론자가 20세기에 가장 큰 영향을 끼친 기독교 작가 중 한 명이 되는 여정을 살펴볼 때가 되었다.

2장 기독교로 돌아오는 순례자

> 이렇게 말해도 될지 모르겠지만 하나님은 자신의 목적을 위해서라면
> 무슨 짓이든 마다하지 않으시는 분이다.
> C. S. 루이스, 『예기치 못한 기쁨』[1]

신앙을 버린 소년 루이스는 과연 행복했을까? 신에 대한 부정과 절규가 그에게 해방감을 주었을까? 『구속된 영혼』에 실린 한 시를 보면 오히려 루이스는 자신이 겪는 고독감과 불안과 우울함에서 자유로운 보통 사람을 부러워하는 듯하다.

> 신이시여! 꽃에 물을 주고 잔디밭에 뒹구는
> 앉아서 바느질하고 이야기하고 담배 피우는
> 여름의 이른 새벽녘까지 코를 고는
> 충실한 사람들이 있음에 감사합니다.
> …
> 축축한 밤이 무겁게 무너져 내릴 때

> 나를 둘러싼 초조한 바람이 슬피 울 때
> 정처 없는 동경이 나를 동요케 할 때
> 너무나 자주 저는 홀로 앉아 있습니다.
> …
> 그러면 견고한 사람들을 부러워합니다.
> 저녁이면 불가에 앉아서
> 일을 끝내고, 꾸벅거리고, 담배를 피우고
> 그리고 욕망에 어지럽혀지지 않은 그 사람들.[2]

이 시에는 루이스의 외로움이 짙게 묻어나면서도, 평범한 삶이 선사하는 행복을 향한 욕망도 느껴진다. 당시 믿지도 않던 신의 존재를 굳이 끌어들이면서까지 보통 사람과 자신의 모습을 대조시킨 것도 흥미롭다. 이때 신이란 문학적 창작을 위해 어쩔 수 없이 필요했던 '시적 허용'으로 봐야 할까? 아니면 누구도 공감하지 못할 자신의 처지를 하소연할 대상으로 신이라도 필요했던 것일까?

루이스는 삶의 비극적 사건들로부터 자신을 보호하고 전쟁의 끔찍한 기억에서 살아남고자 '현실과 협약'을 맺었다. 하지만 그 협상의 파장은 루이스가 예상하지 못했던 방식으로 전개되었다. 앞서 살펴보았듯 루이스가 신에 대해 무관심하게 된 결정적 계기 중 하나는 기도의 실패였다. 이를 반영하듯 『스크루테이프의 편지』에서 루이스는, 기도하면서 하나님이 아니라 자신의 의지와 감정을 바라볼 때 기도는 오히려 신앙을 약하게 만들 수 있다고 경고한다. 이 신학적 우화에서 악마들은 기도의 약점을 치밀하게 공략하려 한다. 그러나

기도자를 유혹할 때 악마가 몹시 조심해야 할 것이 있었다. 바로 "기도의 자리에는 언제나 [하나님이] 즉각 행동을 개시"[3]하신다는 사실이다. 루이스의 인생 이야기를 보면 루이스가 신앙을 잃으려 하자 하나님은 즉각 행동을 취하셨다. 10대 중후반 루이스가 무신론의 길로 깊이 들어가는 것 같았지만, 하나님은 루이스를 향한 자신의 목적을 이루고자 "무슨 짓이든 마다하지 않으시는 분"이었다. 루이스는 무신론적 신념을 쌓아 가는 사이 자기도 모르게 '자신이 만들어 낸 신'이 아니라 '참 하나님'을 만나기 위한 긴 여정을 준비하고 있었다.

❊ 상상력의 회심 * ❊

맥그래스가 쓴 『위대한 기독교 사상가 10인』이라는 책에서 루이스는 기독교 역사에서 가장 위대한 사상가 열 명 중 하나로 선정되었다.[4] 저자의 신학적 취향이 듬뿍 담겼음을 인정하더라도 의외의 선택임을 부정하기 어렵다. 고대의 이레나이우스나 니사의 그레고리오스, 중세의 아벨라르나 오컴, 근대의 웨슬리나 슐라이어마허나 바빙크, 현대의 틸리히나 니버나 라너 등 위대한 신학자에 비해 루이스는 신학적 탁월성을 보여 주지 못했다. 그럼에도 루이스가 큰 중요성을 부여받은 것은 그가 신학의 역사에서 제대로 대우받지 못하던 '상상력'의 중요성과 역할을 재발견했기 때문이다.

태곳적부터 인간은 삶의 경계 혹은 경험의 울타리 너머를 보고 느끼고 맛보게 해 주는 상상력에 기대어 문화, 학문, 종교, 제도 등을 발전시켰다. 상상력이 인간 고유의 정신적 작용임은 루이스 이전의 철학자나 신학자도 잘 알고 있었다. 하지만 상상력 자체를 독자적 주제로 삼으려는 학문적·문화적 움직임은 서구에서는 19세기 낭만주의 시대에 이르러서야 일어났다. 이성과 믿음은 언제나 탐구와 토론의 중요 대상이 되어 왔는데, 왜 유독 상상력은 파티에 초대받지 못한 신데렐라처럼 오랜 기간 홀대받았을까? 그것은 바로 상상력이 잘못된 지식과 신앙을 만들 위험이 크다는 '왜곡된 상상' 때문이다.

고대 그리스의 철학자 아리스토텔레스Aristotélēs, 기원전 384-322가 언급했듯, 상상력은 인간 지성이나 신념과 구분되는 정신 활동이고 주로 이미지와 결합하여 작동한다. 상상력이 불러내는 이미지는 인지적 활동과 연관될 뿐만 아니라, 때로는 인지적 판단을 인도하기까지 한다. 즉, 인간이 기억하거나 생각할 때 이미지를 매개로 하는 경우가 대부분이기에 상상력은 우리의 정신에서 매우 중요한 역할을 한다. 하지만 상상력은 꿈이나 기억, 망상 등과 주로 결부되면서 실재를 왜곡해서 재현할 위험도 있다.[5] 이러한 이유로 합리주의적 전통이 강한 서구 지성사에서 상상력은 이성이나 신념 등에 비해 덜 중요하게 여겨졌다.

이성 중심의 인식론이 철학의 화두가 되었던 유럽의 계몽주의 시대에는 상상력이 더욱 홀대받았다. 대표적 근대철학자 데카르트René Descartes, 1596-1650에 의하면, 상상은 "물질적인 것에 대해 사고하는 특별한 방식"으로, 대부분 사람이 "상상을 통해 모든 것을 생각하는 데 익숙"[6]해져 있다. 하지만 상상이란 이성에 의한 명석하고clear 판명한distinct 지식과 대조되는 대중적 사고방식이기에 철학의 중심 주제도, 도구도 될 수 없다. 상상력이 인간의 인식 활동에서 큰 역할을 할지라도 그 결론은 오류에 빠지기 쉽기에 이성의 심판대를 거칠 필요가 있다.[7] 무엇보다도 상상력은 서로 다른 이미지들을 섞어서 세상에 존재하지 않는 대상에 대한 잘못된 지식과 망상을 만들어 내기까지 한다. 예를 들면 황금산, 유니콘, 반인반수, 말하는 동물 등은 사람들이 보고 경험한 서로 다른 대상을 상상 속에서 종합해서 만들어 낸 잘못된 환상의 대표 사례다. 따라서 상상력은 세계에 대한 정확하고 보편적인 지식을 만들어 내는 데 도움이 되지 못하며 심지어 장애가 되기도 한다.[8]

하지만 계몽주의가 추구한 합리주의에 저항하며 19세기에 낭만주의 운동이 일어나자, 이제껏 주목받지 못했던 직관, 감정, 상상력, 꿈 등이 중요한 화두가 되었다. 낭만주의에 대한 정의는 다양하겠지만, 독일 낭만주의의 선구자였던 아우구스트 빌헬름 슐레겔August Wilhelm Schlegel, 1767-1845만큼 낭만주의의 정신을 잘 요약해 낸 사람을 찾기도 쉽지 않다. "낭만적 시는 무한한 것에서 갈망을 구현한다.… 그리고 그것은 정신의 내면적 분열, 현실적인 것과 이상적인 것 간의 괴리감, 따라서 만족되지 않는 동경에 의해 특징지어진다."[9] 슐레겔이 잘 보여 주듯 낭만주의의 가장 큰 특징은 유한한 현실 너머의 무한을 향한, 소진되지 않고 계속 피어나는 신비한 '동경'에 있다. 이러한 낭만주의적 갈망 혹은 아름다움에 대한 신비한 동경이야말로 루이스의 삶과 사상을 이해하는 핵심 개념이다.

앞 장에서 살펴봤듯 여섯 살 무렵 루이스는 형이 만들어 준 모형 정원을 통해 현실 너머 그 무엇에 대한 동경에 눈을 떴다. 미처 깨닫거나 포착하기도 전에 사라진 "동경을 향한 동경"[10]을 계속해서 가지고 살았던 루이스의 심정은 낭만주의가 꽃피기 좋은 토양이었다.[11] 루이스는 시 읽기를 배우면서 언어를 통해 미지의 아름다움의 섬광이 정신에 비치는 것을 경험했다. 바그너의 음악과 북유럽 신화와의 만남은 파악하지 못할 미지의 세계에 대한 동경을 더욱더 강하게 만들었다. "그 특징은 바로 충족되지 않는 갈망, 어떤 만족감보다 그 갈망 자체를 더 갈망하게 만드는 갈망이다. 나는 그것을 '기쁨'Joy이라고 부른다."[12] 그러나 예민한 10대 사춘기가 되자 루이스의 경이에 대한 지나친 추구가 "영적인 정욕", 즉 "육체의 정욕처럼 그 정욕을 계속 품고 있는 한 다른 모든 것을 시들하게 만드는 치명적 힘"[13]이 되면서 그를 심각하게 괴롭혔다. 가슴을 찌르는 듯 아픔을 일으키는 끝없는 욕망은 무의식적으로 루이스의 신앙 기반을 침식하고 있었다. 이런 상황에서 기숙학교에서의 부적응과 커크패트릭의 합리주의가 그에게 남아 있던 신앙의 흔적을 흘려보내는 것은 시간문제였다.

하지만 루이스의 무신론적 사고가 정점으로 치닫던 1916년 3월 어느 저녁, 그는 예기치 못한 사건 하나를 겪는다.[14] 레더헤드 역에서 기차를 기다리던 루이스는 우연히 스코틀랜드의 목사이자 동화 작가인 조지 맥도널드George MacDonald, 1824-1905의 1858년 작품 『판타스테스』Phantastes를 사게 되었다. 아도노스라는 젊은이가 환상의 세계에 들어가 동경하던 여성적 아름다움을 찾아다니는 이야기에서, 루이스는 이전에 알지 못했던 '밝은 그림자'를 발견했다.[15] 그날 밤에 일어났던 일에 대해 그는 이렇게 회상한다.

그리하여 그 위대한 순간이 왔을 때, 나는 이야기 속에 나오는 숲이나 집에서 뛰쳐나와 그 위에서 빛나고 있는 실체 없는 빛을 찾으려 하는 대신, 그 빛이 점점 더 퍼져 나와 (안개를 뚫고 빛을 내는 오전의 태양처럼) 숲과 집을 비추고, 내 과거의 삶을 비추고, 내가 앉아 있는 방을 비추고, 타키투스Tacitus를 읽으며 고개를 주억거리던 옛 선생님의 모습을 비추고 있음을 발견하게 되었다. 즉, 이 새로운 영역의 공기가 나 스스로 육욕과 마법으로 왜곡시킨 잘못된 '기쁨'들을 더러운 싸구려 물건으로 보이게 만드는 한편, 식탁 위에 놓인 빵이나 난로의 석탄에 걸어 놓은 매혹의 힘은 여전히 풀지 않았다는 사실을 인식하게 된 것이다.[16]

이제껏 루이스는 낭만주의의 퇴폐적인 면을 탐닉했고, 선호하는 특정 대상에만 갈망을 집중하는 편협한 동경을 가졌다. 하지만 욕망은 충족하려 할수록 더 커지고, 기쁨은 짜릿하지만 오래갈 수 없기 마련이다. 탐미적 동경이 만들어 낸 악순환의 고리에서 나올 돌파구가 필요했던 때 루이스는 『판타스테스』를 만났다. 이때 루이스는 상상력이 현실을 등진 공상이나 감정을 중독시키는 쾌락과는 다른 종류임을 발견했다. 즉, 상상력이란 경험의 지평에 속하는 현실의 모든 것을 새로운 빛으로 보게 하는 능력이었다. 루이스는 그리브즈에게 급하게 편지를 써서 자신이 발견한 '밝은 그림자'가 어떻게 자신을 곤경에서 구해 줬는지 이야기했다. "내가 제대로 설명을 할 수 있을지 모르겠어. 그러나 실재reality와 접촉해서 실재를 설득력 있게 만들어 주면서도 꿈과 같은 그 느낌을 망쳐 버리지 않는 그 무엇the thing인가를 가져왔어."[17] 『판타스테스』는 욕망의 존재와 가치를 인정하면서도 그 욕망이 어떻게 현실과 연결되어야 할지 알려 줬다. 그날 밤 자신에게 찾아온 변화를 루이스는 "상상력의 세례"라고 불렀다.[18] 물론 루이스의 이성과 신앙이 모두 회심하려면 아직 약 15년이라는 시간이 더 필요했다.

루이스는 자신의 왜곡된 갈망을 치유하고 바르게 인도할 '밝은 그림자'를 알지도, 원하지도, 찾을 준비를 하지도 않았다. 루이스는 그날 무엇 때문에 『판타스테스』를 사게 되었는지 전혀 몰랐다. 이렇게 사소한 '우연'으로 보이는 것들, 식탁의 빵과 같은 '일상'의 평범한 사물에서 새로운 의미를 발견하고, 나아가 하나님의 '흔적'을 찾아내게 하는 것이 바로 루이스가 말하는 '세례받은 상상력'이다. 인과 관계의 빡빡한 엇물림 속에서 나의 계획과 예측에 따라 세계를 파악하는 것이 아니라, 내가 미처 모르고 계획하지 못한 방식으로 움직이는 부드러운 힘을 인정하고 그 힘과 더불어 살게 하는 것이 상상력이다.[19]

루이스는 그날 자기 의지와 무관하게 거대한 경계를 지나 버렸다. 상상력의 회심은 아름다움에 대한 갈망을 거부하지 않아도 될 정도로 낭만적이었지만, 이전에 탐닉했던 어둡고 탐미적인 낭만주의와는 달랐다. 분명 자기에게 중요한 일이 일어났으나, 당시 루이스는 그것을 이해할 어떤 범주도 개념도 가지고 있지 않았다. 그리스도인이 되고서야 그는 자신에게 일어난 일의 의미를 깨달았다.[20] 하지만 즉각적이고 놀라운 변화가 상상력의 세례와 함께 일어났다. 루이스는 학교보다 군대 생활이 덜 힘들다고 했는데, 그 이유 중 하나로 자기 인상이 부드럽게 바뀌면서 인간관계가 좋아진 점을 들었다. 그는 학교 선배들의 짜증을 유발했던 자신의 표정이 『판타스테스』를 읽고 사라지게 되었다고 추측했다.[21] 일상을 보는 시각의 변화가 정말 외모에도 영향을 줄 수 있을까? 물론 그런 상상을 해 보는 것도 흥미롭지만, 상상력의 회심이 최소한 루이스가 주장한 무신론의 이론적 토대를 이루고 있던 편협한 합리주의를 허물어 버리는 계기를 마련한 것은 틀림없다.

> **더 생각할 거리**
> ## 어린아이 같은 하나님, 동화 같은 세계
>
> C. S. 루이스가 자신의 영적 스승이라 공공연히 불러 왔던 조지 맥도널드의 『전하지 않은 설교』*Unspoken Sermons*는 마가복음 9:33-37을 본문으로 한 설교로 시작한다. 맥도널드는 "누구든지 내 이름으로 이런 어린아이 하나를 영접하면 곧 나를 영접함이요. 누구든지 나를 영접하면 나를 영접함이 아니요 나를 보내신 이를 영접함이니라"라는 37절 말씀에 유독 집중한다. 여기서 예수께서는 "내 이름으로"라는 표현을 쓰셨는데, 예로부터 이름은 '유사성' 내지 '적합성'을 보여 주는 역할을 한다. 바로 이 지점에서 맥도널드는 자기 사상의 핵심을 구성할 특유의 삼단논법을 만들어 낸다. (1) 어린아이와 하나님 아들인 예수 그리스도가 유사하다. (2) 하나님 아들은 신비이신 성부를 계시한다. (3) 그러므로 하나님께서는 어린아이다운 본질이 있다. 다른 신학자들이 수백 년간 무시했던, 신적 속성으로서 '어린아이다움'이 재발견되는 순간이다.

하나님은 사람이십니다God is man.…그리고 그분은 과거에도, 지금도, 그리고 앞으로도 영원히 하나님으로서 어린이다우실divinely childlike 것입니다. 만일 주님이 어린아이였다가 어린아이이길 그만두셨다면, 주님은 애초부터 어린아이이실 수가 없었을 겁니다. 주님 안에서는 잠시 있다 사라지는 것은 전혀 발견할 수 없기 때문입니다. 어린아이다움은 하나님의 본질에 속합니다.[1]

일반 독자에게는 동화 작가로 더 잘 알려진 맥도널드답게 복음서에서 하나님의 '유아적' 본성을 새롭게 발견해 낸다. '하나님의 어린아이다움'을 사상의 핵심으로 놓았던 경이로운 상상력을 보여 준 또 다른 작가는 G. K. 체스터턴이다. 맥도널드보다 반세기 뒤에 태어난 체스터턴은 합리주의나 교리적 종교보다 어린이가 좋아하는 '동화의 나라'가 실재를 더 충실히 반영한다고 힘껏 주장한다. 그리고 창조 세계를 동화처럼 신나게 보고 즐기시는 어린아이 같은 하나님도 소개한다.

현대인에게 익숙한 과학적 세계관에서는 가시적 현상 배후에 필연적 법칙과 합리적 이유가 있다고 강조한다. 해가 뜨고 지고 계절이 변화하는 것과 같이 시공간 속에서 반복되는 일들은 우주가 자연법칙의 필연성에 따라 규칙적으로 운행되고 있음을 보여 준다. 오늘날 세계를 이해하는 이 같은 주도적 모델은 하나님의 창조를 차가운 기계로 보게 하고, 심지어 하나님을 공대 출신 엔지니어처럼 인식하게 할 수도 있다.

하지만 체스터턴은 세계를 우리가 파악하거나 붙잡을 수 없는 신비로 가득한, 심지어 마법이 걸린 곳이라 주장한다. 이런 시각에서 보자면 자연 속에 반복되는 현상은 법칙에 따라 무의미하게 일어나는 일들이 아니라, 신나는 놀이처럼 온 우주가 기꺼이 반복하고 있는 흥겨운 활동이라 할 수 있다. 같은 일이 몇 번 반복되면 식상해하는 어른과 달리, 아기는 똑같은 놀이를 하더라도 기뻐하며 또 (굳이 똑같은) 놀이를 하자고 졸라 댄다. 마찬가지로 우주는 창조 이래 똑같은 법칙하에 운동을 반복하지만, 하나님은 질려 하지 않으시고 어린아이처럼 매번 늘 새롭게 우주를 보고 놀라워하고 즐거워하신다.

> 어린이들은…언제나 [놀이를] "또 해 줘요"라고 말하고, 어른은 녹초가 되기까지 그것을 반복해서 행한다. 아이들과 달리 어른들은 단조로운 행위를 보고 미친 듯이 기뻐할 정도로 강하지가 않기 때문이다.…하나님이 아침마다 해를 향해 "또 해 봐" 하고 말하는 것은 가능한 일이다. 물론 저녁마다 달에게 "또 해 봐" 하고 말하는 것도 마찬가지다.…하나님은 마치 어린아이처럼 영원히 변함없는 열정을 품고 있을지도 모른다. 우리는 죄를 지어 늙어 버렸고, 우리의 하늘 아버지는 우리보다 더 젊기 때문일 것이다.[2]

우주의 창조자보다 더 늙어 버린 인간에게 필요한 것은 '믿음으로 의로워지는 구원'만이 아니다. 하나님의 아들을 통해 하나님의 형상을 회복한다는 것은 '영원한 어린아이이신 하나님'처럼 변함없는 열정과 용솟는 생명력을 가지고 일상 속에서 경이와 즐거움을 누릴 수 있는 '은혜의 주술'에 걸리는 일이기도 하다.

1 조지 맥도널드, 『전하지 않은 설교』, 박규태 옮김(서울: 홍성사, 2020), p. 41.
2 G. K. 체스터턴, 『G. K. 체스터턴의 정통』, 홍병룡 옮김(서울: 아바서원, 2016), pp. 141-142.

❈ 이성의 회심 * ❈

무신론자 시기에 루이스가 썼던 "묻지 마세요"Tu Ne Quaesieris는 여러모로 아름다운 시이자, 당시 루이스가 어떤 생각을 하고 있었는지 알게 해 주는 매우 중요한 자료다. 호라티우스의 11번째 『송가』 도입부를 제목으로 딴 이 작품의 일부를 소개해 보겠다.

> 로지와 마이어스의 모든 지식에도
> 나는 찢긴 욕망을 치유할 수 없습니다.
> 수수께끼 같은 땅을 선명하게 밝혀 줄
> 인간의 질문에 대한 희망도 없습니다.
> …
> 하지만 내가 여전히 협소한 자아로 남아 있다면
> 나에게 끝없는 삶이란 무엇인가요.
> …
> 나의 자아自我라는 창문을 통해
> 마치 어두운 유리를 통해 보듯 겨우 드러나는 것은

왜곡되고 가장된 실재이지 않은가요?[22]

이 시는 표면적으로 19세기 중반 이후 크게 주목받던 조지프 로지Joseph Lodge와 프레더릭 마이어스Frederic Myers의 심령학을 비판하는 것으로 보이지만,[23] 실은 루이스의 마음 깊은 곳에 자리 잡았던 중요한 생각을 엿보게 해 준다. 그것은 바로 편협한 자아 혹은 경직된 이론으로는 실재를 바로 볼 수 없다는 점이다. 이 시의 후반부는 큰 신성the large Divine, 즉 자연과 혼합되어야 삶에 대한 통합적 시각을 가질 수 있다고 말한다. 특별히, "내가 끝나는 그 지점에서 진정한 삶이 시작"[24]된다는 마지막 구절은 자기 부정을 통해서 비로소 확장된 영적 지평으로 나아갈 수 있음을 보여 준다.

좁은 마음의 체로 걸러지고 쪼개졌던, 파편화된 경험과 사고의 조각이 재조직되고 통일성을 얻기 위해선 자아의 확장이 필요하다. 하지만 편협한 자기를 넘어서는 일에는 의식적이든 무의식적이든 자아의 큰 반발이 따르게 마련이다. 루이스도 마음을 넓히며 자기에게 찾아오시는 하나님에게 대항하여 맹렬히 저항했다. 그럼에도 자신을 부정하고 신의 존재를 인정하기로 한 지적 회심은 결국 1929년에 일어났다.[25] 상상력의 회심이 일어난 지 약 13년이 지난 후다. 그동안 루이스는 징집되어 세계대전에 참전했고, 옥스퍼드 대학교에서 고전학과 영문학 학위를 취득했으며, 프랑스 전선에서 전사한 친구의 어머니와 여동생을 부양했고, 취직 전선에서 거듭 실패를 맛보다가 결국 옥스퍼드 대학교 모들린 칼리지에서 가르치게 되었으며, 아버지 알버트 루이스와 사별했고, 시인으로서 품었던 꿈은 좌

절되었으며, 옥스퍼드 영문학자들과 우정 공동체인 잉클링스Inklings를 만들었다. 그야말로 루이스 인생에서 아주 중요한 시기였다.

학위를 마치고도 안정된 교수직을 얻기 힘들었던 루이스는 일단 생계를 위해 철학을 공부하고 가르치게 되었다. 그러면서 1920년경 신에 대해 새롭게 생각하며 무신론적 신념을 벗어나기 시작했다. 그리고 11년 정도 시간이 흐른 후 그리스도인이 되었다.[26] 이 과정은 그가 다양한 공부를 통해 편협했던 자아를 서서히 확장해 갔던 시기이기도 하다. 그 기간 루이스가 접했던 사상가는 너무 많아 다 거론하기조차 힘들다.[27] 사실 루이스의 독서 목록은 그가 옥스퍼드 대학교에서 고전학과 영문학을 공부하기 이전인 제1차 세계대전 참전 때부터 변화했다. 이후 그가 그리스도인이 되는 데 결정적 영향을 끼칠 『영원한 사람』*The Everlasting Man*, 아바서원 역간의 저자 G. K. 체스터턴의 글을 처음 읽은 것도, 신성의 필연성에 대해 깨닫게 해 줬던 베르그송Henri Bergson, 1859-1941의 철학을 처음 접한 것도, 이전에 무시했던 여러 예술가를(그들 중 시편 저자도 들어간다) 음미하게 된 것도[28] 1918년 12월 제대 전에 일어났던 일이다.

군대를 떠나 학문의 세계로 이주한 루이스는 당시 옥스퍼드 대학교에서 유행하던 관념론 철학을 공부하면서 유신론적 신념을 쌓아 갔다. 『구속된 영혼』 집필 당시 '우주적 영'에 대한 기초적 시각이 생겨나며, 10대 소년 시절의 치기 어린 유물론적 무신론은 이미 기세가 꺾여 있었다. 인간이 자신 안의 영을 통해 우주를 감싸는 보편적 영과 접속하고 소통하게 된다는 설익은 생각은 '절대자의 정신과 인간의 정신'의 관계를 사변하는 철학적 관념론을 통해 이성적이고 체계적으로 자리 잡았다. 당시 루이스가 접했던 관념론의 단편을 맛보아 보자.

> [나는] 우주 전체가 결국은 정신적인 것임을, 그리고 우리의 논리란 곧 우주적인 로고스Logos에 동참하는 것임을 인정해야 했다. 내가 이러한 입장을 유신론과는 사뭇 다른 것으로 생각할 수 있었다니 놀랍다.…그러나 당시에는 하나님을 믿지 않으면서도 유신론의 각종 편의를 이용할 수 있게 해 주는 각종 위장술과 방어벽, 안전수단이 횡행하고 있었다. 그린T. H. Green, 브래들리Francis H. Bradley, 보상케Bernard Bosanquet(당시에 위세를 떨쳤던 이름들이다) 같은 영국의 헤겔주의자들이 바로 그런 도구들을 썼다.…이런 생각을 하다 보면 확실히 종교적인 감정에 도달하지 않을 수 없었다. 그러나 그 '종교'는 아무 대가도 요구하지 않는 종교였다. 우리는 절대자에 관해 종교적인 이야기를 할 수 있었다. 그러나 그 절대자가 우리에게 무슨 행동을 할 위험은 전혀 없었다.[29]

소년 루이스는 종교를 '주관적 감정'과 '기분'으로 생각하면서 무신론자가 되었다. 반면 관념론은 영적 실재가 내 생각과 감정을 넘어 '객관적'으로 존재함을 알려 줬다. 그러나 이때의 '신'은 비인격적인 영일 뿐, 인간에게 헌신하지 않고 인간의 순종을 요구하지도 않는 존재다. 그럼에도 관념론과의 만남은 무신론자 루이스에게 "존귀한 어부[예수 그리스도]가 낚싯대"를 던진 사건이었고, 그는 당시 "낚싯바늘을 물었다"[30]는 것을 꿈에도 알아차리지 못했다. 즉, 철학적 관념론은 루이스가 자신도 모르게 신의 존재를 알고 인정하게 되는 인식 기반을 형성했던 셈이다.

루이스의 지적 회심에서 빼놓을 수 없는 이야기는 그가 옥스퍼드의 지성인 세계에 정착하면서 새롭게 만들어 간 우정이다. 1930년 대 초반부터 약 20년간 활발히 모였던 잉클링스라는 문예 동아리의 주요 인물인 오언 바필드, J. R. R. 톨킨Tolkien, 1892-1973, 휴고 다이슨 Hugo Dyson, 1896-1975 등은 루이스가 신앙을 가지도록 기발한 방식으로 도움을 줬다. 특별히 바필드의 중요성을 먼저 언급하지 않을 수 없는데, 루이스는 그를 자신의 "반자아"anti-self [31]라며 높이 평가했다. 반자아란 관심사는 같지만 그 주제를 전혀 다른 관점과 태도로 접근하는 사람이다. 루이스는 바필드와 자신 사이에서 일어난 약 3년간의 치열한 논쟁을 세계대전에 빗대어 '대전'The Great War이라 불렀다.[32] 결론부터 말하면 그 전쟁에서 무신론의 성을 수호하던 루이스는 행복한 패배를 맛보았다.

바필드는 여러 측면에서 루이스의 기존 생각에 도전했다. 첫째, 루이스는 이제껏 가지고 있던 "연대에 대한 속물적 태도",[33] 즉 인간은 진보하며 그렇기에 과거의 것은 시대에 뒤떨어지고 열등하다는 생각을 버리게 되었다. 이러한 선입견에서 벗어나면서 고대인이 기록한 성경의 가치나 기독교 전통의 중요성, 오래된 책의 가치 등을 새롭게 인식할 수 있었다. 둘째, "감각으로 드러나는 우주를 가장 근본적인 실재"[34]로 파악하던 루이스의 순진한 실재론에 대항하여, 바필드는 관념론적 유신론의 타당성을 설득했다. 우주의 궁극적 원리가 물질적인 것이 아니라 영적이라는 생각의 도약은 루이스가 유신론으로 나아가는 데 큰 역할을 했다. 셋째, 상상력의 세례를 받았지만 루이스는 여전히 이성과 권위가 통제하지 않으면 상상력은 오류에 빠질 위험이 있다고 보았다. 그러나 바필드는 이성이 미치지 못하는 진리에 상상력이 도달할 수 있다고 주장했다.[35] 이는 루이스가 편협한 합리주의와 탐미적 낭만주의 사이에서 양자택일을 요구받지 않고 둘을 종합하는 낭만적 합리주의자romantic rationalist가 되도록 도와주었다. 넷째, 철학이 하나의 학문적 주제나 전공이라는 루이스의 선입견에 반대하며, 바필드는 "플라톤에게 철학은 주제가 [아니라]…삶의 방식"[36]이었음을 보여 줬다. 관념론 철학 덕분에 보편적 영은 인정하면서도 종교는 거부하던 루이스에게 바필드는 철학적 신념과 삶을 일치시키라며 압박했다.

마침내 루이스는 하나님과 자기 사이를 가로막고 있던 신념의 보호막을 내려놓기로 결정했다. 그리고 이 '자유로운' 선택은 즉각 상상력의 변화를 불러일으키며 이성을 일깨웠다. 이제껏 자기가 나눴던 사고의 구획이 무너지고, 무질서 속에 있던 다양한 생각의 파편들이 새롭게 결합했다. 마치, "에스겔의 해골 골짜기에서 마른 뼈들이 움직여 서로 들어맞아 벌떡 일어서듯이, 지적인 장난거리에 불과했던 철학 이론이 울룩불룩 움직이기 시작하더니 수의를 벗어 던지고 벌떡 일어나 산 존재가 되었다."[37] 한때는 철학이라는 학문이 루이스가 인식한 '영'과 종교인이 믿는 '신'을 안전하게 구분해 주었지만, 이제는 철학이 결단의 순간으로 그를 몰아갔다. 결국 루이스는 신의 존재를 인정하고, 신의 절대적 요구를 받아들였다.

모들린의 방에 혼자 있을 때, 일만 잠시 놓으면 그토록 피하고 싶어 했던 그분이 꾸준히, 한 치의 양보도 없이 다가오시는 것을 밤마다 느껴야 했던 내 처지를 상상해 보기 바란다. 내가 너무나도 두려워했던 그 일이 마침내 일어나고야 말았다. 1929년 여름학기에 나는 드디어 항복했고, 하나님이 하나님이심을 인정했으며, 무릎을 꿇고 기도했다. 아마 그날 밤의 회심은 온 영국을 통틀어 가장 맥 빠진 회심이자 내키지 않는 회심이었을 것이다.···하나님은 얼마나 겸손하신지 이런 조건의 회심자까지 받아주신다.···'끌고 오라'compelle intrare는 것은 악한 사람들이 너무 남용한 탓에 듣기만 해도 몸서리가 쳐지는 말이다. 그러나 제대로 이해하기만 한다면, 이것이야말로 하나님의 자비의 깊이를 잴 수 있는 말이 아닐 수 없다. 하나님의 준엄함은 인간의 온화함보다 따뜻하다. 그의 강요는 우리를 해방시킨다.[38]

이 사건을 루이스가 영국에서 가장 맥 빠진 회심이라 묘사하지만, 사실 독자가 볼 때는 아주 흥미로운 회심이다. 루이스는 회심 이야기에서 한편으로는 자기가 만들어 낸 '현실과의 협약 내지는 경계'를 하나님이 찾아오시며 허무셨음을 강조한다. 다른 한편으로 그는 회심이 순전히 자기 결단으로 이루어졌음을 보여 주려 한다. 달리 말하면, 하나님은 루이스가 자신을 굴복시키기 전에 "전적으로 자유로운 선택의 기회라고 할 만한 순간을 허락"[39]하셨다. 루이스는 당시에 자기방어를 포기하는 것 외에 다른 가능성은 없었다고 인정하지만, 그것은 역설적이게도 자신의 행위 중 가장 완벽하게 자유로운 행위였다고 한다. 이것이 어떻게 가능한가? 다른 가능성이 배제된 선택이 진정한 자유라 할 수 있는가?

우리의 일상 언어에서 자유와 필연성은 전혀 반대 의미로 사용된다. 하지만 루이스는 하나님과 인간의 관계에서는 필연성과 자유가 대립하는 개념이 아님을, 그렇기에 하나님은 그 계획과 섭리 안에서 우리가 자발적으로 회개하기 원하심을 깨달았다. 이때의 경험 때문인지 이후 루이스는 칼뱅주의 예정론에 비판적 거리를 두고 인간 자유의지의 중요성을 강조하는 생각을 발전시킨다. 하나님의 부드러운 압박과 자신의 자유 사이의 신비한 조화를 경험한 루이스에게 남은 것은 하나님이 인간이 되셨음을 인정하는 일이었다.

> 더 생각할 거리
> ## 인간의 시간과 하나님의 영원
>
> 루이스의 자서전 『예기치 못한 기쁨』에서 지적 회심에 관한 14장의 제목은 "체크메이트"Checkmate다. 체스 용어로 '체크'는 킹King을 직접 겨냥한 위협적인 수를 의미하며, '체크메이트'는 킹이 체크를 도저히 피할 수 없어 게임이 끝나게 되는 상황을 뜻한다. 루이스는 자신이 겪은 '상상력의 세례'를 의미심장하게 하나님이 자신을 노리신 체크라 불렀다. 그리고 하나님 앞에 자신이 무릎을 꿇고 회심한 사건을 체크메이트라 묘사했다. 자기의 판단과 자유를 가지고 체스 경기에 열심히 임했건만, 하나님은 "꾸준히, 한 치의 양보도 없이"[1] 다가오셔서 결국 그를 얻어 내셨다.
> 　루이스는 자신의 회심이 한편으로는 '자기 발'로 하나님께 돌아간 일이지만, 그것은 동시에 하나님이 '끌고 오신' 것이라 묘사

했다. 이 모순된 설명을 어떻게 이해할 수 있을까? 오히려 '체크메이트'라는 표현은 인간의 자유와 무관하게 결국 하나님의 뜻대로 하나님이 일방적으로 승리하셨음을 보여 주지 않는가? 하나님의 섭리와 인간의 자유, 혹은 하나님의 영원과 인간의 시간이 어떻게 서로의 고유한 영역을 지키면서 함께 작용할 수 있을까?

고대부터 지금까지 수많은 사람이 이 질문을 끊임없이 던져 왔지만, 사실 모든 사람의 궁금증을 뻥 뚫리게 해소할 시원한 답변은 아직 없다. 루이스는 섭리와 자유가 어떻게 공존할지 '이해'했기 때문이 아니라 둘의 신비로운 조화를 '경험'하면서 회심했다. 그래서인지 그는 섭리와 자유의 문제에 내재한 논리적 모순을 풀기 위한 이론을 만드는 데는 크게 관심을 보이지 않았다. 이 난제를 설명하며 그가 가장 의지했던 사람은 고대 라틴 철학자 보에티우스Boethius, 477-524였다. 실제로 루이스는 『순전한 기독교』와 『폐기된 이미지』에서 한 장 전체를 할애하며 보에티우스의 이론을 소개하기도 했다.

하지만 자유와 섭리를 설명하는 루이스의 가장 흥미로운 책을 꼽으라면, 개인적으로는 『천국과 지옥의 이혼』이 떠오른다. 이 작품은 천국으로 소풍을 간 사람들의 이야기를 다룬 기독교 판타지다. 루이스는 여기서 영적 스승인 조지 맥도널드를 등장시키는데, 맥도널드는 아직 천국에 속하지 못해 영원의 비밀을 깨닫지 못하는 주인공에게 친절한 설명을 제공한다.

망원경을 거꾸로 보면 큰 물건도 작고 선명하게 보이잖나. 시간은 그처럼 너무 커서 안 보이는 것을 작게 줄여 볼 수 있게 해 주는 렌즈와 같다네. 그런 식으로 볼 수 있는 게 바로 자유야. 자네는 자유라는 선물 덕분에 창조자와 가장 닮은 존재가 되었고, 영원한 실재의 일부가 되었지. 하지만 그 자유는 오직 시간의 렌즈를 통해서만, 즉 망원경을 거꾸로 볼 때처럼 작고 선명한 화상으로만 볼 수 있다네.…시간의 렌즈를 통하지 않고 영원의 형체를 보려 들려다가는, 자유를 아는 지식이 예외 없이 파괴되어 버리는 법일세.…자네 자신의 영혼과…영원한 실재의 그 거대한 모습을 자네 눈으로 얼마나 오랫동안 버티며 볼 수 있을 것 같은가? (시간의 렌즈가 없다면 말일세.)[2]

인간은 '시간'이라는 렌즈를 통해서만 '자유'를 알 수 있는 한계를 가진다. 시간성을 무시하고 바로 영원으로 도약하여 섭리의 신비에 도달할 수 있는 사람은 없다. 반면, 인간에게 허락된 시간의 렌즈로 '영원'에 속하는 신적 '섭리'를 보면 당연히 렌즈에 비친 상은 흐리게 마련이다. 바울이 말했듯 인간은 영원에 속한 것에 대해 '희미하고 부분적으로만' 볼 수 있다(고전 13:12). 즉, 시간의 렌즈를 통해 맺힌 영원의 상은 우리로서는 직접 파악하기 힘든 신비를 우리가 이해할 만한 수준으로 보여 주는 일종의 '상징'과 같다. 그 불완전하지만 믿을 만한 렌즈 덕분에 인간은 영원을 지금 여기서도 어느 정도 맛볼 수 있는 특별함을 누린다.

이러한 설명이 뭔가 허술한 것처럼 느껴지는가? 루이스가 제시한 자유와 섭리 개념이 아직 이해가 안 되는가? 이런 질문을 예상한 듯 루이스는 통 크게 말한다. "제게는 이 개념이 상당한 도움이 되었습니다. 그러나 여러분에게는 도움이 안 된다면, 그냥 잊어버리십시오.…이 개념을 받아들이지 않는다 해도, 아니 이 문제에 대해 전혀 생각하지 않는다 해도 좋은 그리스도인이 되는 데에는 아무 지장이 없습니다."[3]

1 C. S. 루이스, 『예기치 못한 기쁨』, 강유나 옮김(서울: 홍성사, 2003), p. 327.
2 C. S. 루이스, 『천국과 지옥의 이혼』, 김선형 옮김(서울: 홍성사, 2003), pp. 169-170.
3 C. S. 루이스, 『순전한 기독교』, 장경철·이종태 옮김(서울: 홍성사, 2001), pp. 264-265.

❈ 신앙의 회심 ❈

유신론으로 회심하고서 루이스는 교구 교회와 칼리지 채플에 정기적으로 참석했고 성경도 진지하게 읽었다. 하지만 그는 여전히 그리스도인이 되지는 않았고 반교회적 성향을 유지했다. "아무리 곰이 좋아도 동물원에 갇히고 싶지 않은 것처럼, 아무리 성직자가 좋아도 교회에 갇히고 싶은 생각은 없었다"[40]라는 말은 당시 그의 심리를 잘 표현해 주고 있다. 하지만 1931년 9월 어느 화창한 날 루이스는 형 워런 루이스의 오토바이 사이드카를 타고 동물원에 가는 도중 문득 예수 그리스도가 하나님의 아들임을 믿게 되며 그리스도인이 되었다.[41]

루이스가 지적으로 회심하고 그리스도인이 되기까지 약 2년의 세월이 흘렀다. 이때 많은 일이 있었겠지만, 회심에 결정적 영향을 끼친 사건을 두 가지만 소개하겠다. 첫째는 아버지 알버트 루이스의 죽음이다. 루이스 부자는 관계가 뒤틀린 상태로 오래 지냈다. 평소 루이스는 아버지께 거짓말을 일삼았고, 아버지를 경멸했으며, 아버지와 함께 있기를 부담스러워했다. 루이스가 묘사하는 아버지의 모습과 달리, 20세기 초 영국의 일반적인 아버지에 비해 알버트 루이스는 두 아들에게 많은 것을 베풀었던 사람이다. 비록 여러 실수와 실패가 있었지만 알버트는 좋은 아버지가 되고자 그 나름대로 노력했던 사람이었다.[42] 가족에게서 떨어져 홀로 남겨진 알버트는 은퇴 후 우울증에 시달렸고, 외로이 암 투병을 하다 결국 뇌출혈로 세상을 떠났다. 그것도 1929년 9월 25일 요양원에서 두 아들 없이 쓸쓸히 죽음을 맞이했다. 이는 루이스가 신의 존재를 인정한 지 얼마 지나지 않아 일어난 일이다.[43]

루이스의 자서전 『예기치 못한 기쁨』에서는 아버지 알버트 루이스의 죽음에 대해 언급하지 않는다. 하지만 사실 아버지의 죽음은 루이스에게 큰 충격과 죄책감을 안겨 줬다. 루이스는 아버지가 돌아가시고 25년이 지난 후 한 편지에서 격정을 토한다. "나는 내 아버지를 혐오하며 지내 왔으며, 지금 볼 때 내 일생에서 이것만큼 큰 죄는 없었습니다."[44] 투병하는 아버지를 보며 아버지에 대한 루이스의 생각은 사뭇 바뀌었다. 아픈 자신과 함께 있어 달라는 아버지의 청을 거절했다가 아버지가 외로이 홀로 죽음을 맞이하게 했다는 죄책감은 루이스를 억눌렀다. 그런 과정을 거치면서 루이스는 아버지라는 존재와 그의 삶을 새롭게 보게 된 것 같다.[45] 그 후 못난 아들 루이스는 아버지가 그랬듯 정기적으로 교회에 출석했고, 아버지에게 상처를 줬던 자신의 모난 성격을 고치려 노력했다. 또한, 루이스는 돌아가신 아버지의 존재가 자신을 돕고 있다는 신비한 느낌을 강하게 받았다. 이는 루이스가 영혼 불멸에 관해 진지하게 생각하게 했으며, 유혹이 있을 때 올바르게 행동하는 힘이 되었다.[46]

둘째, 루이스가 그리스도인이 될 수 있었던 큰 계기 중 하나는 기독교가 '참 신화'임을 깨닫게 되면서다. 10대 시절 루이스는 기독교도 세계 종교의 많은 신화 중 하나일 뿐이라 확신하며 신앙을 버렸다. 그가 그리스도인이 될 수 있었던 것은 여러 종교에서 '신이 죽는' 신화가 발견되지만, 그 '신화가 사실'이 된다면 이는 예수 그리스도의 성육신일 것이라는 믿음이 생겼기 때문이다. 이러한 극적 변화가 일어나는 데 J. R. R. 톨킨과 휴고 다이슨의 역할을 언급하지 않을 수 없다. 1931년 9월 19일 토요일 루이스는 자신의 칼리지 저녁 식사에 두 영문학자 친구를 초대했다. 식사 후 산책길에서 톨킨과 다이슨은 루이스가 기독교 신앙을 받아들이도록 밤늦도록 설득했다. 당시 루이스는 하나님에 대한 것이라면 어떤 종교를 통해서라도 배우려던 상황이었다.[47]

톨킨은 루이스가 그리스도의 성육신을 받아들이지 못해 기독교 신앙으로 못 건너가는 것이 "이성적 실패가 아니라, 의미를 파악하지 못한 상상력의 실패"[48]임을 파악하고 있었다. 톨킨은 기독교 교리에 대한 논증을 펼치는 대신, 루이스에게 신화와 복음을 연결할 수 있는 새로운 접촉점을 보여 주기로 마음먹었다. 루이스는 신화가 인간이 만들어 낸 '거짓 이야기'라고 생각했지만, 역설적으로 어릴 적부터 북유럽 신화가 불러일으키는 '동경에 매혹'되어 있었다. 이미 바필드와 벌인 논쟁 덕분에 루이스는 과거에 대한 경멸적 선입견에서도 벗어났고, 신화와 상상력의 중요성도 자각하고 있었다.[49] 톨킨은 거기에 결정적 통찰만 추가했다. 톨킨은 루이스가 성육신에 대한 이성적 접근을 잠깐 내려놓고 "다른 신화에 접근하듯 이 기독교 이야기에도 접근하기"[50]를 주문했다. 신화는 우리가 일상에서는 볼 수 없는 '실재의 근본 구조'를 파편적으로 드러내 준다. 그리고 진리에 무관심한 인간에게 새로운 '갈망과 호기심'을 불러일으키고, 실재를 받아들이기에 협소한 인간의 '마음을 확장'한다.[51] 그렇다면 '신화 같아 보이는' 복음서를 신화를 대하듯 열린 상상력을 머금고 본다면 어떤 일이 일어날까?

놀랍게도 톨킨 덕분에 루이스는 합리적으로만 기독교에 접근하려던 기존 방식을 벗어나 성육신의 신비를 새롭게 깨닫게 되었다. 지금까지 루이스는 "교리를 믿는 것 자체보다 교리가 '의미하는' 바를 알기 더 어려워"했고, 특히 어떻게 "2,000년 전의 누군가의 삶과 죽음이…지금 여기서 우리를 도울 수 있는지"[52]라는 기독교 신앙의 핵심을 이해하지 못했다. 하지만 톨킨의 권유에 따라 복음서를 교리적·합리적·역사적으로 읽어야 한다는 선입견을 내려놓고, 자기가 좋아하는 신화를 읽듯 상상력을 가지고 접근했다. 그러자 인식의 변화가 급격히 일어났고, '왜 다른 종교는 다 거짓이고 어떻게 기독교만 참일 수 있는가'를 논증하기보다 모든 종교에 뿌려진 신화의 씨앗이 어떤 의미에서 기독교에서 진정한 성숙에 도달했는가를 찾게 되었다.[53]

문헌비평 전문가였던 루이스는 복음서가 타종교의 신화와 유사하지만 신화가 가진 고유한 풍미가 없이 사실적임을 발견했고, 고대 역사 서술과도 유사하지만 이같이 특별한 방식으로 상상력을 자극하는 유형은 이전에 보지 못했음을 깨달았다. 결국 그는 다른 신화와 구분되는 복음서의 독특함을 인정했다. "모든 시대를 통틀어 이 지점에서만, 오직 이 지점에서만 신화는 사실이 된 것이 틀림없었다. '말씀'이 육신이 되었다. 하나님이 인간이 되셨다. 이것은 '하나의 종교'도, '하나의 철학'도 아니다. 이것이 모든 종교, 모든 철학의 요지이자 실재이다."[54] 그리고 루이스는 톨킨과 다이슨과 깊은 밤 대화를 나눈 지 12일 후, 한때는 무신론의 폭탄을 마구 투하했던 친구 그리브즈에게 편지를 보내 자신이 그리스도인이 되었음을 알렸다.

많은 사람이 '1세기 사람 나사렛 예수가 지금 여기에 있는 나에게 어떻게 영향을 끼칠 수 있을까'라는 질문 때문에 신앙을 가지기 힘들어한다.[55] 루이스 역시 "대속, 희생, 어린양의 피"[56] 등의 교리적 개념이 갖는 실존적 의미를 찾지 못해서 그리스도인 되기를 주저했다. 그러나 복음서가 위대한 신화, 즉 사실이 된 거룩한 신화임을 깨달으며 그리스도인이 되는 길을 마침내 찾았다. 이제 루이스는 그리스도의 몸과 피를 받는 성만찬에 참여하고, 그리스도의 몸인 교회에 속하게 되었다. '하나님이 인간이 되셨다'는 사실이 종교와 철학의 핵심임을 인정하면서, 루이스는 이 주제를 자신의 기독교 변증서, 소설, 시, 문학비평 등을 통해 다양한 모습으로 풀어 나갔다. 그의 긴 회심의 여정 속에서 '상상력과 이성과 신앙의 기독교'라는 틀과 함께 '상상력을 통한 기독교 변증'이라는 독특한 신학의 패러다임도

잉태되었던 셈이다.

> **더 생각할 거리**
> ## 단번의 돌이킴, 여러 번의 회심
>
> 중세 말기, 끝없이 흔들리는 마음을 다잡아 줄 그 무엇을 찾아 헤매던 아우구스티누스 수도회 소속 수사 마르틴 루터Martin Luther, 1483-1546는 바울의 로마서에서 자신의 삶과 기독교 역사를 예기치 못할 방향으로 바꿔 나갈 돌파구를 찾아냈다. "나는 바울의 그 말씀에 끈덕지게 매달렸고 아주 열렬히 성 바울이 원하는 것을 알고자 하였다.…기록된바 '오직 의인은 믿음으로 말미암아 살리라.' 여기서 나는 내가 완전히 새로 거듭나서 열린 문들을 통하여 낙원으로 들어갔다는 것을 느꼈다."[1] 독일 종교개혁의 서막을 알리는 역사적 이야기인 만큼 루터의 강렬한 체험은 많은 개신교인의 뇌리에 '이것이 바로 회심이다!'라는 결정적 인상을 심어 놓았다.
>
> C. S. 루이스가 그리스도인이 된 이야기도 오늘날 널리 회자되는 회심 이야기 중 하나다. 이상하게도 루터와 달리 루이스는 자신이 몇 단계 과정을 거쳐 회심했다고 증언한다. 하지만 회심은 단 한 번, 그리스도를 믿음으로 새롭게 거듭나는 사건 아닌가? 신학을 잘 몰랐던 루이스가 그리스도인이 되기 이전에 겪었던 강렬한 체험을 종교적 회심이라고 착각한 것은 아닌가? 그런데 흥미롭게도 꽤 잘 알려져 있고 신학 발전에 지대한 영향을 끼친 사람 가운데서도 루이스처럼 회심 과정을 여러 번 거친 사례를 종종

찾아볼 수 있다.

　죄인이었던 자신이 하나님께로 돌아오게 되는 여정을 아름답게 기록한 아우구스티누스Augustinus, 354-430의 『고백록』은 기독교 역사에서 매우 중요한 고전일 뿐만 아니라 그의 회심 과정을 살펴볼 수 있는 중요한 자료다. 354년 11월 13일 북아프리카 타가스테에서 태어난 아우구스티누스는 17세에 대도시 카르타고로 유학을 떠났다. 그곳에서 그는 악의 문제를 잘 설명해 준다는 이유로 당시 유행하던 이원론적 종교인 마니교에 입문했다. 마니교가 인생의 궁극적 답을 주지 못함을 깨달을 무렵, 그는 로마로 옮겨 가면서 회의주의 철학을 소개받았다. 그 후 밀라노로 이주한 아우구스티누스는 신플라톤주의를 접하면서 마니교의 이원론과 철학적 회의론을 모두 떠나보냈다.

　놀라운 것은 신플라톤주의 '철학' 덕분에 아우구스티누스가 지적 회심과 신비 체험을 했다는 사실이다. 마치 루이스가 철학 공부를 하며 유물론적 세계관도 넘어서고 신의 존재를 알아 가게 된 것과 유사하다. 또한 루이스가 지적 회심 이후 성경을 진지하게 읽기 시작한 것처럼, 아우구스티누스도 지적 회심 이후 사도 바울의 서신을 붙들고 읽게 되었다. 물론 그리스도인이 되기 전 아우구스티누스나 루이스는 성경의 의미를 자기 마음 깊은 곳까지 새기지는 못했다.

　궁극적 존재로서 신은 인정하지만 성육신한 하나님의 아들은 믿지 못하던 '중간에 낀' 어정쩡한 상황에서 아우구스티누스는 마음이 동요함을 뼈저리게 느꼈다. 그러다 무화과나무가 있는 정원에서 "들고 읽어라, 들고 읽어라"*tolle lege, tolle lege*라는 노랫소리를 들었다. 아우구스티누스가 바울 서신을 집어 들고 첫눈에 들어온 구절(롬 13:13-14)을 읽자, 마음에 확신의 빛이 들어오며 회심했다. 그는 비록 자기는 하나님을 떠나 있었지만 하나님은 늘 함께 계셨음을, 자신이 하나님을 찾기도 전에 하나님이 먼저 부르셨음을 깨달았다.

> 그렇게도 오래되셨지만, 그렇게도 새로운 '아름다움'이 되시는 당신을 나는 너무 늦게 사랑했습니다. 보시옵소서. 당신은 내 안에 계셨건만 나는 나 밖에 나와서 당신을 찾고 있었습니다.…당신은 부르시고 소리 질러 귀머거리가 된 내 귀를 열어 주셨습니다. 또한 당신의 빛을 나에게 번쩍 비추어 내 눈의 어둠을 쫓아 버렸습니다. 당신이 당신의 향기를 내 주위에 풍기시매 나는 그 향기를 맡고서 이제 당신을 더욱 갈망하고 있습니다. 나는 당신을 맛보고는 이제 당신에 굶주리고 목말라하고 있습니다. (10.27.38.)[2]

믿음으로 그리스도인이 되는 것은 누구도 부정하기 힘든 기독교의 기본 진리다. 그렇다고 신앙의 회심 이전에 일어나는 상상력이나 이성의 회심이 갖는 중요성이 부정되지도 않는다. 오히려 아우구스티누스나 루이스는 자신이 겪었던 회심의 여러 단계를 소중히 여겼고, 각각의 의미와 한계를 잘 인식했다. 그렇기에 이들이 기독교 신앙의 다채로운 모습을 더욱 균형 있게 설명하고, 복음을 향한 여러 도전에도 적절히 응답하는 포괄적 사상을 제시하고, 창조 세계의 풍요로움을 맘껏 향유하는 삶을 보여 줄 수 있었던 것은 아니었을까?

1   마르틴 루터, "루터의 라틴어 저작 전집 서문: 비텐베르크, 1545", 『루터 저작선』, 존 딜렌버거 편집, 이형기 옮김(서울: 크리스챤다이제스트, 1994), p. 48.
2   어거스틴, 『고백록』, 선한용 옮김(서울: 대한기독교서회, 2003), pp. 347-348.

❋ 맺으며: 이제 다시 떠나는 순례 * ❋

신앙과 이성의 대립 속에서 무신론자 소년 루이스는 둘의 균형을 어떻게 맞출지 몰라 방황했고, 혼란스러운 내면 때문인지 가족과 주변 사람에게 무례하고 까칠하게 굴곤 했다. 하지만 '죽었다 살아난 신의 신화'를 통해 신앙이 상상력의 옷을 입고, 상상력의 따스한 빛이 차가운 이성을 어루만지자, 이성과 신앙의 대립은 스르르 무너져 내렸다. 이렇게 그는 '예기치 못한' 방식으로 그리스도인이 되어 버렸다. 루이스는 많은 철학자와 종교인이 고민했던 이성과 신앙의 조화라는 문제를 풀 방법으로 상상력을 통한 자아의 확장을 자신의 회심 과정을 통해 제시한 셈이다.

앞서 살펴봤듯 루이스는 신앙을 잃었다가 교회의 품으로 돌아오기까지 고통스러운 경험을 많이 했고 회심 단계도 여러 번 거쳐야 했다. 그 과정이 복잡하고 길었던 만큼, 이제 그가 하나님 뜻을 따라 '꽃길'만 걸으며 살았으리라 기대되기도 한다. 하지만 우리의 바람과 달리 회심한 루이스는 세상을 떠날 때까지 32년간 인생의 여러 굴곡을 다시 진하게 겪어 내야만 했다. 『판타스테스』를 우연히 집어 든 소년은 15년간 좌충우돌하는 방황 끝에 결국 신앙인이 되었지만, 사실 그때부터 그리스도인으로 순례하는 길에 들어서게 된 셈이다. 상상력과 이성과 신앙의 회심을 거쳐 루이스가 그리스도인이 되었다면, 이제는 상상력과 이성과 신앙을 조화롭게 활용하며 하루하루 살아가는 그리스도인의 삶이 요구되었다.

루이스의 "순례자의 문제"Pilgrim's Problem라는 시는 낯선 길을 떠나 본 사람이라면 한 번쯤은 겪었을 만한 당혹감을 잘 묘사한다. 여행 계획과 준비는 잘했다고 생각한 순례자였기에, 행간 속 그의 고민이 더욱 깊어 보인다. 그 일부를 인용해 보겠다.[57]

지금쯤이면 늦은 오후에 이르게 된다던,
전체 여행길의 최고 단계에 들어섰어야 한다.
열기는 이제 식을 때도 되었다. 근심의 산,
숨 막히는 골짜기와 햇볕에 달궈진 암석들은 다 지난
일이 되었어야 한다.

모든 것이 순조롭다면 이제, 아니면 이제 곧
관조觀照의 숲 아래, 거품도 일으키지 않고 유유히
흘러가는 명확성의 도도한 강이 나올 것이다.
…
이와 같은 것은 하나도 보이지 않는다. 지도가 잘못된 걸까?
지도가 잘못된 것일 수도 있다. 하지만 노련한 여행자는 안다.

그보다는 다른 설명이 옳을 때가 더 많다는 것을.

왜 순례자가 길을 잃었는지, 예상했던 곳에 이르지 못했는지 우리는 알 길이 없다. 하지만 이런 당혹스러운 모습이 우리가 살면서 겪게 될 '보편적 상황'임은 누구나 안다. 그렇다면 이러한 상황에 압도되지 않고 올바른 길을 찾아 계속 걸어가게 해 줄 방법은 있을까? 루이스가 말한 '노련한 여행자'는 과연 어떤 사람일까?

낯선 길을 갈 때 지도는 우리가 걸어가야 할 길을 명확히 보여 주기도 하지만, 무용지물이 되거나 오히려 길을 헷갈리게 할 때도 있다. 신앙의 순롓길이라고 예외는 아니다. 이런 '위기' 상황에 루이스를 통해 우리가 배울 것이 있다면 그것은 무엇일까?

회심이란 하나님께로 돌아오는 여행의 끝이 아니라 신앙인으로서 행할 새로운 순례의 시작이다. 루이스가 세 번의 회심을 통해 다시 그리스도인이 되었듯, 상상력과 이성과 신앙이 조화를 이룬다면 우리 역시 흔들릴망정 순례의 모험을 해 나갈 수 있지 않을까. 지나친 신앙주의나 합리주의에 함몰된 외골수가 되기보다 하나님의 창조물로서 전인적인 사람됨을 일상에서 실현할 수 있지 않을까. 그렇다면 이제부터 루이스가 상상력과 이성과 신앙을 어떻게 이해했는지 그의 대표 저술을 통해 살펴보자.

2부

새롭게 만나는 기독교

상상력, 이성, 신앙의 종교

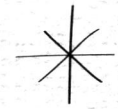

> 사실, 기독교 이전의 종교 역사 전체는—좋은 측면에서—우리 주님을
> 예기(anticipation)해 주는 역사입니다. 그렇지 않을 수가 없었습니다.
> 왜냐하면 태초로부터 각 사람을 비추었던 그 빛은
> 더 밝게 비칠 수는 있으나, 변할 수 없는 빛이기 때문입니다.
> C. S. 루이스, 『시편 사색』[1]

인간이라면 누구나 현재의 삶에 뭔가 결핍을 느끼고 이를 넘어선 더욱더 충실하고 풍성한 삶을 꿈꿔 봤을 것이다. 삶의 불완전성에 대한 자각과 온전함을 향한 동경이 인간 마음에 아주 깊이 뿌리박혀 있음을 인류의 역사나 종교, 철학, 문학 등이 증언한다.[2] 이 '초월'의 욕망에 대해 인간은 다양한 방식으로 답변을 시도해 왔다. 종교적 명상을 통한 깨달음, 이상ideal에 대한 형이상학적 사변, 기존의 삶을 극복하려는 실존적 결단, 사후 세계에 대한 신앙, 이런 생각들에 대한 정신분석학적 해체에 이르기까지 그 예는 실로 열거하기도 힘들 정도로 많다.

프랑스의 철학자 블레즈 파스칼Blaise Pascal, 1623-1662은 인간이 마음 깊은 곳의 공허한 구멍을 채우려는 존재라고 말한다. 하지만 "이 무한한 심연은 오직 무한하고 불변하는 존재, 즉 신에 의해서만"[3] 채워질 수 있다. 그렇다면 인류에게 다른 무엇으로는 채워지지 않는

마음의 공허를 허락한 신은 어떤 존재일까?

기독교 신앙에 따르면, 그 신은 자신의 흘러넘치는 사랑의 대상으로 인간을 창조한 존재다. 하지만 죄로 신과 인간 사이에 분리가 생겨 인간 삶에 소외가 생겼다. 그 이후 인간은 마음 깊은 데서 피어오르는 허무를 달래고자 다방면으로 노력했지만 그다지 성공하지는 못했다. 어떻게 해도 잘 제어되지 않고 날뛰던 욕망은 궁극적으로 존재의 근원인 신 안에서만 안식을 찾을 수 있다.[4] 기독교는 이러한 안식으로 들어가기 위한 필수 조건으로 '하나님과 인간의 화해', 즉 인간이 된 하나님 아들을 통해 탄생한 새로운 관계를 제시한다. 하지만 기독교 신앙의 큰 난점은 하나님의 아들이 역사적 인물이 되어 1세기 팔레스타인에 약 30년 동안만 살았다는 사실에 있다. 달리 말하면 그리스도인이 된다는 것은 '인류 역사에서 하나의 점 같은 사건이 어떻게 시공간을 초월하여 모든 사람의 삶과 죽음의 문제를 해결할까'라는 어려운 질문을 떠안고 살아감을 의미한다.

그리스도인이 된 루이스 역시 '왜' 그리고 '어떻게' 그리스도 사건이 자기에게까지 영향을 끼치는가를 질문하지 않을 수 없었다. 전문 신학자가 아닌 루이스는 이 문제에 대해 '비전통적'이지만 '귀 기울일 만한' 설명을 제시했다. 루이스가 볼 때 그리스도의 탄생 이전 역사는 하나님이 인류를 특별히 준비시키셨던 기간이었다. 하나님은 아들을 보내시기 전부터 이 세상을 회복시키시고자 '신화'와 '양심'과 '이스라엘의 선택'이라는 방식을 사용하셨다.[5] 인류 문명에서 보편적으로 발견되는 신의 죽음과 재생에 대한 신화, 옳고 그름을 성찰할 수 있는 이성의 분별력, 이스라엘의 역사를 통해 드러났고 성경에 기록된 하나님의 계시, 이 세 가지를 통해 하나님은 방황하던 인간을 인도하셨다.

눈썰미 있는 독자라면 피조 세계와 소통하기 위한 하나님의 세 가지 방식이 루이스가 자신의 회심 과정을 돌아보며 강조했던 상상력(신화), 이성(양심), 신앙(성경)과 상응 관계에 있음을 발견했을 것이다. 놀라운 것은 진리를 희미하게 비춰 주던 신화, 양심, 이스라엘 역사의 역할이 나사렛 예수라는 역사적 인물을 통해 그 의미가 분명히 드러난다는 점이다.[6] 2부에서는 이 세 중심 개념을 각각 살펴봄으로써 루이스의 신학에 대한 이해를 심화하고자 한다.

3장 상상력과 신화

> 내 정신을 이루고 있던 이 두 반구는 날카로운 대조를 이루고 있었다.
> 한쪽에는 시와 신화의 다도해가 있었고, 다른 한쪽에는
> 그럴듯해 보이기는 하지만 사실은 얄팍한 합리주의가 있었다.
> C. S. 루이스, 『예기치 못한 기쁨』[1]

무신론자 시절 루이스는 자신 속에서 일어나던 풍부한 상상력과 냉철한 이성 사이의 긴장을 인식했지만, 이 둘을 조화시킬 방법을 기독교 신앙을 가질 때까지 찾지 못했다. 특이하게도 그리스도인이 된 루이스의 이성은 사고를 혼란하게 만들 수도 있는 상상력을 '비합리적'이라 배척하지 않았고, 신앙은 다양한 문화권의 신화에 흠뻑 빠져 있던 상상력을 '이교적'이라 정죄하지 않았다. 오히려 회심 과정에서 상상력은 루이스의 마음을 넓혀 줌으로써 실재에 대한 통찰이 올바르게 자리 잡고 자라나도록 도왔다. 즉, 이성적으로 신에 대해 알아 가고, 신앙으로 예수 그리스도를 받아들일 때마다 상상력의 새로운 의미와 기능이 드러나면서 루이스는 자신이 예상치 못한 길로

인도되었다.

　상상력은 루이스의 사상과 작품 세계에 큰 영향을 끼쳤으며, 아울러 루이스가 상상력에 대한 학계와 대중의 관심을 새롭게 일으키는 데 이바지하기도 했다. 하지만 그는 정작 상상력에 대한 체계적 설명을 제시하거나 이론을 만들어 내는 데 크게 관심을 기울이지 않았다. 따라서 다양한 저술에 펼쳐져 있는 루이스의 기발하면서도 깊이 있는 생각의 조각을 찾아다니며 그가 말하는 상상력을 탐구하는 재미있는 수고는 독자의 몫이다. 우선 상상력이 어떻게 '보이는 세계'에서 살아가는 인간에게 '보이지 않는 세계'에 대한 지식을 전달할 수 있느냐는 문제부터 살펴보자.

❋ 두 세계를 이어 주는 상상력 * ❋

2장에서 살펴봤듯 조지 맥도널드의 『판타스테스』를 통해 받은 상상력의 세례는 루이스가 일상을 보는 눈과 현실을 살아 내는 방식을 서서히 바꿨다. 루이스가 좋아했던 '빛'의 유비를 쓰면, 『판타스테스』에서 발견한 '밝은 그늘'은 현실로 은밀히 들어와 현실 구석구석을 은밀하면서도 새롭게 밝혀 줬다. 이 부드러운 빛은 자연과 초자연, 이성과 상상력, 합리성과 신앙을 나누던 자의적 구분을 허물어 갔다. 그 빛은 현실을 다른 색조로 물들이면서 일상을 느긋이 즐길 수 있는 여유도 만들어 줬다. 이런 관점에서 봤을 때 루이스가 강조하는 상상력은 '현실을 변혁하는 상상력'이나 '현실을 꿰뚫는 상상력'이 아니라 "현실을 투명하게 드러내는 상상력"realizing imagination[2]이라 할 수 있다.

　루이스가 상상력을 재발견할 때 가장 중요한 인도자였고 누구보다도 루이스를 잘 알았던 오언 바필드는 루이스가 독자적으로 상상력에 관한 독립적인 '이론'을 만들지는 않았다고 지적한다. 그러면서도 상상력에 대한 루이스의 독특한 생각을 알고 싶다면 루이스가 1944년 5월 28일 성령강림절에 옥스퍼드 맨스필드 칼리지에서 행한 설교 "변환"Transposition을 보라고 귀띔한다.[3] 설교인 만큼 논문 같이 체계적이고 엄밀한 논증은 없지만, 학생들이 일차 청중인 만큼 루이스는 상상력이 어떻게 작용하는지에 관한 통찰력 넘치는 사례를 여럿 제시한다. 설교를 시작하며 루이스는 성령께서 오신 사건이 왜 하필 제자들이 외국어를 이야기하는 '자연적' 현상으로 드러났는지 질문한다. 성경에서는 그 외에도 하나님 체험을 남녀의 성적 관계로, 또한 그리스도와의 연합을 먹고 마시는 일상적 행위로 설명한다.[4] 왜 이처럼 기독교는 중요한 영적 신비를 평범하고 자연적인 행위로 표현하는가? 이를 설명해 주는 개념이 '변환'이다.

　변환이란 "풍부한 매개체에서 빈약한 매개체로 옮겨 갈 때"[5] 언제나 일어나는 현상이다. 일상에서 늘 일어나지만 잘 인지하지 못하는 대표적 사례를 들어 보자. 하나의 언어를 다른 언어로 번역할 때, 원문과 번역문은 완전히 상응하지 못한다. 즉, 언어 A로 쓰인 문장을 언어 B로 바꿀 수는 있지만, A와 B의 문법이나 단어 등이 다르기에 번역 과정에서 '변환'이 자연스레 일어난다. 특히 A의 단어가 풍부한 의미를 가질 경우 변환 현상은 더욱 복잡해진다. 단어의 의미를 제대로 살리고자 B의 단어를 여럿 사용할 수도 있고, 하나의 단어로 대응시키다가 원래 개념의 의미가 납작해질 수도 있다(예를 들면, creation이란 영단어는 단지 '우주'만이 아니라 기독교적 의미에서 피조물, 심지어 유일신의 천지창조까지 뜻하는 복합적 의미를 가진 명사다. creation을 한국어로 바꾸고자 불가피하게 여러 뜻 중 하나를 선택하면 영어 원문이 가지는 미묘한 뉘앙스는 사라진다). 이러한 한계가 있지만 A의 개념을 변환한 B의 단어는 A의 언어와 문화, 사상 등을 이해하고 소통하게 도와주는 유용한 '매개' 역할을 충실히 감당한다. 즉, 변환의 핵심은 A가 B로 바뀔 때 '왜곡' 혹은 '단순화'라는 한계가 나타난다는 데 있지 않다. 오히려 변환의 묘미는 변환 과정에서 일어나는, 언어와 이론으로 환원될 수 없는 창조적 역동성과 새로이 형성되는 둘 사이의 유비적 관계에서 찾아볼 수 있다.

또 다른 예를 들어 보자. 아름다운 아리아의 클라이맥스를 들을 때나 시험 치기 직전 두려울 때나 우리의 '마음'은 의지와 상관없이 평소보다 쿵쾅거린다. 심장이 뛰는 생리적 반응도 유사하고 이를 표현하는 언어도 비슷하지만, 음악 감상과 시험 공포증은 전혀 다른 경험이다. 이처럼 우리의 오감과 언어는 실재의 복잡성을 표현하기에는 단순하고 한계도 많지만, 일상생활에서 실재의 풍성함을 우리가 맛보고 소통할 수 있게 담아내고 있다. 뒤집어 이야기하면, 언어와 경험이 특정 대상에 대한 정보를 주고 있다면, 우리에게 일차적으로 도달하는 정보 너머의 더 복잡한 실재도 간접적으로 혹은 은밀히 가리키고 있다.

루이스는 일상 세계와 영적 실재의 관계도 이와 같은 '변환'의 관점에서 봐야 한다고 생각한다. 이때 두 가지가 중요하다.[6] 첫째, 높은 매개체를 알아야 낮은 매개체의 참 의미와 변환이 일어나는 방식을 알 수 있다. 피아노곡으로 편곡한 교향곡을 생각해 보자. 교향곡을 먼저 듣고 피아노곡을 들은 사람은 수십 명의 오케스트라 단원이 내는 다양한 악기 소리가 어떻게 열 손가락으로 두드리는 피아노 소리로 변했는지 알 수 있다. 하지만 피아노 연주만 들은 사람은 원곡에서 쓰인 오케스트라의 풍성한 관현악 음색이나 스케일 등을 알 방법이 없다.

둘째, 변환은 고차원적인 것을 지시해 주는 상징이나 기호를 넘어, 일종의 "성례전적 관계"[7]를 형성한다. 이 신비하고 복잡한 관계를 설명하고자 루이스는 '그림 속의 빛'과 '진짜 빛'을 예로 든다. 골짜기를 환히 비추는 태양을 그린 미술 작품을 야외에서 감상하고 있다고 생각해 보자. 그림 밖의 감상자는 '실제 태양'에서 나오는 빛이 있어서 그림을 보듯, 그림 안의 사람은 '그림 속 태양' 덕분에 골짜기를 본다. 이때 '그림 속 태양'은 그림 안 세계에서 태양의 역할을 담당하면서, 동시에 '그림 밖 태양'의 존재와 기능도 가리키고 있다. 마찬가지로 변환 현상을 마주할 때 우리는 알게 모르게 더 높은 차원의 존재와 역할에 희미하게나마 노출되고 있다. 즉, 변환은 "하늘의 하사품이 변환을 통해 이생에서 우리의 일시적 경험으로 구현"[8] 되는 일이다.

영적 실재는 삶 곳곳에 찬란하면서도 은밀히 임재한다. 마치 보이지 않는 바람이 나무, 창문, 관악기 등을 진동시켜 소리를 만듦으로써 경험되듯, 영적 실재도 현실의 다양한 매체를 각기 고유한 방식으로 울리고 있다. 그 울림 덕분에 평범한 일상은 영적 실재를 풍성히 드러내는 매체가 될 수 있다. 우리의 삶 곳곳에서 일어나는 다양한 변환을 인식하지 못하면, 어떻게 물질세계에 속한 인간이 신비와 접속하고 일상 언어가 영적 깊이를 지니는지 파악하기 힘들다. 변환 현상의 '편재성'에 대한 감각은 자연과 초자연은 구분되지만 분리되지 않음을 알려 준다. 이로써 영적 세계와 자연 세계를 함께 지각하도록 인식의 틀이 커진다. 영적 세계의 흔적을 매일 삶 속에서 발견하면서, 현실을 긍정하되 절대화하지 않는 지혜를 익힌다. 물질세계 분석에 골몰하던 이성은 일깨워지고, 오감을 통한 물질적 세계 인식에 묶여 있던 경험은 확장된다.

'상상력'은 변환 현상을 통해 높은 차원의 세계와 낮은 차원의 세계, 초자연 영역과 자연 영역이 공존함을 지각하는 놀라운 힘이다. 하지만 여기서 또 다른 문제가 제기된다. 영적 삶이 현실에서 드러난다면 우리가 경험하는 모든 것이 결국 종교적인가? 그렇다면 기성 종교는 왜 필요한가? 상상력은 훈련 없이도 초자연적 영역에 도달할 수 있는가? 안타깝게도 오감의 한계 속에서 물질세계를 지각하는 데 익숙해진 인간 정신은 쉽사리 '변환이라는 관점'에서 실재를 총체적으로 응시하지 못한다. 그 결과 우리는 (이원론처럼) 자연과 초자연을 분리하거나 (유물론처럼) 하나만 인정하거나 (범신론처럼) 둘을 섞어 버리곤 한다. 그래서 하나님은 두 영역을 적절히 지각할 수 있는 독특한 방법을 인류에게 선사하셨다. 그것이 바로 '신화'다.[9]

더 생각할 거리
연필 자국 없는 세계

루이스는 물질세계에 속한 인간이 어떻게 영적인 것을 맛보고 이해할 수 있을지를 '변환' 개념을 통해 설명한다. 심지어 그는 존재론적으로 영적 세계가 우리가 살아가는 현실 세계보다 더 실재적이라고 주장한다.[1] 예를 들면, 현실은 꿈보다 더 실재적이다. 따라서 꿈에서 본 이미지는 잠에서 깨도 살아남을 수 있다. 하지만 현실이 꿈에 들어가는 순간 꿈의 허상이 바로 드러난다(악몽에서 깨는 방법은 지금 일어나는 끔찍한 일이 현실이 아니라고 부인하는 것 아닌가?). 꿈의 세계보다 더 실재적인 현실에 속한 우리는 꿈에서 봤던 이상한 나라, 날개 달린 용, 아무리 먹어도 살찌지 않는 산해진미를 기억하면서도 낮에는 맨정신으로 깨어 활동하는 존재다.[2] 이처럼 더 실재적인 영적 세계에는 덜 실재적인 현실을 품을 공간이 넉넉히 있다. 반면 현실 세계만 유일한 실재라고 인식하려는 고집 센 정신에는 영적 삶이 들어갈 자리가 없다.

루이스는 또 다른 예화를 들어 현실 세계만을 붙들고 사는 사람이 영적 세계의 풍성함을 이해하기 힘든 이유를 설명한다. 지하 감옥에 갇힌 여성이 거기서 아들을 낳아 기르고 있다. 아이에게는 캄캄한 감옥에서 경험할 수 있는 희미한 빛, 차가운 돌벽, 바닥의 지푸라기, 거친 먹을거리가 세계의 전부다. 어머니는 아들이 언젠가는 감옥 밖으로 나가리라는 희망을 품고, 실제 세계가 어떤지 연필로 그림을 그려 보여 주며 교육한다. 아이는 그림 속의 해와 달, 산과 강과 바다, 도시와 사람, 동식물을 열심히 익혔다. 심지어 바깥 세계가 감옥보다 훨씬 더 흥미롭고 다채롭다는 어머니의 말씀이 무슨 뜻인지 잘 모르면서도 그 말을 이해하고 믿으려고 노력한다.

그런데 어느 날 어머니와 아들은 그들 사이에 뛰어넘을 수 없는 오해의 벽이 굳건히 서 있음을 발견한다. 아들이 감옥 밖 실제 세계도 그림과 마찬가지로 연필로 그려진 선들이 '필연적으로' 존재한다고 믿고 있었던 것이다.

"예? 거기엔 연필 자국이 없다구요?" 갑자기 바깥세상에 대한 그의 생각이 멍해집니다. 그와 바깥세상을 연결해 준 유일한 매개물이었던 선들이 방금 부정되었기 때문입니다. 아이는 선들을 배제하고 난 뒤에 남는 것, 그저 변환의 매개체에 불과한 선들이 나타내는 실체를 전혀 모릅니다. 바람에 흔들리는 우듬지, 수면 위에 춤추는 햇빛, 선에 갇혀 있지 않고 어떤 그림도 흉내 낼 수 없는 섬세하고 다양한 모양으로 매 순간 나타나는 총천연색의 삼차원의 실체들 말입니다. 아이는 진짜 세계가 어머니의 그림들보다 선명하지 않을 거라고 생각할 것입니다. 그러나 실제로는 정반대입니다. 진짜 세상에 선들이 없는 것은 진짜 세상이 비할 바 없이 선명하기 때문입니다.[3]

지하에서 어머니가 아무리 잘 설명한다고 하더라도, 아들은 연필 자국 없는 세계가 어떻게 존재하고 인식될지 알기가 쉽지 않다. 그림으로 미리 충실히 학습했다 하더라도 지하 감옥에서 나간 아들에게 어떤 일이 벌어질까? 우선 밝은 태양 빛이 가득한 세상을 보는 것 자체가 고통스러울 것이다. 눈이 그 빛에 어느 정도 적응되고 나면 연필선 없이도 사물이 생생하게 존재하고 배경과도 선명히 구분된다는 사실에 놀랄지 모른다. 그리고 이 낯선 세계에 적응하려면 다시 태어난 것처럼 모든 것을 새롭게 경험해야 한다고 마음도 다잡아야 할 것이다.

아울러 그가 현명하고 성숙하다면, 어머니가 정성껏 그려 준 테두리 선 없이는 미리 실제 세계를 배울 방법이 없었음을, 그럼에도 바깥 세계를 살아가는 데 연필 자국이 더는 필요 없다는 것도 알게 될 것이다. 섬세하게 그려졌던 '실재하지 않은' 선이 거짓이나 허구가 아니라 지극한 사랑의 표현임을 깨닫고 어머니께 감사했을 것이다. 바울이 말했던 '희미하게 거울로 보는 것이 아니라 얼굴과 얼굴을 맞대고 보는 것'(고전 13:12)이 도래하는 때에 우리도 이러한 일을 겪지 않을까?[4]

---

1 C. S. 루이스, "변환", 『영광의 무게』, 홍종락 옮김(서울: 홍성사, 2008), p. 96.
2 참고. C. S. 루이스, "신학은 시(詩)인가?", 『영광의 무게』, p. 138.
3 루이스, "변환", pp. 105-106.
4 이와 유사한 빅터 프랭클의 통찰도 눈여겨볼 만하다. 흔히 죽음을 잠에 비유하지만, 그는 우리의 이해력을 넘어서는 죽음은 잠에서 '깨어나는 것'에 비유되어야 한다고 본다. "깨우는 사람은 그의 꿈을 기억하지만 꿈꾸는 사람은 자기가 자고 있는 것을 모르기 때문이다." 빅터 프랭클, 『삶의 의미를 찾아서』, 이시형 옮김(파주: 청아출판사, 2017), p. 234.

✦ 신화적 상상력 되찾기 * ✦

루이스의 신화관에는 '이성'이나 '경험'과는 차별화되는 상상력의 고유한 특성이 드러난다.[10] 즉, 이성과 경험이 도달하지 못하는 실재의 깊은 곳에 도달하게 하는 것이 바로 신화에 의해 확장된 상상력이다. 그런데 과연 신들에 관한 옛이야기인 신화가 현대인의 상상력도 촉발할 수 있을까? 오히려 근대 과학 발달 이전의 고대 세계관을 전제하는 신화는 현실에 대한 왜곡된 이미지를 만들지 않을까? 정신분석학자나 인류학자들이 말하듯 신화가 고대인의 창작물이라면, 어떻게 영적 세계에 대한 진리가 신화라는 시대에 뒤떨어진 틀에 담길 수 있을까?

지식이 형성할 때 상상력의 중요성을 경시하던 현대인의 선입견에 도전하고자, 루이스는 우선 '생각'도 '상상'처럼 이미지와 밀접히 관련되어 있음을 보여 준다.[11] 예를 들면, (1) 런던이라는 말을 들었을 때 사람의 의식에 맺힌 이미지는 국회의사당, 런던 타워, 버킹엄 궁전 등 런던의 일부 모습이다. 이때 사람들이 떠올린 이미지는 각기 다르고, 어떤 심상도 진짜 런던의 모습을 완벽히 재현하지 못한다. (2) 하지만 그 이미지는 '불완전함'에도 실제 런던에 관한 것이기에 단순히 '틀렸다'고 말할 수 없다. 오히려 부분적 이미지 덕분에 실제 런던을 방문했을 때 주요 명물을 알아차리면서 자연스레 학습이 일어난다. 달리 말하면 상상력이 떠올려 준 이미지로 만들어 낸 전이해 pre-understanding를 바탕으로 런던에 관한 지식이 파편적이지만 유의미하게 형성된다. 그리고 런던에 관한 새로운 지식은 상상력이 새롭게 자라도록 영양을 공급한다. (3) 런던을 직접 본 사람은 이전에 가졌던 이미지를 의식적으로든 무의식적으로든 수정한다. 하지만 런던에 관해 향상된 이미지와 지식을 가지더라도 그의 의식 속 런던은 '여전히 왜곡'된 모습이다. 시간이 흐르며 런던에 관한 그의 생각과 이미지는 다양한 학습 경로를 통해 계속해서 발전하고 수정될 여지가 있다.

'상상'과 '생각'은 정신의 서로 다른 기능이지만, 실재를 파악하는 생각의 활동에 상상은 필수 요인이다. 런던에 관한 생각이 확장되고 지식이 구체화되는 일이 가능하도록 이미지를 떠올리고 변형하는 상상의 힘 없이는, 머릿속 런던과 실제 런던 사이에 복잡하고 순환적인 관계가 형성될 수 없다. 물론 상상력 때문에 지식에 종종 오류가 생긴다는 사실을 부정할 수는 없다. 하지만 '사실 여부'만을 기준 삼아 상상력의 가치를 재단할 수는 없다. 상상력은 실재를 뒤틀어 재현하는 가운데서도 생각이 미치지 못하는 영역까지 우리의 정신을 확장한다.

이처럼 중요한 상상이라도 자기 힘만으로는 기독교의 깊은 진리에 도달할 수 없다. 루이스가 볼 때 상상력은 '신화'의 연단을 통과함으로써 성육신의 의미를 발견하기 적합하게 훈련된다. 그리스도인이 된 직후 루이스가 친구 그리브즈에게 보냈던 편지는 그의 새로워진 신화관을 알 수 있는 중요 자료다.[12] 고대 문명에서 하나님은 시인의 마음을 통해 자신을 계시하셨기에, 단지 타종교 신화라 하더라도 그 안에는 진리가 파편적으로 들어 있다. 하지만 기독교에서는 하나님이 '구체적 사건들', 특히 성육신을 통해 자신을 명확히 드러내셨다. 신화와 유사한 이야기 구조를 가진 성육신 교리는 다른 신화와 '같은 방식'으로 인간의 마음에 작용한다. 달리 말하면, 신화는 '신에 대한 적절한 묘사'라는 의미에서가 아니라 하나님이 우리 정신의 한계에 '적절하게 나타나시는 방법'을 선택하셨다는 점에서 진실하다.

신화를 통해 우리에게 알려진 진리는 이후 신학화 작업을 통해 언어화되고 명료성을 얻는다. 즉, 신화가 하나님이 자신을 드러내시는 1차 언어라면, 교리는 하나님이 신화를 통해 드러내신 개념과 생각을 2차 언어로 번역한 것이다.[13] 교리와 신화는 다 함께 하나님의 계시에 봉사하지만, 교리는 신화에 비해 실재성이 떨어진다. 하지만 이 지점에서 여러 질문이 떠오른다. 하나님이 신화를 주셨다 하더라도 신화는 그 모호함 때문에 인간의 갈망을 잘못 인도할 수 있지 않은가? 예수 그리스도가 하나님의 궁극적 계시라면, 그리스도 이후에는 신화가 필요 없지 않은가? 게다가 현대 과학에 익숙한 현대인에게 신화가 과연 설득력을 발휘하는가? 왜 루이스는 『나니아 연대기』, 『우리가 얼굴을 찾을 때까지』 *Till We Have Faces* 등의 작품을 창작하며 현대인에게 신화를 선사하려 했을까?

정교하게 재단된 논리적 명제로 이루어진 교리에 비해 신화가 주는 메시지는 모호하고 여러 해석에 열려 있다. 하지만 루이스는 신화가 이미지와 이야기를 담기에 교리보다 더 적합한 구조라는 데 주목한다. 자신의 회심 과정을 알레고리로 재탄생시킨 『순례자의 귀향』 *Pilgrim's Regress*에서 루이스는 신화를 '그림'이라는 단어로 상징적으로 표현했다. 여기서 그는 '신화'와 '이미지' image와 '상상력'

imagination의 밀접한 관계를 전제하고 있다. 시각적 요소를 많이 끌어다 쓰는 신화의 다채로운 이야기는 시각 이미지에 영향을 많이 받는 인간의 상상력에 직접 작용한다.[14] 이로써 신화는 언어를 매개로 한 추론 작용보다 한발 앞서서 혹은 한발 너머에서 작동하며 인식 주체가 낯선 실재를 '맛보게' 해 준다. 또한, 명제화되고 추상화된 정보를 전달하는 교리와 달리, 신화는 친숙하고 단순한 이야기 구조를 가진다.[15] 따라서 신화는 단지 머리로 전달되는 지식이 아니라 '서사적 존재'인 인간 *homo narrator*의 상상력을 일깨워서 인지적 정보로 환원되지 않는 '의미'를 형성하는 역할을 담당한다.

> 이성은 진리의 자연적 기관 the natural organ of truth이다. 반면 상상력은 의미의 기관 the organ of meaning이다. 새로운 메타포를 만들거나 오래된 메타포를 새롭게 하는 상상력은 진리의 원인이 아니라 조건이다. 고백하건대, 이러한 관점이 상상력 자체에 어떤 종류의 진리나 옳음이 간접적으로 내포되어 있음을 부정하지는 않는다. 나는 우리가 메타포로 얻을 수 있는 진리는 메타포 그 자체의 진리보다 더 위대할 수 없다고 단도직입적으로 말했다. 그리고 모든 진리, 혹은 진리의 조각들은 메타포로 얻어짐을 지금껏 봐 왔다.[16]

상상력과 신화가 중요하다는 루이스의 주장을 인정하더라도, 현실적으로 해결되지 않는 문제가 있다. 현대인은 성경과 교리가 전제하고 있는 근대 이전 세계관과 현대 과학에서 관찰과 실험을 통해 제시한 세계 이해가 충돌하기 때문에 기독교에 거북함을 느끼고 있다. 그러다 보니 루이스 당시에도 기독교를 현대인에게 설득력 있게 만들고자 성경의 '신화적' 표현을 삭제하거나 아예 새로운 언어로 재해석하려는 움직임이 있었다.[17] 이러한 입장에 따르면, 기독교에는 보편적 진리를 담고 있는 핵심 메시지가 있지만, 신약성경은 1세기 고대인이 이해할 수 있게 이 메시지를 당시 유행하던 신화적 표현으로 옷 입힌 것이다. 하지만 자연과학적 세계관이 도래한 현시점에 고대의 이미지는 설득력을 잃었기에, 보편적 진리인 '알맹이'와 이를 감싼 신화의 '껍데기'는 구분해야 한다. 그리고 영양가 없는 신화의 껍데기 대신 현대인에게 더 적합한 설명 방식으로 진리를 전달해야 한다.[18]

근대 유럽 문명의 혜택을 받고 자란 루이스 자신도 "정상적인 교육을 받은 현대인이라면, 기독교 교리를 접할 때 '미개하고' '원시적'으로 보이는 우주관"[19]을 만날 수밖에 없음을 인정한다. 하지만 신화를 제거하거나 신화에서 추상적 진리를 뽑아내려는 시도는 신앙의 서사적 본질을 위협하기도 하지만, 실용주의적으로 보더라도 보편적 설득력을 얻기 힘들다. 기독교에 호의적인 일부 지식인은 신화를 세련된 현대어로 옮기는 것을 환영할지라도, 기독교에 비판적인 대다수에게 이는 여전히 '기독교 변증'이라는 틀에 갇힌 불충분한 작업으로 비치기 때문이다. 이러한 신학적 시도도 결국 현대 영국 군주제처럼 "왕정 제도의 형태는 유지하고 있지만 그 실체는 [버린 것]"[20]처럼 여겨지게 마련이다.

고대인과 중세인의 상상력을 높이 평가했던 루이스가 볼 때, 기독교의 정수는 신에게 아들이 있는데 그 아들이 하늘에서 내려왔다가, 죽어서 지하 세계에 머물다가, 다시 살아나 하늘로 돌아간다는 '신화적' 표현과 이야기 자체에 있다. 근대 이전 신앙인은 현대인과 달리 보편적 진리와 이를 감싼 신화적 이미지를 구분하지 않고 복음서를 읽었다. 초기 교회에서 사용했던 신화적 표현들은 실재를 "완벽하게는 아니지만 유용하게 묘사[하는]…구조 내지는 조직"[21]을 가지고 있었다. 고대인이 성육신의 복음을 듣거나 사도신경이나 니케아 신경을 암송할 때, 그들이 현대 과학 교육을 받지 못했다고 해서 신의 아들의 지상 여행을 '문자적'으로 받아들였다고 짐작해서는 안 된다. 그들은 성육신 교리를 대할 때 그리스도 때문에 역사에 일어난 변화의 '사건'을 믿었지 '문자 자체'를 믿은 것이 아니다.

> 초기 그리스도인들은 껍데기를 알맹이로 오해한 사람이라기보다는 아직 껍데기를 까지 않은 호두를 지니고 다닌 사람과 비슷했습니다. 호두 껍데기가 깨지는 순간, 그는 어느 쪽을 버려야 할지 대번에 알았습니다. 그러나 그 전까지는 호두 전체를 다 갖고 있습니다. 바보라서가 아니라, 바보가 아니기 때문입니다.[22]

'문자적'인 것과 '은유적'인 것을 나누는 현대적 구분을 1세기 그리스도인에게 기대하거나 고대인들은 문자적인 것밖에 몰랐다고 전제한다면 '시대적 속물주의'에 빠질 위험이 있다. 현대인이 고대의 종교 문헌을 읽을 때는 신화에 특유의 문학적 양식이 있음을 인식하고 그것을 따라 신화를 읽어 내는 '문학적 감수성'이 필요하다.[23] 하지만 여전히 해결되지 않은 문제가 있다. 다른 많은 교리도 있고 고대에도 다양한 문학 양식이 있는데, 왜 하필 기독교 신앙의 핵심인 '성육신'을 '신화적'으로 접근해야 하는가?

> 더 생각할 거리
> **시를 이해하고자 나는 믿습니다**

서구 문명의 정신적 틀을 놓은 위대한 정신으로 칭송받는 『일리아스』와 『오디세이아』의 저자 호메로스. 대외적으로 알려진 그의 공식 직업(?)은 시인이다. 시는 인류 문명의 시원에서부터 철학과 과학에서 온전히 설명하지 못한 우주와 인간과 종교의 신비를 열어 알려 주었다. 고대의 위대한 시인은 주로 신화를 만들고, 각색하며, 이야기하고, 전달하는 역할을 담당했다. 고대 시인의 '직업적' 사명과 역할을 충실히 존중했던 루이스는 하나님이 신화를 선물하셔서 고대인이 파편적으로나마 진리를 알 수 있었다고 본다. 이러한 이유로 그는 '신화를 만드는 시인'이라는 메타포를 사용해 하나님을 묘사하기도 한다.

하지만 과학 혁명 이후 근대 세계에서는 신화가 아니라 자연과학이 세계를 이해하는 주요 모델이 되었다. 그리고 시가 아니라 수학이 우주의 숨겨진 비밀을 계시하는 가장 효율적인 언어가 되었다. 보편타당한 지식을 추구하던 시대정신에 익숙해지면서 사람들은 신화의 이미지와 시적 언어가 진리를 제대로 전달하기는커녕 왜곡하고 모호하게 만든다고 보았다. 새롭게 떠오르는 근대 정신은 다양한 고대의 상징과 시적 뉘앙스가 담긴 언어를 사용하는 종교에 치명적 도전이 될 수밖에 없었다. 하지만 중세적 우주 모델을 좋아하고 시를 숭배하던 낭만주의의 영향을 깊게 받은 루이스는 오히려 '과학적 언어'의 신화에 도전하려 했다.

현대인이 과학과 수학의 이상에 따라 추상적 언어를 쓰려고 하더라도, 그 언어는 새로운 이미지와 쉽게 결부된다.[1] 물이 만들어지는 화학 과정을 H_2O로 깔끔하게 표기할 수 있더라도, 많은 사람은 오히려 발도 없는 수소와 산소가 '만나서' 물이 된다는 인격적 표현을 더 자주 사용한다. 또한, 수소 원자와 산소 원자는 눈으로 볼 수도 없지만, 우리는 수소와 산소에 대한 시각적 이미지를 상상하며 화학식을 이해하고 기억한다. 마찬가지로 교육 수준이 높은 세련된 현대인이라도 철저하게 추상적이거나 과학적인 언어로 신 관념을 갖거나 신에 관해 설명하기란 불가능하다. 성경의 신인동형론적anthropomorphic 표현을 벗어나겠다고 왕이나 전사, 연인, 목자로서의 신을 거부할 때, 오히려 "어떤 확산된 가스나 액체 이미지"[2]와 같은 모습으로 신을 상상하기 쉽다. 즉, 아무리 과학적 세계관에 충실한 현대인이라도 실재를 생각하거나 표현할 때는 이미지나 은유적 언어를 사용해야 하는 숙명에서 벗어나기 힘들다.

시적 언어에 관해 현대인이 가진 또 다른 선입견은, 시는 감정을 불러일으킬 뿐 객관적 정보를 전달해 주지 못한다는 것이다. 하지만 만약 시인이 A는 활짝 핀 붉은 장미꽃 같다고 했을 때, 시인의 언어는 장미를 본 것 같은 미적 체험을 일으키면서도 동시에 A는 화사한 아름다움을 가진 사람이라는 정보를 전달한다. 또한

B는 백합이라고 표현한다면, 이는 A와는 구별되는 또 다른 우아한 매력이 B에게 있음을 알려 준다. 즉, 과학의 언어가 객관적이고 추상적인 정보를 전달하는 데 강점이 있다면, 시의 언어는 상상력을 유발하는 색다른 방식으로 정보를 전달하는 데 특화되어 있다.

시적 언어의 이러한 특성은 다른 언어에서 찾아보기 힘든 고유한 힘을 시에 부여한다. 그것은 바로 우리가 이제껏 하지 못한 경험을 이전의 경험을 통해 간접 체험하도록 상상력을 불러일으키는 능력이다.[3] 일례로 과학적 언어를 쓴 '내일 아침 기온은 영하 15도'라는 기상 예보는 날씨가 얼마나 추울지 객관적 정보를 전달한다. 하지만 기온이 영하로 내려간 적 없는 열대 지방에서 태어나 자란 사람에게는 영하 1도나 영하 15도나 '경험해 본 적 없는 추위'일 뿐이다. 이런 사람에게는 오히려 '내일 아침은 마치 손끝이 잘려 나갈 것처럼 추울 거야'라는 은유적 설명이 상상력을 불러일으키며 추위의 강도를 효율적으로 전달한다. 이처럼 시는 그 고유한 방식으로 사람들의 감각적 반응을 일으키는 동시에 믿을 만한 정보도 전달해 준다. 단, 시가 이러한 기능을 제대로 수행하기 위해서는 중요한 전제 조건이 있다.

> 시인의 머리에다 엄밀한 논증의 권총을 들이대면서 도대체 어떻게 강이 머리카락을 가질 수 있으며, 생각이 초록색일 수 있으며, 어떤 여성이 빨간 장미일 수 있느냐고 다그치는 것은 아무 소용이 없습니다.…시인이 여러분에게 뭔가 알려 줄 것이 있다면 그런 식

으로 해서는 결코 그 정보를 얻을 수 없을 것입니다. 일단 시인을 신뢰해야 합니다. 그렇게 해야만 그 시인이 믿을 만한지 아닌지 알게 됩니다.[4]

추론이나 논쟁, 실험 등의 과학적 방법에는 시가 정보를 제대로 전달했는지 검증할 능력이 없다. 시가 과연 대상을 '적절하게' 표현했는지 검증할 방법은 은유와 상징과 이미지를 사용하면서도 시인이 올바로 실재를 그려 냈다고 믿는 것이다. 바로 이 지점에서 루이스는 '나는 이해하기 위해 믿는다'credo, ut intelligam라는 오랜 신학적 격언이 '시詩가 시詩' 되기 위해서도 필요함을 보여 준다. 그런 점에서 시와 신학은 여러 차이에도 불구하고 여러모로 닮아 있다.

---

1   C. S. 루이스, 『기적』, 이종태 옮김(서울: 홍성사, 2008), pp. 141-144.
2   같은 책, p. 143.
3   C. S. 루이스, "종교의 언어", 『기독교적 숙고』, 양혜원 옮김(서울: 홍성사, 2013), p. 246.
4   같은 글, p. 250.

❋ 역사 속에 들어와 사실이 된 신화 * ❋

신화를 옛 세계관의 흔적으로 치부하던 당시 분위기에 맞서며 루이스는 "기독교 전체의 핵심이자 활력을 주는 요소가 바로 그 신화"[24]임을 고수했다. 인류 역사에서 수많은 사상이 등장했다가 사라졌지만, 비합리적이고 시대에 뒤떨어졌다고 비판받던 기독교와 그 '신화'는 여전히 살아남았다. 루이스는 심지어 "기독교의 이야기를 사실로 믿지 않아도 신화로서 꾸준히 접한 사람은 믿는다고 하면서 그것에 대해 별로 생각하지 않는 사람보다 영적으로 더욱 살아 있을 것"[25]이라며, 신화적 상상력의 중요성을 높이 평가했다.

그렇다면 왜 인간에게는 신화가 필요한가? 루이스는 신화의 기원 혹은 정의에 대한 논쟁에 깊게 들어가지 않는 대신 신화의 독특한 이야기가 인간 마음에 끼치는 영향에 주목한다.[26] 인간의 지성은 다양한 감각 경험과 정보를 '추상화'시켜 합리적이고 보편적인 지식을 만들어 내려 한다. 순수 수학은 이러한 인간 지성의 특성을 가장 잘 반영해 준다. 개가 두 마리 있거나 나무가 두 그루 있으면 이성은 이를 1+1=2라는 깔끔한 수학식으로 표현한다. 그리고 1+1=2는 미국에서나 태국에서나, 출애굽 시대에서나 아인슈타인의 시대에서나, 지구에서나 달에서나 변하지 않는다. 반면 인간이 오감을 통해 경험하는 실재는 '구체적'이다. 인간은 '개'라는 개념이나 보편적 '나무'가 아니라, 이 시끄러운 개 혹은 저 크고 푸른 소나무 등 고유한 개성과 특성을 가진 개체를 경험한다. 게다가 지성이 만들어 낸 지식과 달리 경험은 고통, 쾌락, 즐거움, 슬픔, 애정, 두려움 등의 생생한 정서적 반응을 수반한다. 이렇게 인간이 외부 세계와 맺는 관계의 주요 통로인 '지성'과 '경험'은 서로 다른 방식으로 작동한다.

이것이 우리의 딜레마입니다. 맛을 보려 하면 알 수 없고, 알려 하면 맛을 볼 수 없습니다. 더 엄밀히 말하면, 어떤 경험을 하고 있기 때문에 얼지 못하는 지식이 있고, 그 경험 바깥에 있는 동안에는 놓칠 수밖에 없는 지식이 있습니다. 우리가 무언가를 생각할 때는 생각하는 대상과 분리됩니다. 맛보고, 만지고, 의지하고, 사랑하고, 미워할 때 우리는 대상을 명확하게 이해하지 못합니다. 명료하게 생각하면 할수록 더 많이 분리됩니다. 실재 속으로 깊이 들어가면 갈수록 더욱 생각을 못하게 됩니다. 부부관계를 하는 순간 쾌락을 조사하거나 회개하는 동안 회개를 연구할 수는 없고, 폭소를 터뜨리면서 유머의 본질을 분석할 수는 없습니다. 그러나 그 순간이 아니면 이런 것들을 정말 알 수 있을 때가 언제이겠습니까?[27]

지성 없는 경험은 주관성의 늪을 벗어나지 못하고, 체험 없는 지성은 공허함의 덫에 갇힌다. 지성과 경험 모두 인간에게 필요하지만, 이 둘은 각각 추상화와 구체화라는 반대 방향으로 인간을 몰아간다. 기독교 신앙도 이러한 딜레마에서 벗어나지 못한다. 교리적 지식과 체험적 신앙 사이의 벌어진 틈은 쉽게 메워지지 못한다. 이러한 문제의 해결책 중 하나가 바로 상상력을 새롭게 불러일으켜서 실재를 "아는 것이 아니고 맛"[28]보게 해 주는 신화다.

신화적 상상력은 지성과 체험의 분리 이전의 근원적 통일성을 유지하게 해 준다. 신화는 "신적 진리의 광선이 인간의 상상력에 떨어진 것"[29]으로, 지성과 경험의 부조화 굴레에 빠진 인간을 위한 하나님의 선물이다. 특별히, 루이스는 신화를 통해 "우리에게 흘러드는 것은 진리가 아니라 실재"[30]임을 강조한다. 여기에는 '실재는 진리의 내용'이고, '진리는 이 실재에 대한 것'이라는 그의 독특한 진리관이 전제되어 있다.[31] 이러한 정의에 따르면, 진리보다 실재가 더 근원적인 범주다. 진리는 언어로 표현되지만, 실재는 언어로 포착되기 힘들다. 신화의 이야기는 이러한 실재를 '맛'보게 한다. 신화로 지각한 실재를 다른 사람이 이해하도록 언어화하고 교리화하는 작업은 추상화 과정을 거칠 수밖에 없다.

여기서 분명히 할 점은 루이스에게 예수 그리스도의 성육신은 '신화 같아 보이는'myth-like 역사적 사건이라는 점이다. '존재론적'으로 하나님이 오랜 기다림을 통해 사람으로 성육신하셨던 것처럼, '문서적'으로는 신화적 형태의 진리가 오랜 응축 혹은 집중화를 거쳐 복음서에서 증언하는 사실로 성육신했다.[32] 신의 죽음과 재생에 관한 고대의 수많은 신화가 1세기 초 예루살렘이라는 시공간 속에서 실제 사건이 되었다. 다른 유사한 신화의 신들은 언제 어디서 죽었다 살아났는지 모르지만, 1세기 사람 나사렛 예수는 예루살렘에서 본디오 빌라도의 판결을 받고 십자가에서 죽었다가 3일 후 부활했다. 하지만 참으로 '기적 같은' 일은 성육신이 그 '역사성'에도 불구하고 '신화의 모습'을 잃지 않았다는 사실이다. 그렇기에 성육신은 역사지만 여전히 신화처럼 상상력을 동반한 반응을 이끌어 낸다. 따라서 루이스는 "진정한 그리스도인이 되려면, 역사적 사실에 동의해야 할 뿐 아니라, 우리가 모든 신화에 부여하는 상상력을 발휘하여 (이미 사실이 되어 버린) 그 신화도 받아들여야"[33] 한다고 말한다. 역사적 이성과 신화적 상상력 사이에서 양자택일하는 논리는 예수 그리스도 사건과 함께 폐기된 셈이다.

또한, 신화는 그리스도를 모르는 사람들이 계시를 수용하거나 이해하도록 준비시키는 역할도 한다. 성육신은 한 위대했던 역사적 인물의 운명에만 국한된 이야기도 아니고, 죄인을 구원하는 대속적 사건으로 한정될 수도 없다. 성육신은 세계의 의미와 구조를 궁극적으로 결정짓는 유일회적 사건이다.[34] 성육신은 하나님이 창조 세계로 내려오셔서 피조물과 함께 거하시다 황폐한 세상 전체를 자신과 함께 성부 하나님께로 들어 올리신 사건이다. 따라서 "만약 성육신이 정말로 일어난 일이라면, 이는 지구 역사상 중심적 사건"[35]일 수밖에 없고, 타문화권에서 발전한 죽었다가 살아나는 신에 관한 신화라도 성육신의 비밀을 희미하게 반영하게 된다.[36] 이 풍부하고 심오한 원리는 추상적 이성이나 협소한 경험이 온전히 담아낼 수 없고, 신화에 의해 일깨워진 상상력을 통해서 맛볼 수 있다.

정리하면, 루이스가 신화를 강조한 것은 단지 그가 신화라는 문학 양식을 좋아했기 때문만은 아니다. 만약 그랬다면 한 영국인의 개인적 취향이 시대와 지역을 뛰어넘는 폭넓은 지지를 받지는 못했을 것이다. 하나님이 창조하신 세계는 인간의 마음이 포착하기에는 너무나 광대하고 복잡하며, 그리스도 안에서 드러난 하나님의 계시는 너무나 심오하기에, 창조주께서는 인간의 피조적 한계에 어울리는 선물인 신화를 주셨다. 하나님과 인간 사이의 질적 차이가 존재하는 한, 인간 스스로 지성과 경험의 조화를 이루지 못하는 한, 우리는 신화적 상상력을 통해서 하나님의 흔적을 더듬어 알아 가야 할 행복한 숙명을 지닌 존재다.

더 생각할 거리
하나님이 주신 세 가지 선물

루이스는 그리스도인이 된 직후 자신의 극적인 영적 여정을 문학으로 표현하고 싶었다. 앞서 출판한 시집 두 권이 그리 성공하지 못했던 30대 중반의 작가 루이스는 야심 차게 존 버니언의 고전 『천로역정』Pilgrim's Progress을 패러디하는 집필 계획을 세웠다. 그 결과 그가 한때 매혹되었던 여러 철학과 신학 사조, 순례의 길을 올바로 걷게 도움을 줬던 다양한 요인을 알레고리적 여행기로 표현한 『순례자의 귀향』Pilgrim's Regress이 1933년에 출판되었다.

이 책에서 루이스를 상징하는 순례자 존John은 여행 끝자락에 이르러 '역사'History라는 지혜로운 은자를 만난다. 나이가 얼마나 많은지 제대로 가늠도 안 되는 은자는 안 가본 곳이 없고 모르는 것도 거의 없어 보인다. 역사의 설명 덕분에 존은 짧은 식견과 얄팍한 경험으로 세계를 좁게 이해하던 습관을 넘어서게 된다.[1]

역사는 존이 모르던 태곳적 이야기를 들려준다. 이 땅에는 (하나님을 상징하는) 참 '지주'가 계시는데, 그분은 예전에 (아담과 하와를 상징하는) 젊은 부부에게 아름다운 농장을 경작하도록 위임하셨다. 그러나 부부는 지주의 말을 듣지 않고 농장을 떠났고, 그들의 후손과 지주 사이에는 건널 수 없는 틈이 생겨 버렸다. 하지만 지주는 인간을 되찾고자 신화와 도덕법과 교회를 각각 상징하는 그림picture과 규칙rule과 마더 커크Mother Kirk를 선물하셨다.

인간의 마음에는 뭔지 모를 대상을 향한 갈망이 있다. 인류가 갈망을 잘 다스려 원래 자신의 모습을 찾는 것을 돕고자 지주는 이교도에게 '그림'을 주셨다. 일부 이교도는 그림을 통해 욕망의 방향을 바로잡아 '마더 커크'에게 인도되었다. 하지만 상당수가 그림을 가지고 자신의 욕망을 채우려 했고, 그림의 복사본을 만들고 숭배함으로써 진리에서 멀어졌다. 반면, 지주는 글을 읽을 줄 아는 목자 민족에게는 '규칙'을 주셨다. 이교도들이 영원에 대한 갈망을 다른 욕망과 혼동했다면, 목자 민족은 규칙 자체에 편협하게 매달리다 마더 커크에 가지 못했다.[2] 마더 커크에게 도달만 하면 '그녀'가 순례자를 업어서 인간은 건널 수 없는 협곡을 넘어 지주가 계신 곳으로 데려갈 텐데, 많은 사람이 그림과 규칙 자체만 쳐다보았다. 역사는 현자답게 인류가 보편적으로 빠졌던 곤란함과 이를 타개할 돌파구를 이렇게 설명한다.

> 그림만으로는 위험하고 규칙만으로도 위험하거든. 가장 좋은 상황은 어린아이일 때 마더 커크를 찾아가 규칙도 아니고 그림도 아닌 것, 지주님의 아드님이 이 땅에 가져오신 제3의 것을 갖고 사는 법을 배우는 것이지. 그것이 최선이라네. 규칙과 그림의 다툼을 처음부터 아예 모르는 것이 나아. 하지만 그렇게 되는 경우는 좀처럼 없네. 원수의 첩자들이 도처에서 활동하면서 어떤 지역에서는 문맹을 퍼뜨리고, 어떤 지역에서는 그림을 보지 못하게 한다네.[3]

현명한 역사는 이교도와 목자 민족 모두가 바른길에서 벗어났다 해서 그들이 틀렸다고 결론 내리지 않는다.[4] 오히려 역사는 이렇게 말한다. "목자도 반쪽이고 이교도도 반쪽짜리에 불과하네. 서로가 없이는 어느 쪽도 온전하지 않고, 지주님의 아드님이 이 땅에 들어오시기 전에는 치료받을 수 없었어."⁵ 이러한 알레고리를 사용하면서 루이스는 욕망과 이성의 갈등이 개인 안에서, 신화와 도덕법 사이의 부조화가 인류 역사에서 일어남을 보여 준다. 그리고 신화와 도덕법은 그리스도를 통해서만 그 충만함에 이르며 화해를 이룰 수 있음을, 그리스도에 대한 신앙은 그리스도의 신부인 교회의 선포와 성례를 통해 얻을 수 있음을 강조한다. 유대인과 이방인이 그리스도를 통해 화해하듯(롬 9-11장) 욕망과 양심의 갈등도 그리스도에 반응한 믿음으로 조화를 이룬다.

루이스는 자기 사상의 핵심에 문학적 옷을 능수능란하게 입혀 냈다. 하지만 『순례자의 귀향』은 복잡한 알레고리와 독자가 눈치채기 힘든 자전적 경험으로 가득했다. 그 결과 이 야심 찬 책 역시 그에게 작가로서 기대했던 명성을 안겨 주지는 못했다. 기독교 역사에 길이 남을 베스트셀러 작가가 탄생하려면 더 오랜 기다림이 필요했다.

---

1 C. S. 루이스, 『순례자의 귀향: 이성, 신앙, 낭만주의에 대한 알레고리적 옹호서』, 홍종락 옮김(서울: 홍성사, 2013), pp. 218-225. 역사가 들려주는 교훈에서는 신화와 도덕과 신앙의 변형된 알레고리, 즉 루이스 특유의 '삼화음의 원리'를 발견할 수 있다. 삼화음의 원리에 대해서는 4장의 "더 생각할 거리: 삼화음의 원리"를 보라.
2 루이스는 하나님과의 친밀한 관계 혹은 하나님의 계시가 더 끔찍한 인간을 만들 수 있음도 경고한다. "유대인들이 이교도들보다 더 심각한 죄를 지은 것은 그들이 하나님으로부터 더 멀리 있었기 때문이 아니라 더 가까이 있었기 때문입니다." C. S. 루이스, 『시편 사색』, 이종태 옮김(서울: 홍성사, 2004), p. 49.

3 루이스, 『순례자의 귀향』, p. 220.
4 루이스는 기독교 외의 종교가 잘못되었다는 태도를 결코 취하지 않는다. 대신, 그는 타종교에 등장하는 진리의 단서들이 어디서 완성되는지, 혹은 신화적 요소가 어떻게 지성과 양심에 의해 인도되다 최종적으로 조화를 이룰지를 찾다가 결국 기독교에서 답을 찾는다. C. S. 루이스, 『예기치 못한 기쁨』, 강유나 옮김(서울: 홍성사, 2003), p. 336.
5 루이스, 『순례자의 귀향』, p. 224.

❈ 맺으며: 역사가 된 신화, 실종된 역사 * ❈

신화와 상상력에 대한 루이스의 태도도 그의 회심 과정에 따라 계속 변화했다. 10대 중후반의 무신론자 루이스는 인류학적 신화 이해의 영향을 많이 받아, 신화를 미숙한 인간의 욕망이 만들고 왜곡한 종교 현상으로 보았고, 기독교도 세계의 수많은 신화 중 하나일 뿐이라 생각했다. 지적으로 회심했을 당시에 루이스는 상상력의 중요성을 알고 있었음에도, 상상력이 진리에 확실성을 줄 수는 없다는 견해를 고수했다. 하지만 신앙의 회심을 겪으며 그는 신화와 상상력에 관한 기존 견해를 급진적으로 수정했다.

그리스도인이 된 직후 루이스는 형에게 편지를 써서, 이성에 기반을 둔 데카르트의 신 존재 증명에 관한 수많은 논문을 읽어 보았지만 신 관념이 인간의 정신 속에 있다는 것으로는 충분히 신 존재를 '설득'할 수 없다고 말한다. 오히려 설득력 있게 신 존재를 논증하려면 "정신 안에서 신이라는 관념이 단지 추상적 정의로서가 아니라, 상상력을 동반하여 [신 관념이] 선과 미와 함께 진리"[37]임을 포착해 내야 한다. 즉, 신앙의 대상은 합리성이나 경험의 얄팍한 인식틀로는 온전히 담아내기 힘들며, 상상력으로 확장된 시각을 통해 진선미의 조화를 이루어 내야 그 풍성함을 제대로 맛볼 수 있다. 그리고 신화야말로 협소했던 마음을 크게 열어 주는 특별한 문학 양식이다.

하지만 냉철히 평가하자면 신화에 대한 루이스의 강조는 예수 그리스도의 실제 모습을 담아내기에는 여러모로 한계가 있어 보인다. 루이스의 신화관은 성육신 사건의 역사성과 의미를 새롭게 발견하는 데 이바지했지만, 정작 예수 그리스도의 가르침, 치유, 공동식사, 여행 등 그분의 삶에서 중요했던 여러 '역사적' 이야기에는 상대적으로 말을 아긴다. 기독교 구원론의 중요한 요소가 '그리스도 따르기'*imitatio Christi*임을 고려할 때, 이는 루이스의 사상에서 가장 큰 약점이라 부를 만하다.[38] 또한, 루이스가 오직 성육신만이 사실이 된 신화라고 주장할 때도, 자신의 '문학적' 직감에 크게 의존한 나머지 충분한 '역사적' 논거를 제시하지는 못한다. 루이스가 상상력의 변화를 통해 성육신의 '의미'를 깨달으며 회심한 까닭인지, 신약학자들과 대중이 궁금해하는 '나사렛 예수는 어떤 가르침을 주셨고 어떤 삶을 사셨는가?'에 답하는 일은 그의 관심사에서 벗어나 있다. 이러한 이유로 그리스도의 역사적 삶이 학계와 대중의 관심을 휘어잡던 20세기 초중반보다, 상상력과 시각적 이미지가 강조되는 21세기에 루이스가 더 큰 주목을 받고 있는지도 모른다.

분명 루이스의 입장에 약점이 있기는 하지만, 그의 신학적 기여를 보다 공정하게 평가하려면 그가 예수 그리스도의 '역사'를 다루더라도 '역사적 예수'를 재구성하는 것이 그의 목표는 아니었음을 상기할 필요가 있다. 오히려 그는 증거를 통해서만 역사적 사건의 진실성과 의미를 평가하던 당시의 시대정신에 기이한 방식으로 도전했다고 할 수 있다. 루이스가 1944년 옥스퍼드 소크라테스클럽에서 발표한 논문 "신학은 시詩인가?"는 이렇게 끝맺고 있다. "저는 태양이 떠오른 것을 믿듯 기독교를 믿습니다. 그것을 보기 때문이 아니라 그것에 의해서 다른 모든 것을 보기 때문입니다."[39] 마찬가지로, 성육신 교리의 신뢰성은 이 사건의 역사적 '사실' 여부로만 판단될 수 없다. 이 교리의 중요한 의미는 그리스도 사건을 통해 파편화되었던 실재에 관한 우리의 지식이 얼마나 잘 통합되는지, 이 세계를 보던 우리의 시선에 얼마나 더 큰 진실함이 담길 수 있는지에 달려 있다. 실제로 신화 같아 보이는 이야기 덕분에 약 2,000년 동안 그리스도인이라는 무리는 모든 생명을 무無로 돌려보내는 죽음의 위협도 이겨 내고, 무의미한 세상에서도 웃고 감사하며, 하루하루 살기도 팍팍한 세상에서 오히려 이웃을 도우며 행복을 느끼는, '설명도 증명도 할 수 없는 이상한 삶'을 살아가지 않는가?[40]

4장 이성과 도덕법

> 도덕적 경험과 종교적 경험이 하나로 모여 무한 가운데서,
> 그것도 소극적 무한이 아니라 살아 계시되 초인격적인 하나님의
> 적극적인 무한 가운데서 만나는 것을 보지 못하는 기독교는
> 결국 사탄 숭배와 다르다고 내세울 게 없습니다.
> C. S. 루이스, "주관주의의 독"[1]

철학자 임마누엘 칸트는 도덕 철학에 관한 『실천이성비판』*Kritik der praktischen Vernunft*을 끝맺으며 이런 말을 남겼다. "그에 대해서 자주 그리고 계속해서 숙고하면 할수록, 점점 더 새롭고 점점 더 큰 경탄과 외경으로 마음을 채우는 두 가지 것이 있다. 그것은 내 위의 별이 빛나는 하늘과 내 안의 도덕법칙이다"(A288=V161).[2] 독일의 위대한 철학자의 통찰을 단순화해서 표현하면, 인간 이성은 천체로 대표되는 '자연법칙'을 분석하는 것과 양심으로 상징되는 '도덕법칙'을 성찰하는 것, 이 두 문제에 집중한다. 그런데 도덕에 대한 이성적 성찰과 자연법칙에 대한 합리적 분석은 어떻게 다를까? 인간의 이성이

'자연'은 연구 대상으로 삼을 수 있다고 하더라도, 과연 초자연적 영역의 신비까지 도달할 수 있을까? 만약 그렇지 못하다면 어떻게 유한이 무한을 이해하고 설명하는 역설이 가능할까? 종교적 가르침은 이성의 영역과 구분되는 신앙주의의 산물인가?[3]

❋ 양심, 그리고 옳고 그름 * ❋

전통적으로 기독교는 인간이 하나님을 알게 되는 두 통로로 '하나님의 두 책'Two Books of God 개념을 제시했다. 즉, 하나님은 인간에게 자신을 드러내실 때 '성경이라는 책'과 '자연이라는 책'을 사용하신다. 사실 초기 교부 때부터 자연은 하나님의 활동을 이해하는 중요한 근원으로 여겨졌다. 심지어 자연의 책을 인간이 올바로 해석할 경우 물리 세계를 넘어 영적 진리도 부분적으로나마 알 수 있다고 보았다.[4] 마치 위대한 작품에 예술가의 개성과 흔적이 뚜렷이 남듯, 피조물로서 자연도 창조주에 대한 지식을 상징적 혹은 유비적으로 내포한다. 자연의 질서를 통해 신의 존재나 활동을 이해하려는 시도는 '자연신학'이라는 이름으로 발전했고, 조화와 법칙 속에서 운행되는 자연이라는 책을 읽어 내는 인간 이성의 역할도 중요하게 여겨졌다.

    루이스도 우주가 하나님의 존재를 알려 주는 통로가 될 수 있음을 부인하지는 않았고, 자연의 아름다움에 놀라움을 표할 줄 아는 것을 신앙인으로서 중요하게 생각했다. 하지만 그는 기독교 신앙을 설명해 달라는 요청을 받을 때는 실천이성, 즉 선과 악에 대한 도덕적 판단 능력에서 시작하곤 했다.[5] 여기에는 두 가지 이유가 있어 보인다. 첫째, 우주에서부터 논증을 시작하면 창조자 개념에는 도달하겠지만, 인간의 친구가 되기까지 자기를 낮추신 '인격적 하나님'에 대해 말하기 힘들다.[6] 둘째, 루이스가 볼 때 기독교의 핵심은 '용서'에 있기에, 기독교 변증은 (우주론이나 다른 자의적 출발점이 아니라) 인간의 '죄의식'에서 시작해야 한다. 따라서 물리적 자연법칙이 아니라 인간의 죄의식과 관련된 양심 혹은 도덕법에 대한 성찰이 우선이다.[7] 한 예로, 제2차 세계대전 당시 영국의 국영방송 BBC의 종교 담당 존 웰치 박사가 현대 문학을 통해 기독교를 설명하는 강연을 의뢰하자, 루이스는 이렇게 대답했다.

> 현대 문학(이라는 주제는) 내게 적합하지 않습니다. 저는 자연법, 혹은 객관적인 옳고 그름에 대해 주로 이야기하고 싶습니다. 신약성경에서는 회개와 용서를 선포하면서, 청자가 자연법을 이미 알고 있고 이를 지키지 못했음을 깨닫고 있음을 전제하고 있습니다. 오늘날 영국에서는 이런 가정을 할 수 없습니다. 그렇기에 대부분의 변증학이 너무나 멀리 떨어진 무대에서 시작하려고 합니다. (변증학의) 첫 단계는 죄책감을 창조하거나 되찾는 것입니다.[8]

죄책감에 대한 호소는 세계대전으로 인간과 문명의 진보에 대한 희망을 잃어 가던 영국인들에게 즉각 반향을 일으켰고, 루이스는 곧 전국적으로 유명한 대중 변증가가 되었다.[9] 1942-1944년 전시에 방송되었던 루이스의 BBC 라디오 강연은 3권의 책으로 출판되었다. 이 세 권이 합쳐져 1952년 간행된 책이 20세기 대표 기독교 고전이자 루이스의 가장 잘 알려진 작품으로 손꼽히는 『순전한 기독교』 Mere Christianity다.[10]

루이스는 이 책뿐만 아니라 여러 저작에서 '옳고 그름'을 판단할 능력이 인간에게 있음을 강조했다. 우리는 일상에서 다른 사람도 알고 있으리라 기대하는 '기준'에 기대어 행동하고, 관계를 맺으며, 대화를 주고받고, 심지어 싸우기도 한다. 다른 사람의 물건을 훔치는 것을 주업으로 삼는 사람도 소매치기를 당하면 나쁜 일이 자신에게 일어났다고 본능적으로 반응하지 않을까? 거짓말을 일삼는 사람도 누군가 자기를 속이면 순간적으로 분노하지 않을까? 죽어 가는 사람을 못 본 체하고 지나가면 비인간적이라고 손가락질받지 않을까? 이처럼 사람을 해치는 일은 나쁘다, 남의 것을 훔쳐서는 안 된다, 곤경에 처한 사람을 도와야 한다 등의 기본 윤리를 공유하지 않으면 공동체와 사회는 존속할 수 없고, 인간은 인간에게 늑대homo homini lupus가 되고 만다.

루이스는 자신에게 닥친 일에 도덕적으로 반응하는 본능 혹은 '옳고 그름'을 판별하는 직관이 인간에게 있다고 보았다. 루이스는 많은 자료를 동원해서 세계 여러 문명권의 윤리적 가르침을 연구했고, 그 결과 세부 사항의 차이는 있더라도 부모와 자녀의 의무, 진실한 행동, 정의에 대한 추구, 관대함 등은 공통적 요소임을 발견했다.[11] 그는 인류가 공유한 기본 도덕을 서양 윤리학 전통에 따라 '자연법'natural law이라 부르거나,[12] 도덕법칙의 보편성을 강조하고자 중국어 '도'道, tao를 사용하기도 했다.[13]

물론 우리는 현실 속에서 자연법이 아니라 자신이 속한 사회를 규율하는 '실정법'을 지키며 그 영향력 아래서 살아간다. 하지만 실정법은 완벽하게 정의로운 것이 아니며, 잘 만들어졌다고 해서 그것을 올바르게 적용하기도 어렵다. 소크라테스Socrates, 기원전 c. 470-399의 죽음이나 나사렛 예수의 십자가 처형, 나치 독일의 유대인 학살, 기독교 문명에서 자행된 노예 매매, 미국과 남아공 등에서 일어난 흑백 차별 등은 모두가 실정법이 허용했던 정의롭지 못한 사건이다. 그렇다면 우리는 무엇을 기준으로 이런 실정법이 옳지 못하다고 말할 수 있는가? 무엇이 실정법의 올바른 해석과 잘못된 해석을 판별하는가? 실정법은 현실 상황을 반영하여 계속해서 수정하고 발전해 나가는데, 그렇다면 우리는 무엇을 기준으로 법을 바꿀 수 있는가? 실정법의 한계는 실정법에서 발생하는 여러 문제에 대해 실정법 자체로는 제대로 답할 수 없다는 데 있다.[14]

선과 악에 대한 개인의 판단이나 실정법보다 더 근원적이고 보편적인 법칙이 있다는 생각은 서양 윤리학사에서 긴 역사를 가지고 있다. 이 세상에 존재하는 모든 것은 '자연'으로부터 존재를 유지하는 힘을 얻지만, 유독 인간은 '이성'이라는 독특한 영적 특성을 부여받았다.[15] 이성적 존재인 인간은 현상적 자연 세계를 넘어 양심에 따라 도덕적 세계 질서의 일부로 살아가는 고귀한 운명을 지녔다. 고대 그리스 비극 작가인 소포클레스Sophocles, 기원전 497/496-406/405가 기원전 441년경에 쓴 『안티고네』Antigone는 왕의 명령을 거부하고 옳음을 지키던 안티고네의 이야기를 담고 있다. 부당한 실정법을 어기면서까지 양심의 소리에 헌신하다 결국 생매장당한 안티고네의 죽음은 이후 많은 사람의 도덕적 상상력에 큰 영향을 끼쳤다.[16] 소크라테스도 자신에게 사형을 선고한 법의 부당함을 알면서도 독배를 마심으로써 실정법을 넘어선 고귀한 가치를 보여 주려 했다. 이처럼 고대 그리스와 로마 문명권에서는 실정법이 규정하는 정의 이면에는 더 큰 권위를 가지는 정의가 있다는 사상이 발전하고 심화되었다.

  여기서 눈여겨볼 점은 고대 지중해 문명권, 혹은 소위 '이교도'의 윤리였던 자연법 개념이 기독교 신학에서 상당히 빨리 자리 잡았다는 사실이다.[17] 절대자에게 특별히 선택된 이스라엘에게 주어진 율법이 아니라 모든 인간에게 주어진 양심에 대한 강조는 복음이 유대 공동체를 넘어 헬레니즘 문화 속으로 들어가는 데도 큰 역할을 했다. 기독교에서 자연법을 이야기할 때 가장 많이 거론되는 성경적 근거는 하나님의 율법을 받지 못한 이방인에게도 '가슴에 기록된 법'(혹은 양심, 롬 2:14-15)이 있다는 바울의 편지다. 기독교가 지역과 언어와 문화의 차이를 뛰어넘어 유럽에서 '보편적' 종교로 자리 잡게 되면서, 자연법은 아우구스티누스와 토마스 아퀴나스 등 대표적 신학자의 중요한 윤리 이론이 되었다. 물론 모든 신학자가 자연법을 옹호한 것은 아니지만, 그 전통은 종교개혁자에게로 이어져 루터나 칼뱅의 신학에서도 중요한 역할을 했다.[18]

  이렇듯 자연법은 수천 년간 서구 윤리 사상의 뼈대 역할을 해 왔지만, 근대 이후 유럽 사회에서는 자연법에 관한 사람들의 관심이 치명적일 정도로 약화되어 있다.[19] '법'이라는 것은 역사 속에서 생존의 법칙을 체득한 인간의 집단 본능으로 만들어졌고, '도덕률'은 인간 본성에 심긴 것이 아니라 교육을 통해 주입된 것으로 간주되었다. 인류학의 발전을 통해 각 종교와 문화마다 서로 다른 도덕 체계를 지니고 있음이 강조되었고, 역사적 지식이 축적되면서 윤리적 판단이 시대에 따라 달라짐도 알게 되었다.[20] 무엇보다도 역사에서 반복되는 개인과 사회의 도덕적 실패를 보면서 사람들은 자연법의 존재 자체를 회의했다. 19세기 후반 '의심의 해석학'이 유행하면서 도덕을 대중 억압을 위한 지도층의 통치 도구로 보게 되자 도덕률의 존립 근거마저 흔들렸다. 결국 '옳고 그름'은 보편적인 것이 아니라 문화에 따라 상대적인 것, 객관적인 것이 아니라 개인에 따른 주관적인 것, 초월적 기원을 가진 것이 아니라 생존 본능에서 나온 인간적인 것으로 여기는 풍토가 형성되었다.

무신론자 시절 루이스도 이러한 생각에 깊이 빠져 있었다. 하지만 그리스도인이 된 후 생각의 패러다임이 바뀌었다. 그는 유럽 문명이 부딪쳤던 이성의 위기, 윤리적 혼란, 기독교의 몰락을 서로 연관된 문제로 보았다. 이 복합적 상황을 타개하고자 그는 실천이성의 중요성을 강조함으로써 자연법의 중요성을 일깨우고, 이를 통해 현대 문명 속에서도 여전히 기독교가 필요함을 보여 주려 했다. 하지만 이미 자연법에 대한 애정이 식어 버린 현대인이 그 사랑을 되찾도록 설득하기란 쉽지 않았다.[21]

> 더 생각할 거리
> ## 온 세상을 위한 윤리
>
> 신구약성경을 인류에게 주신 하나님은 우주를 창조하신 분이다. 하나님이 만드신 자연이 법칙에 따라 형성되고 유지되고 운동한

다면, 그 법칙 역시 하나님이 부여하신 것이다. 따라서 초기 교회 이래 기독교 윤리에서는 자연법 개념이 발전할 때, 성경을 통해 자신의 뜻을 계시하신 한 분 하나님이 자연법도 만드셨음을 자연스럽게 전제했다. 그렇다면 성경을 통해 주어지는 '하나님의 명령'과 양심의 목소리를 통해 판별하는 '자연법'은 어떤 관계가 있을까?

전통적으로 신학자들은 성경과 자연법은 같은 근원을 가지기에, 올바른 마음으로 해석하고 제대로 적용할 경우 둘 사이에 모순은 없다고 주장했다. 로마서 2:14을 보더라도 "율법 없는 이방인이 **본성**으로 율법의 일"을 행할 수 있다. 일부 성서학자들은 1세기 중반에 이미 이러한 윤리적 보편주의가 가능했던 것은 바울이 자연법 이론이 발전했던 그레코-로마 문명권에서 교육받고 활약했기 때문이라고 말하기도 한다. 그렇다면 지중해 지역과 유럽을 연결하며 세계인류 개념이 형성된 로마 제국을 배경으로 하는 신약 시대에 이르러서야 기독교적 자연법 개념이 싹틀 수 있었는가? 구약성경에서는 하나님이 여러 왕국과 민족 중 이스라엘을 특별히 선택하신 후 하나님의 백성에게 요구되는 삶을 위해 율법을 주시지 않았는가? 게다가 고대 히브리어에는 스토아 철학에서 사용하는 자연natura에 상응하는 개념도 없지 않은가?

사실 '하나님의 명령'과 '자연법' 사이의 양자택일 문제로 몰고 간다면 성경 66권의 책에 담긴 윤리의 다채로운 모습을 단순화할 위험이 있다. 물론 구약 본문에는 레위기의 정결법 같이 하나님이 세세하게 명령하셨지만 상식적으로는 이해하기 힘든 생활 수칙도 있다. 그렇다 해도 하나님의 명령이기에 인간의 양심과 별개라는 이분법적 사고를 성경에 투사해서는 안 된다. 또한, 히브리어에 '자연'에 해당하는 단어가 없다고 해서, 하나님이 창조하신 세계의 '본성에 적합한'이라는 개념도 구약성경에 없다고 단정할 수도 없다. 예를 들면, 예언자들은 '율법'을 받은 적도 없던 주변 국가들이 비인간적 통치와 잔인한 정책을 펼친다고 심판을 경고하기도 했다. 하나님이 무엇이 나쁜지 알려 주지도 않고서 심판하신다는 것 자체가 너무 불공평하고 억울하지 않을까? 하지만 이들은 하나님의 창조 세계의 본성에 적합하지 않은 방식으로 권력과 부를 사용했기에 비판 대상이 되었다고 할 수도 있지 않을까?

영국의 구약학자 존 바턴John Barton, 1948- 은 구약 윤리에 '자연법'이라는 추상적 개념을 쓰는 것이 부적절하다면서도 자연법 개념의 흔적 같은 것이 구약 본문에 있는지 질문을 던진다. 아모스와 이사야 등 예언자의 선포를 분석하면 '모든 이가 공유하는 개념' 혹은 '일종의 자연법칙'이 전제되어 있다. 더욱이 모세오경이나 지혜문학 등에 나오는 윤리적 가르침 중 일부는 이후 철학적 윤리와 교회 전통에서 발전하는 자연법과 상당 부분 비슷하기도 하다. 일례로 바턴은 고대 근동의 지혜 전통에서 우주의 질서가 어떤 윤리적 함의를 지니는지 이렇게 설명한다.

> 때로 '우주적 질서'라고도 불리는 이것은 우주를 하나로 묶어 유지하는 원리이며…인간의 도덕적 삶은 그것을 중심으로 조직되어야 한다. 본질적으로 '지혜'란 육체적·도덕적 층위 모두에서 이 질

서에 부합되게 사는 능력이다.…구약성경이 '의', 곧 체데크tsedeq
로 요약하는 것은 하나님이 정하신 특정 법령이라기보다 우주적
질서를 보는 눈이 있는 누군가를 따를 전반적 삶의 방식이다.[1]

성경의 윤리는 현대 윤리와 비교하면 비체계적이고 비조직적
이기에, 무리하게 현대인의 이론적·실천적 관심을 투영하여 본문
을 읽으려 해서는 안 된다. 하지만 신약성경 훨씬 이전에 기록된
구약성경에 '초보적 형태'이지만 자연법적 윤리가 있다는 자각은
하나님 말씀에 대한 순종과 양심에서 피어난 도덕적 책임이 양자
택일의 문제가 아닐 수 있음을 알게 해 준다. 오히려 서로 다른 종
교적 신념을 지닌 사람이 더불어 살아가는 현대 사회에서는 양심
의 소리를 각기 다른 상황에서 적용하는 '이성'의 역할이 더욱 두
드러진다. 시시각각 다양한 윤리적 선택을 요구받는 그리스도인
에게 성경과 자연법의 관계는 책임 있는 신앙인이자 시민이 되기
위해 피할 수 없는 중요한 주제다.

[1] 존 바턴, 『온 세상을 위한 구약 윤리』, 전성민 옮김(서울: IVP, 2017), p. 100.

❋ 도덕의 한계에서 만나는 은혜 ❋

현대 사회의 여러 문제를 마주하고 루이스가 기독교 자연법의 재생
을 시도하긴 했지만, 그가 당시 위기를 기독교 윤리로 깔끔하게 해
결할 수 있다는 순진한 낙관론을 가졌던 것은 결코 아니다. 그는 인

류 진보의 가장 큰 걸림돌이 기독교 윤리라고 주장하는 사람과 단순히 기독교 윤리로 돌아가자고 주장하는 사람 모두를 회의에 찬 시선으로 봤다.[22] 그는 그리스도의 가르침이 탁월하지만 그분은 "새로운 종류의 특별한 도덕을 설파하기 위해 오신 것이 아니라는 점"[23]을 강조했다. 즉, 성육신의 가장 큰 목적은 죄 용서이고, 그분의 가르침은 모든 사람이 늘 옳다고 생각한 자연법을 요약한 것이다.[24]

루이스가 진단하기에 현대인이 자연법을 받아들이기 힘든 이유 중 하나는 이 세상에 너무나 다양한 윤리적 가르침이 있다는 사실이다.[25] 사람들이 윤리적 다양성에 압도되는 것은 자연법이 없어서가 아니라 '도덕'과 '신념'의 차이를 혼동하기 때문이다. 선과 악에 반응하는 순수한 도덕적 '직관'이 있다면, 특정 행위가 윤리적인지 판단하고 논증할 때 만들어지는 '신념'이 있다.[26] 직관이란 증명이 불가능하기에 윤리적 '공리'[27]라고 할 수 있고, 이성은 공리를 가지고 무엇이 선한 판단과 행동이 될지 '추론'한다. 이처럼 윤리에는 직관과 추론이 복잡하게 얽혀 있기에, 보편적 '자연법'과 이를 해석·적용하는 구체적 '윤리 규범'을 동일시할 수 없다.

인류 역사에서 계속 논의하는 사례 하나를 들어 보자. 만약 '생명이 소중하다'는 도덕적 직관이 보편적이라도, 그 직관이 자동으로 '평화주의'라는 결론을 만들지는 않는다. 생명이 소중하다는 직관이 평화주의 신념이 되기 위해서는 '생명을 지키려면 폭력이 허용되어서는 안 됨'을 보여 주는 적절한 증거와 추론이 필요하다. 이와 반대로 같은 도덕적 직관을 가지고도, 더 많은 생명을 지키려면 '어쩔 수 없는 경우 전쟁이 가능하다'고 결론 내릴 수도 있다.[28] 따라서 생명은 소중하다는 직관과 자신의 윤리적 신념을 문자적으로 일치시키고자 평화주의를 무조건 옹호하는 일은 독단적 교리주의로 흐를 수 있다. 이렇듯 신념은 겉으로 보기에 도덕적 직관과 상충할 수도 있고, 하나의 직관에서 서로 다른 신념이 도출될 수도 있다.

따라서 자연법을 따른다는 것은 옳고 그름에 대한 우리의 판단이 놓일 맥락과 우리의 존재를 지탱하는 다양한 관계와 권위의 망을 고려하는 '지혜'를 요구한다.[29] 일례로 직관적으로 우리는 다른 사람을 속이면 안 된다는 것을 알고 있다. 루이스도 평소 거짓말을 해서는 안 된다고 말하곤 했다.[30] 그런데 만약 시골길을 가는데 여우가 튀어나왔고 그 뒤로 사냥꾼이 나타난다면 어떻게 하겠는가? 거짓말을 해서라도 이 야생동물을 살려야 하는가? 아니면 여우가 도망친 방향을 솔직히 가르쳐 줘야 하는가? 이 상황에서는 '다른 사람을 속여서는 안 된다'라는 직관과 '생명을 보호해야 한다'라는 직관이 동시에 작용한다. 또한 생존이 아니라 재미를 위한 사냥이라는 특별한 상황과 그 지역의 수렵법이나 총기 사용법 등의 권위도 함께 고려해야 한다. 실제로 루이스가 브래든 언덕에서 산책할 때 이런 상황이 생겼다. 그는 사냥꾼을 속였고, 거짓말로 여우를 살렸다는 사실을 자랑스러워했다.[31] 이렇듯 자연법의 보편성을 믿는다고 해서 무조건 똑같은 윤리적 판단이나 행동을 하는 것이 아니다.

여기에 수학과 도덕의 차이가 있다. 기본적으로 수학은 '두 점이 있다면 둘을 연결하는 직선을 그을 수 있다', '한 점을 중심으로 임의의 반경의 원을 그릴 수 있다'와 같이 증명할 수 없는 공리에 기초한다. 이러한 공리를 가지고 수학 문제를 푸는 경우, 계산 과정이 올바르면 누가 언제 어디서 풀건 다른 답이 나올 수 없다. 도덕도 직관이라는 증명할 수 없는 공리에서 시작한다. 그러나 구체적 상황과 추론 방식에 따라 다른 결론이 나올 수 있다. 따라서 도덕적 판단에서 '수학적 확실성'을 찾아서는 안 된다. 도덕적 확실성은 판단을 내리는 상황의 구체성에 언제나 묶여 있다.[32] 이쯤 되면 루이스가 사용한 자연법은 도덕적 문제를 풀어 주는 만능 답안지라기보다는 윤리적 성찰과 실천이 얼마나 복잡하고 다양한지 보여 주는 개념이다.

그런 의미에서 루이스가 자연법의 옹호자이긴 하지만, 그의 자연법 옹호가 스토아학파나 중세 기독교의 자연법 교리를 되살리려는 것은 아니었다.[33] 오히려 그는 자연법의 '중요성과 한계' 모두를 보여 주려 노력했고, 이러한 딜레마는 기독교 변증을 위한 시발점이 되었다. 인간에게는 도덕적 직관이 있고, 인간은 이성을 통해 윤리적 추론을 할 수 있다. 그런데 왜 개인과 공동체의 삶에 불의와 폭력은 끊이지 않을까? 사람이 살면서 악한 의도 없이 실수를 저지를 수도 있겠지만, 우리의 윤리적 직관이나 논증 과정은 숨겨진 사욕, 자기 정당화, 정치적 야심, 경제적 이익 등의 영향을 받을 수밖에 없다.[34] 이성은 선입견이 전혀 없는 진공 상태에서 작용하는 것이 아니라, 처음부터 특정 방향으로 기울어져서 윤리적 판단을 내린다. 따라서 '해야 하는 일'과 '하고 싶은 일'은 일치하기 어렵다. 즉, 자연법은 무엇이 옳은지를 가리키지만, 그와 동시에 우리가 선하게 살지 못함을 역설적으로 보여 주는 역할을 한다.[35]

삶의 현장에 만연한 도덕적 실패에도 불구하고, 양심은 올바른 삶을 살도록 계속해서 우리에게 압박을 가한다. 그런데 우리의 생각과 행동에 영향을 끼치는 도덕적 직관을 곰곰이 살펴보면 그 내용이 공평함, 신뢰, 정직, 관용, 이타심 등 지극히 '인간적인' 모습을 가짐을 알 수 있다. 즉, 도덕적 현상 이면에는 우리를 보다 선한 방향으로 끈기 있게 몰아가는 정신 혹은 인격을 닮은 "'힘' 내지 '지휘자' 또는 '안내자'"[36] 같은 것이 있다. 이 지점에서 루이스는 자연법 배후에는 단순히 옳은 것들에 관한 모음이 아니라, 인간의 풍요로운 삶을 위한 법을 만들고 이를 따르도록 호소하고 도와주는 인격적이면서 초월적인 존재, 즉 신이 있다고 말한다.

도덕적 감각이 전혀 없다면 문제가 없겠지만, 인간은 옳고 그름에 대한 직관이 있기에 제대로 살지 못했다는 '죄책감'을 가진다. 개인이 양심의 가책을 느낄 때, 도덕적 세계 전체라는 맥락에서 보면 '자연법 배후에 있는 인격적 존재'와 '자연법을 거스르는 개인'의 관계는 뒤틀리고 있는 셈이다. 이 지점에서, 로마서 7장에서 바울이 하나님의 율법을 마주할 때 피할 수 없었던 죄책감이 루이스에게서는 보편적 자연법 앞에 선 모든 인간의 비극적 모습으로 나타난다.[37] 하나님이 주신 율법은 신령한 것이고 속사람은 그 법을 즐거워하지만(롬 7:14, 22), 원하는 선은 행하지 않고 오히려 악을 행하는 인간은 곤고한 존재가 아닐 수 없다(롬 7:19, 24). 마찬가지로 도덕법은 옳고 그름에 대한 판단을 가능하게 하지만, 오히려 양심은 내가 옳은 것을 행하지 못함을 드러낸다. 그런 의미에서 율법과 자연법은 윤리적 주체인 인간의 가능성과 한계 모두를 보게 한다.

바울의 율법 이해라는 빛에서 자연법의 딜레마를 분석함으로써, 루이스는 죄책감의 필연적 보편성을 논증한 셈이다. "저는 결국 기독교가 우리에게 말할 수 없는 위안을 준다는 사실에 동의합니다. 그러나 기독교는 제가 지금까지 말해 온 것과 같은 낭패감에서 출발하는 종교로서, 그 낭패감을 먼저 겪지 않는 한 아무리 위안을 얻으려고 노력한들 소용이 없습니다."[38] 바울은 사망의 몸에서 자기를 건져 줄 사람을 절규하듯 찾다가, 결국 예수 그리스도로 인해 하나님께 감사드린다(롬 7:24-25). 마찬가지로 루이스도 인간은 자기 힘으로 이 죄책감의 문제를 해결할 수 없음을, 따라서 하나님의 은혜에 전적으로 의지할 수밖에 없음을 보여 준다. 도덕률에 대한 분석에서 시작된 루이스의 논증은 결국 "유일한 위안인 동시에 최고의 공포"[39]이신 하나님께로 인도하는 데까지 이른다.

> 더 생각할 거리
> ## 보편 법칙인가 사회적 합의인가

물리 세계에 자연법칙이 있듯 인간 본성에 보편적 도덕법칙이 있다는 자연법사상은 현대인에게 크게 공감을 일으키지 못한다. 그 이유를 여러 각도로 분석할 수 있겠지만, 우리가 사용하는 '일상 언어'의 혼란도 한몫하고 있다. 루이스와 마찬가지로 자연법을 기독교 변증의 핵심 범주로 활용했던 도로시 세이어즈는 사람들이 법 혹은 법칙이라는 단어의 두 다른 의미를 잘 의식하지 못한 채 혼동하며 사용하고 있다고 지적한다.

첫 번째 의미에서 법은 특별한 상황에서 구체적 목적을 이루고자 사람들이 '합의'로 도출한 규정을 의미한다. 예컨대 한국에는 한국의 법이, 로마에는 로마의 법이 있다. 미식축구에서는 공을 잡고 많이 뛰어갈수록 좋지만, 농구에서는 공을 잡은 채로 세 발짝 이상 움직이면 안 된다. 이러한 법칙은 인간 본성을 치밀하게 분석해서 나오는 것이 아니라, 특정 사회에서 공공선을 추구하고자 혹은 게임을 재미있게 하고자 만들어 낸 행동 규정이다.

두 번째 의미의 법은 대상을 관찰할 때 보이는 현상이나 운동의 패턴을 일반화하고 추상화한 진술을 가리킨다. 뉴턴은 사물이 낙하하는 것을 보고 '만유인력의 법칙'을 도출했다. 이 법칙은 '사실'을 관찰한 후 언어와 수학식으로 진술한 것이지 과학자들이 투표해서 만들지 않았다. 즉, 만유인력의 법칙은 많은 사람이 동의하든 안 하든 실제로 존재하며, 지구에서는 누가 언제 어디서든 물건을 공중에서 놓으면 반드시 땅으로 떨어진다는 '필연성'과 '보편성'을 가진다. 반면에 게임 규칙은 선수들이 무조건 따라야 하는 '강제성'이 있더라도, 사람들이 합의하면 바뀔 수도 있기에 본성상 '자의적' 법칙이다(예를 들면, 농구를 전후반 경기 대신 4쿼터 경기로 바꾸자는 식이다).

세이어즈가 볼 때 당시의 윤리 담론은 '법'의 두 다른 의미를 잘 구분하지 못하면서 혼란에 빠졌다. 많은 사람은 도덕법칙을 첫 번째 의미인 사회 구성원이 합의로 이루어 낸 행동 규범code으로 생각했다. 하지만 도덕법칙은 자연법 개념, 즉 인간 본성을 관찰함으로써 발견할 수 있는 두 번째 의미의 법과 근원적으로 연결되어 있다.[1]

도덕적 규범과 인간의 본성에 대한 사실적 진술로 이뤄진 보편적 도덕률에는 차이가 있으며, 보편적 도덕률에 맞춰 행동할 때 우리는 진정한 자유를 누린다. 그리고 이 보편적 도덕률을 가리켜 기독교는 '자연법'이라 부른다. 도덕적 규범이 자연법에 가까울수록 인간의 행동에 더 많은 자유가 허락되는 반면, 도덕적 규범이 자연법과 멀어질수록 인간을 구속하고, '하나님의 심판'이라는 재앙을 불러올 가능성이 커진다.[2]

도덕적 인간과 윤리적 사회가 가능해지려면 인간 본성에서 보편적 도덕률을 관찰하고 거기서 인간 본성에 모순되지 않는 행동을 이끌 수 있는 '규범'을 도출해야 한다. 만약 이러한 보편적 기반 없이 사회적 합의로만 도덕을 형성할 경우 큰 효과를 보기 힘들 뿐만 아니라, 규범을 만들 때 결국에는 강하고 부유한 자의 이익이 훨씬 많이 반영될 가능성이 크다.[3] 많은 현대 국가에 세련된 사법 체계와 철학과 교육이 있음에도 윤리적 혼란을 겪고 있는 것도 인간 본성에 대한 탐구 없이 '합의'를 중심으로 윤리적 문제를 해결하고자 하기 때문은 아닐까?

물론 이러한 방식으로 자연법의 정당성과 필요성을 완전히 설명할 수 있는 것은 아니다. 우선, 법칙이 사물을 관찰하여 나온다 해도 인간의 관찰은 언제나 문화적·시대적 한계로, 또한 개인과 집단의 욕망으로 구부러지게 마련이다. 또한, 유독 인간만이 자기 본성에 어긋나는 행동을 하려는 유혹을 쉽게 받는다. 자연법의 아이러니는 인간 본성 안에 있는 이 '모순'을 자연법 자체만으로는 해결하기 힘들다는 데 있다. 바로 이 지점에서 세이어즈와 루이스 모두 자신들의 '변증가' 본능을 발휘하며 자연법을 기독교적으로 확장해 나간다.

---

1   루이스도 이와 비슷한 설명을 제시한다. 인간은 '인간 본성의 법칙'(law of human nature) 혹은 '자연법'(natural law)을 따르는데, 우주를 움직이는 '자연의 법칙'(law of nature)과는 다른 방식으로 따른다. 우주에서는 모든 물질이 중력의 법칙에 종속되어 있기에 인간 역시 물리적으로 반드시 중력의 법칙을 따르며, 몸으로 경험하는 이 법칙을 거부할 수는 없다. 하지만 옳고 그름의 법칙 같은 경우, 인간에게는 이를 거부할 자유가 있다. 그렇지만 그런 자유, 즉 자연법을 거부할 자유가 있더라도 인간이 자연법과 무관하게 살 수 있는 것은 아니다. 일례로 개인이 피타고라스 정리를 증명하기 어려워 싫어한다 해도 그 정리가 개인의 취향과는 관계없이 존재하듯, 옳고 그름도 주관적 호불호와 관계없이 객관적으로 존재한다. C. S. 루이스, 『순전한 기독교』, 장경철·이종태 옮김(서울: 홍성사, 2001), pp. 27-33.
2   도로시 세이어즈, 『창조자의 정신』, 강주헌 옮김(서울: IVP, 2007), p. 27.
3   플라톤의 『국가』에 등장하는 소피스트 트라시마코스는 "정의는 강한 자의 이익"이라는 말을 남겼다. 참고. Platon, *Politeia*, 338e. 『국가』(서광사).

❈ 가슴 잃은 사람을 위한 복음 * ❈

자연법에 대한 호소는 루이스의 사상에서 두 가지 중요한 의미가 있다. 첫째는, 자연법을 통해 '자율적 자아'라는 계몽주의적 인간론의 환상을 벗겨 내고 '은혜에 개방'된 인간의 모습을 보여 준다.[40] 기독교라고 전혀 새로운 도덕을 가르치는 것도 아니고, 다른 철학이나 종교라고 전적으로 잘못된 도덕관을 가진 것도 아니다. 하지만 기독교의 특수성은 누구나 알 만한 윤리적 가르침도 제대로 실천하지 못하는 인간의 현실을 직시하게 하고, 또 그러한 낭패감 속에서 우리를 용서하고 도우시는 하나님을 직면하게 하는 데 있다.⁴¹

둘째, 루이스는 혼란 속에 있던 유럽의 윤리적 상황 속에서 '도덕 교육'의 중요성을 재발견하고자 했다. 인간의 이성과 욕망은 자연적으로 무질서 상태에 있어서, 인간은 법대로 혹은 도덕 교과서대로 살기 힘들다. 따라서 도덕 교육은 어떻게 살아야 할지에 대한 매뉴얼을 가르치는 것이 아니라, 욕망의 존재인 인간이 실재에 적합하게 반응하도록 하는 훈련이다.⁴² 따라서 인간이 지적이고 이성적인 존재라 할지라도 적절한 도덕 교육을 받지 못한다면 욕망에 따라서만 움직이는 동물과 다를 바 없다.⁴³ 도덕 교육은 인간의 성품을 기르는 과정, 즉 욕망과 이성의 엇갈리는 목소리에 귀 기울이며 둘을 조화시키는 몸과 마음의 수련이다.⁴⁴

하지만 우리의 현실을 돌아보자. '이성'은 욕망을 설득시킬 충분한 매력이 없으며, '욕망'은 이성의 명령을 계속 따를 참을성이 부족하다. 따라서 육체적 존재인 인간이 이성과 욕망의 조화를 이루려면, 이 둘을 매개해 줄 '감정affection의 훈련'이 필요하다. 물론 감정은 일차적으로 '내'가 만들고 느끼기에 주관적이다. 하지만 자아 외부에 실재하는 대상이 있고, 그 대상에는 상식적인 사람이라면 마땅히 부여할 만한 가치가 있다. 또한, 그 대상이 불러일으키는 적절한 심리적 반응도 있다.⁴⁵ 예를 들면, 히말라야의 엄청난 산세를 보고 숭고함을 느꼈을 때, 그 엄청난 감정을 개인의 심리가 전적으로 만든 것은 아니다. 동네 작은 언덕을 볼 때와 달리 히말라야 앞에서 마음이 크게 움직였다면, 그 특별한 느낌은 히말라야의 비교 불가한 거대함이 불러일으킨 반응이다. 감정이 전적으로 '개인적이기에' 작은 언덕과 히말라야를 볼 때 느낌이 같다거나 언덕이 더 장엄하다고 말한다면, 그 사람은 대상을 적절히 감상할 능력이 부족하다 할 수 있다. 작은 언덕 앞에선 작은 언덕에 맞게, 히말라야 앞에선 큰 산에 맞게 정서적으로 반응하는 것이 적절한 감정이다. 마찬가지로 도덕 교육은 대상의 마땅한 가치를 인정하고 실재에 적합한 감정을 갖도록 하는 훈련이다.

이 지점에서 루이스는 도덕의 핵심 개념인 '덕'德, virtue을 추상적으로 정의하지 않고,[46] 아우구스티누스의 고전적 이론에 따라 '사랑의 질서'ordo amoris로 이해한다.[47] 우리가 매일매일 부딪히는 많은 대상을 그 가치와 중요도에 맞게 합당하게 사랑하는 것이 사랑의 질서다.[48] 따라서 덕이란 개인의 욕망을 만족시키고자 대상을 쾌락의 도구로 여기기를 멈추고, 욕망의 훈련을 통해 대상이 주는 고유한 즐거움을 향유하는 성숙한 태도다. 이런 관점에서 봤을 때 도덕은 특정 행동을 규범으로 정하는 일이 아니다. 도덕은 인간의 필요와 욕망, 개인적 소망과 공동체적 책임 등에 주의를 기울이며, 다양한 상황에 맞게 구체적으로 행동하는 성품과 능력을 형성한다.

'덕' 윤리의 관점에서 루이스는 당시 영국의 윤리 담론을 주도하던 두 부류를 비판적으로 평가한다. 첫째, 도덕률 폐지론자들은 이성 혹은 욕망을 지나치게 강조하다 도덕이 아닌 인간 자체를 폐지할 위험에 빠진다.[49] 이성의 명령과 욕망은 본성상 서로 다르게 움직이기에 양자를 중재할 제3의 요인인 '감정'이 필요하다. 감정의 훈련 없이는 이성과 욕망 둘 중 하나가 인간을 주도하는 힘이 되어 인간성 자체가 파괴된다. 따라서 루이스는 당시 영국의 교육이 감정을 대상의 본질과 무관한 주관적 느낌subjective feeling이라 가르쳐서, 훈련된 감정이 머물 가슴chest이 없는 사람을 양산한다고 강하게 비판했다.[50] 둘째, 과학만능주의자들은 과학과 기술의 발전이 현시대의 문제를 해결할 것이라 본다. 하지만, 이들은 세계의 한계를 인정하며 그 속에서 성숙하는 윤리적 주체를 추구하지 않고, 인간 편의와 취향에 맞게 세계를 개조함으로써 욕망을 더욱 부추길 위험이 있다.[51] 그 결과 기술만능주의는 자연을 정복하려다 오히려 자연(욕망)에 정복당하기 쉬운 인간을 만들어 낼 수 있다.[52]

성품의 도야를 강조하는 루이스의 입장은 사회정치적 차원에 관한 언급이 없어 지나치게 개인주의적으로 비칠 수도 있다. 물론 이는 루이스 사상의 약점으로 종종 지목되어 왔다. 하지만 루이스가 말한 '가슴 있는 인간'의 형성은 결국 개인이 속한 사회의 '윤리적 생태계' 형성과 밀접히 관련되어 있다.[53] 예를 들면, 불공정무역이 옳지 않다는 신념을 갖더라도 저렴하고 편안하게 커피를 마시고 싶은 욕망이 사라지지는 않는다. 이런 경우 희생과 불편함을 무릅쓰고 더 큰 공공선에서 기쁨을 찾는 훈련된 감정이 필요하지만, 이와 더불어 공정무역에 참여하여 커피를 윤리적으로 유통, 판매, 소비하는 공동체도 함께 형성해야 한다. 한 개인이 직접 커피 원산지를 방문하고, 원두를 수입 및 유통하며, 그렇게 구한 원두를 로스팅해서 커피를 내려 마시고, 친환경 세제로 설거지까지 하는 윤리적 소비를 하기란 몹시 힘들다. 그런 의미에서 도덕 교육은 공공선을 지향하는 윤리적 신념을 만들고 이에 헌신할 뿐 아니라, 개인의 욕망과 공동

체의 안녕을 조율할 수 있는 윤리적 생태계를 형성, 유지, 발전시킬 '지혜' 함양을 목표로 한다.[54]

> 더 생각할 거리
> ## 삼화음의 원리

루이스는 현대 교육이 감정을 단순히 '비이성적인 것'으로 여기는 데 폐단이 있다고 보았다. 이러한 태도는 합리적 토론이나 도덕적 성찰에서 감정의 역할을 평가 절하하거나 반대로 주관적 느낌을 절대화하는 양극단의 입장으로 흐름으로써 비인간화를 초래한다. 루이스에게서 교육의 가장 중요한 임무는 실재에 적합하게 응답할 수 있는 사람을 형성하는 일이고, 이를 위해선 '감정의 훈련'이 필요하다.

> 지성은 훈련된 감정의 도움 없이는 동물적 유기조직에 맞서기에 무력합니다.…머리는 가슴을 통해 배를 다스립니다. 알라누스 Alanus의 말처럼, 가슴은…훈련된 습관을 통해 안정된 정서로 조직화된 감정이 거하는 자리입니다. 가슴-도량-정서는 소위 말해 인간의 뇌(지성)와 장(본능)을 연결하는, 없어서는 안 될 연결선입니다. 사람이 사람일 수 있는 것은 다름 아니라 이 중간 요소 때문이라고 말할 수 있습니다.[1]

여기서 눈여겨볼 점은 '머리와 배' 사이의 갈등을 루이스가 '제

3의 요인'으로 중재하려 했다는 사실이다. 둘의 갈등을 셋을 통해 해결하는 지혜는 루이스의 독자적 발명품이 아니다. 그는 고대와 중세 문학을 공부하면서 '삼화음의 원리'principle of triad를 익혔다. 오랜 기독교 역사에서도 해결하기 쉽지 않던 이성과 신앙의 관계 설정 문제를 풀고자 루이스가 상상력으로 둘의 조화를 이루려 했던 것도 삼화음의 원리를 사용한 사례라 할 수 있다. 이 특별한 '중재'의 원리를 가지고 우주의 복잡성을 담아낼 거대한 사상을 만든 대표적인 사람이 고대 그리스의 철학자 플라톤Platon, 기원전 428/427-424/423이다.

> 플라톤의 글에서 이것에 대한 가장 분명한 진술은 『티마이오스』에 나옵니다. "세 번째 것 없이 둘이서만 한데 결합되는 일은 불가능하다. 둘이 맺어지기 위해서는 그 사이에 모종의 접착제가 있어야 한다"(31b-c). 신은 인간을 만나지 않는다는 『향연』의 주장에 이 원리가 암묵적으로 전제되어 있습니다. 둘은 간접적으로만 서로를 만날 수 있습니다. 신과 인간 사이에는 모종의 연결선, 매개체, 소개자, 다리—일종의 제3의 것—가 있어야 합니다.…우리는 플라톤 자신과 중세 사람들이 끝없이 이 원리에 따라 행동하는 것을 보게 될 것입니다. 이성과 욕구, 영혼과 몸, 왕과 평민 사이에 다리를, 말하자면 '제3의 것'을 제공하는 것 말입니다.[2]

고대와 중세의 시인과 철학자와 신학자들은 삼화음의 원리를 통해 인간의 조화로운 삶, 공동체의 정의, 우주의 질서를 이해하고자 했다. 물론 삼화음의 원리가 현대의 과학적 세계관이나 성경의 우주관에 잘 맞아떨어지는 설명 방식은 아니다. 하지만 중세의 모형에 담긴 따뜻하고 조화로운 우주를 몹시 사랑했던 루이스는 상황에 따라 삼화음의 원리에 다른 옷을 입혀 이곳저곳에 등장시키곤 한다.

삼화음의 원리는 루이스의 사상을 이해하는 데 중요한 개념이다. 그의 책을 읽다 '제3의 것'을 예기치 않게 발견하면서 독서의 재미를 느끼게 되기도 한다. 일상생활에서 우리가 알게 모르게 사용하는 삼화음의 원리를 찾아보는 것도 흥미로운 작업이다. 일례로 연애편지나 설교에서 너무 많이 인용되어 클리셰cliche가 되어 버린 생텍쥐페리의 명언 "사랑은 마주 보는 것이 아니라 같은 방향을 보는 것"에도 어찌 보면 삼화음의 원리가 깔려 있다. 두 사람 사이의 호감으로 인해 발산되는 날것 같은 에너지는 '같은 방향'이라는 제3의 요인의 중재 덕분에 성숙한 사랑으로 여물어 간다. 비록 삼화음의 원리가 이론과 실험으로 검증될 수 있는 '사실'은 아니더라도 우리의 삶을 아름답게 설명해 주는 오랜 '실천적 지혜'임을 부정하긴 힘들다.

---

1 C. S. 루이스, 『인간 폐지』, 이종태 옮김(서울: 홍성사, 2006), pp. 33-34.
2 C. S. 루이스, 『폐기된 이미지: 중세 세계관과 문학에 관하여』, 홍종락 옮김(파주: 비아토르, 2019), p. 80.

✲ 맺으며: 선에 대한 아이 같은 믿음 ✲

세계대전 발발, 냉전 체제 도래, 서구 문명 몰락, 반복되는 불황, 모더니즘 운동, 기독교 쇠퇴, 기술 만능주의 등 루이스가 살았던 시대는 기존의 가치와 윤리 체계가 몹시 흔들리던 때였다. 그는 이런 세태를 마주하여 이성의 중요성을 변호하려 했지만, 무엇보다도 이성이 옳고 그름에 대한 질문과 연결되어 있음을 보여 주려 노력했다. 그래서인지 폴 홀머Paul Holmer가 지적했듯 "루이스의 저작 모두가 모든 사람에게 적용할 만한 분명하고 특정한 도덕적 가치"[55]를 전제하는 것처럼 보인다. 자연법과 도덕 교육에 헌신하는 루이스의 목소리에는 훈계나 설교하는 말투가 은근히 배어 있었다. 그의 강연과 저술은 대중의 마음을 얻었지만, 지성계에서는 그다지 환영받지 못했다. 하지만 루이스는 자신의 신념을 굽히지 않았고, 특히 도덕적 진공 상태에서 쓰인 글이란 존재하지 않는다는 전제를 가지고 강연과 작품 활동을 했다.[56]

루이스는 인간이 옳고 그름에 대한 판단을 무시하고 도덕을 주관적 취향의 문제나 자유로운 창작으로 여길 때 올 파국을 경고했다. 이 파국을 막기 위해서는 이성과 욕망을 중재할 감정을 훈련하는 일이 필요하다. 인간의 삶에서 욕망 없는 이성은 공허하며, 이성 없는 욕망은 맹목적이다. 도덕을 개인의 주관적 선택 혹은 사회적 합의로만 보게 되면, 이성과 욕망의 엇박자를 조율하도록 성품을 기르고 몸과 마음을 수련할 수 있는 실천적 지혜가 상실될 위험이 생긴다. 루이스는 그러다 객관적 도덕 가치에 대한 헌신이 사라지면 그 자리를 정치적 수사rhetoric와 도덕적 선동, 미래에 대한 대안 없는 망상이 차지하게 된다고 경고한다.

> 객관적 가치에 대한 원색적이고도 어린아이 같은 믿음으로 돌아가지 않는다면 우리는 멸망할 것입니다.…선이란 만들어 내면 되는 것이라고 믿는 한 우리는 지도자들에게 '비전', '역동성', '창조성'과 같은 자질을 요구합니다. 만약 우리가 객관적 견해로 돌아간다면 덕, 지식, 부지런함, 노련함처럼 훨씬 유익한 자질을 지도자들에게 요구할 것입니다. '비전'을 사라고, 비전을 판다고 사방에서 난리입니다. 하지만 저는 하루하루 정당한 소득을 위해 일할 사람, 뇌물을 거절할 사람, 없는 사실을 지어내지 않을 사람, 자기 일에 숙달한 사람이 아쉽습니다.[57]

루이스가 바라는 이상적 인간은 일상에서 옳고 그름을 판단하고 실천하는 사람이다. 옳고 그름에 대한 순수한 믿음은 일상에서 차이를 만들어 내며, 자기의 윤리적 성취와 의로움에 도취되는 현상에서 인간을 구해 내기도 한다. 따라서 사회를 발전시키고 인류에 공헌한 사람들은 세계를 바꿀 비전을 제시하거나 보편적인 정의와 평화를 외치는 사람이 아니라, 도덕적 판단과 신념에 따라 "제한된 목표를 위해 조용히 힘쓴 사람들"[58]이었다. 거대 담론에서 허우적거리기보다는 자기 삶에 놓인 악의 문제부터 진지하게 고민하고 싸우던 사람들이 역설적으로 역사를 바꿔 왔고 앞으로도 바꿀 것이다.

5장 신앙과 성경

> 성경을 읽어 본 그리스도인이라면 누구나,
> 대개 아주 멀게 느껴졌던 이 고대 히브리인들에게서,
> 그리스인이나 로마인에게서는 한 번도 느껴 보지 못했던,
> 형제와 같은 느낌을 받는 순간이 있을 것입니다.
> C. S. 루이스, "시편"[1]

루이스의 회심 과정을 보면 그를 오랫동안 괴롭히던 상상력과 이성의 갈등이 결국 신앙의 회심을 통해 극복되었다. 그 신앙의 핵심은 하나님의 아들인 예수 그리스도의 돌아가심과 다시 살아나심이다. 그리고 시공간의 간극을 넘어 우리를 1세기 팔레스타인의 예수 그리스도께 데려가는 역할을 하는 것이 바로 하나님 말씀인 성경이다. 성경은 루이스의 사상에서 중요한 위치를 점하고 있을 뿐 아니라, 성경 읽기는 그의 경건 생활의 핵심에 놓여 있었다. 그는 여행 중 어떤 번역본이든 성경이 있다면 그 거룩한 책을 가지고 묵상하고 기도할 정도로 성경을 소중히 여겼다.[2] 루이스는 다음과 같은 편지 속에서 자신의 성경관을 친절하면서도 간결하게 압축해서 소개한다.

> 참된 하나님의 말씀은 성경이 아니라 그리스도입니다. 성경은 올바른 마음가짐과 좋은 교사들의 지도를 받아 읽을 경우 우리를 그리스도께 이끄는 책입니다. 특정한 구절이 제대로 번역되었는지, 아니면 신화(그러나 물론 수많은 신화 중에서 영적 진리를 전하도록 하나님이 특별히 선택하신 신화)인지 역사인지 정말(논쟁이나 호기심을 위해서가 아니라 우리의 영적 생명을 위해) 알아야 한다면, 우리는 분명 올바른 답으로 인도받을 겁니다. 그러나 성경을 일종의 백과사전으로 여기고(우리 선조들이 너무나 자주 그렇게 했습니다) 거기서 무기로 쓸 텍스트들(문맥과 분리하고, 각 구절들이 나오는 책의 특성과 취지를 무시하고)을 뽑아내서는 안 됩니다.[3]

이 편지에서 친절히 서술했듯 루이스는 성경의 권위만큼이나 올바른 해석을 중요하게 여기고, 성경이 어떤 책인지에 대한 이론적 관심을 표명하기보다 성경이 신앙인의 삶을 어떻게 형성할지에 실천적 관심을 기울인다. 전문 신학자가 아닌 루이스는 체계적 성경론을 제시하고자 하지 않았다. 하지만 이런저런 상황과 요청에 응답하며 쓴 다양한 글에는 문헌학자이자 영문학자로서 그가 가지고 있던 독특한 성경관이 나타나 있다. 기존의 시각으로 볼 때 평범하지 않은 주장 때문에 그는 때로는 근본주의자로, 때로는 자유주의자로 매도되었다.[4] 그러다 보니 루이스 역시 때로는 근본주의자들의 성경관에, 때로는 자유주의자들의 성경관에 맞서야 했다.

❋ 새로운 세계관의 도전 앞에 놓인 성경 * ❋

고대 우주관을 배경 삼아 쓰인 성경의 권위는 근대 과학적 세계의 등장과 함께 의문시되었다. 이스라엘을 향한 하나님의 특별한 계시로서 성경의 특수성은 19세기 이후 구약성경과 유사한 이스라엘 주변 왕국의 문헌이 다수 발견되면서 도전을 받았다. 그 결과 성경의 권위를 어떻게 이해하고 성경을 어떻게 해석할지를 놓고 이전에 없던 갈등이 일어났다. 근대성의 도전에 반발하며 성경을 문자주의적으로 해석하던 근본주의fundamentalism와 근대성이 던진 질문을 적극적으로 수용하며 성서비평학을 발전시켰던 자유주의liberalism 사이의 대립이 첨예하던 19세기 말에서 20세기 중반에 루이스는 태어났고, 교육받았고, 회심했고, 지성인이자 작가로서 활동했다. 그는 이러한 논쟁적 상황 속에서 자신의 성경관이 담긴 소박한 글을 써 나갔다.

표면적으로 근본주의와 자유주의는 정반대의 신학적 움직임으로 보이지만, 사실 이들은 새로운 시대의 도전을 앞두고 기독교가 보인 같은 반응의 두 다른 현상이라 평가할 수 있다.[5] 즉, 둘 모두는 성경 텍스트가 증언하는 사건의 '사실'fact 여부를 중요시하며, 다만 그 사실에 가치를 매기는 방식에서 차이를 보였다. 19세기 유럽의 성서비평학에서는 성경 속 이야기가 '역사적 사실'이 아니라 고대인의 창작물이므로 이는 현대인의 합리적 사고의 수준에 맞게 새롭게 설명되거나 심지어 제거되어야 한다고 보았다. 이에 대한 반작용으로 근본주의 해석학에서는 고대 신화의 문학적 양식을 무시하고 성경에 기록된 사건 모두를 '실제 역사'라는 관점에서 평가하려 했다. 물론 이런 서술에는 일반화의 위험이 있긴 하지만,[6] 당시 두 상반된 부류가 성경의 '역사성' 자체에 큰 관심을 기울였음을 부정하긴 힘들다.

루이스는 동시대의 근본주의자와는 달리, 성경의 여러 책에는 서로 다른 목적이 있으므로 획일화된 역사학의 잣대나 경직된 해석 방식으로 접근하긴 힘들다고 보았다. 루이스는 성경의 명제를 단순한 역사적·과학적 사실로 받아들이거나 성경을 교리적 명제가 보관된 정보은행처럼 여기거나 성경의 일부를 문맥에서 떼어 내 자의적으로 사용하는 것을 경고했다.[7] 예를 들면, 성경의 각 책은 각기 다른 청중과 목적을 가지고 역사적 사건을 고유한 방식으로 전달한다. 따라서 다윗 왕국 이야기나 사도행전은 역사적 보고에 가깝지만, 욥기와 요나서와 룻기는 역사적 사실 여부를 판단하기 힘들다. 루이스는 이러한 생각이 불경하거나 자유주의 신학의 영향을 받은 것이 아님을 강조했다. 그는 교부 성 히에로니무스도 창세기의 신화적 성격을 인정했고, 종교개혁자 칼뱅도 욥기의 역사성에 의문을 던졌다는 사실에 무척 편안함을 느꼈다.[8]

반면 루이스는 신구약성경을 여러 인간 저자가 기록할 때 작용했던 성령의 영감을 고려하지 않는 현대 역사비평에 대해서는, "성경이 순전히 인간의 작품이라는 생각은 사실 취향의 역사history of taste에서 특정 시대에 나타난 결과"[9]임을 강조했다. 그가 보기에 동시대에 활동하던 성서비평가들이 학자로서 엄정함과 전문성을 지키려 했지만, 성서학에 대한 전문 지식 외에는 문학적 판단력이 부족하고 전체적인 학문의 성향을 제대로 파악하지 못해 성경을 읽을 때 기초적 실수를 범할 위험이 있었다.[10] 또한 다른 모든 사람과 마찬가지로 많은 성서학자가 자신도 모르게 '시대정신'에 사로잡혀서 과거보다 현재가 탁월하다는 발전사관을 가지고 있었다. 그 결과 최신 비평 이론을 무비판적으로 선호하다 옛 해석 방식이 가진 장점과 기여를 간과했다. 게다가 많은 비판적 학자가 66권의 정경이 4세기 교회 공의회를 통해 형성되었다는 이유로 성경도 역사적 결과물 중 하나로 이해하려 했다. 하지만 루이스는 교회가 정경을 결정했다는 사실에서 성경의 권위가 인간의 결정에서 파생된 것이라는 결론을 도출하는 일은 논리적으로 정당화될 수 없다고 봤다. 마치 교사가 학생에게 어떤 책을 추천했더라도 그 책이 교사보다 더 위대한 정신을 담고 있으며 더 많은 것을 알려 줄 수 있는 것과 유사한 이치다.[11]

루이스가 공개적으로 발표한 성경에 관한 글에서 주로 비판했던 대상은 신약성경의 '비신화화'를 주장한 루돌프 불트만Rudolf Bultmann, 1884-1976으로 대표되는 20세기 중반의 성서학자들이다. 근본주의자들의 성경 해석에 대한 비판은 주로 일반인과 주고받은 비학문적 성격의 편지에서 찾아볼 수 있다. 사실 루이스는 20세기 초에 치열했던 근본주의 대 자유주의 논쟁 이후 등장한 세대가 성경의 본질과 해석에 관해 펼친 더욱 정교하고 발전된 논의는 잘 몰랐다. 따라서 루이스의 논쟁적 주장을 성경 무오설을 강조하는 일부 현대 복음주의자나 성경에 대한 비판적·합리적 접근을 추구하는 학문인 성서학 자체에 대한 거부로 확대해서는 안 될 것이다. 근본주의와 역사비평에 대한 루이스의 비판보다 우리가 더 관심을 가져야 할 주제는 루이스가 이해한 성경의 권위와 올바른 해석의 자세다.

더 생각할 거리
신화 구출하기

'신약성경과 신화'라는 주제를 언급하면 많은 사람이 가장 먼저 떠올리는 신학자는 아마도 독일의 성서학자 루돌프 불트만일 것이다. 루이스는 불트만보다 조금 늦게 학술 활동을 시작했지만, 루이스 역시 복음서와 신화에 지대한 관심을 가졌고 글도 많이 남겼다. 하지만 '신화'라는 주제에서 루이스는 결코 불트만만큼 시선을 끌지도, 논란의 중심에 서지도 못했다.

독일의 마르부르크 대학교에서 교편을 잡았던 불트만은 같은 학교의 젊은 철학자 마르틴 하이데거 Martin Heidegger, 1889-1976와 서로 영향을 주고받았다. 하이데거의 초기 실존주의의 흔적은 불트만의 신약성경 '비신화화'demythologization 기획에서 뚜렷이 나타난다. 불트만이 보기에 신약성경의 세계관은 하늘-땅-지하의 신화적 구조로 되어 있을 뿐만 아니라, 핵심 내용인 구원 사건 역시 신화적 언어로 설명되어 있다. 이러한 신약성경의 신화는 유대교적 묵시문학과 영지주의의 '이원론적 세계' 이해에서 비롯한다.

이 이원론에 의하면 현세계와 그 안에 살고 있는 인간은 악귀와 악마적인 세력에 지배되므로 해탈을 필요로 한다. 그러나 해탈은 인간 스스로 달성할 수 없고, 신의 관여를 통해서 선사받는 것이다. 유대교 묵시문학과 영지주의의 해탈신화는 둘 다 인간을 구원하는 신의 행위를 말한다.…이 두 신화의 본뜻도 객관화된 표현에 있는 것이 아니다. 그 안에 있는 실존이해를 향해, 즉 실존론적으로 해석되어야 한다.…그러므로 신약성서의 이원론적 신화도 실존론적으로 해석하는 것이 우리의 과제이다.[1]

계몽주의를 거치며 근대 과학적 우주관이 보편화되며 신약성경이 전제하고 있는 3중의 우주 모형이 파괴되었다. 따라서 불트만이 판단하기에 신약성경 속 선포의 타당성을 유지하는 길은 신화 속에서 실존론적 의미를 발견하는 것이고, 이를 위해 비신화화는 선택이 아니라 필수다.

실존주의 학풍이 강했던 20세기 초반 독일의 마르부르크와 달리, 루이스가 교육받았던 영국의 옥스퍼드 대학교에서는 신화가 전달하는 추상적 메시지보다 '이야기'를 더 강조하고 신화가 청자나 독자에게 끼치는 '영향력'에 주의를 기울이는 분위기였다.[2] 게다가 루이스의 전공이 철학이나 신학이 아니라 문학인만큼 신화의 문학적 양식과 효과에 더 관심을 가질 수밖에 없었다. 무엇보다도 루이스를 그리스도인으로 만든 것은 복음서에서 추출된 보편적 메시지가 아니라 신화적 상상력이었다. 이 잊지 못할 회심 사건을 기념하듯 자신의 영적 여정을 알레고리화한 『순례자의 귀향』에서 루이스는 신비에 싸인 목소리를 등장시킨다.

[신화는] 사실이 아니라 진실을 담고 있지. 현실과 거리가 있어 보이는 이미지다. 그러나 그것은 나의 신화다.…나의 신화는 내가 만든 것이요, 나는 이것을 베일처럼 덮어쓰고 나타나기로 처음부터

선택했다. 나는 네가 나의 얼굴을 보고 살게 하고자 네게 감각을 주었고 상상력을 주었다. 무엇을 갖기 원하느냐? 이교도들 사이에서 세멜레의 이야기를 듣지 못했느냐? 아니, 어느 땅을 막론하고, 곡물과 포도주가 죽었다가 살아나는 신의 피와 살임을 사람들이 몰랐던 시대가 있느냐?[3]

불트만과 루이스 모두 자신만의 관심사와 방법을 가지고 과학적 세계관에서 '신약성경의 신화'를 구출하려 했다. 하지만 루이스가 성육신이 참된 신화임을 깨닫고 그리스도인이 된 1931년은 불트만이 신약성경의 비신화화라는 논쟁적 주제를 던지기 훨씬 이전이었다. 루이스는 이후 불트만의 비신화화를 접하고 상당히 부정적인 반응을 보였다. 루이스는 고대 신화의 풍미를 무시하고 신화를 '실존철학'의 언어로 재해석하려는 불트만의 시도가 몹시 못마땅했다. 루이스 사후 출판된 『개인 기도』에서도 그가 끝까지 불트만에게 섭섭한 마음을 품었음을 알 수 있다.

하나님의 발자국은 바위나 광물 찌꺼기 더미보다는 옥토에서 더욱 잘 보이네. 그렇기 때문에 소위 말하는 기독교의 '비신화화'de-mythologing는 '재신화화're-mythologing가 되기 십상이야. 빈약한 신화가 풍부한 신화를 대체하는 꼴이지.[4]

---

1 루돌프 불트만, "신약성서와 신화", 『학문과 실존 II』, 허혁 옮김(서울: 성광문화사, 1980), pp. 76-77.

2   참고. Alister McGrath, *The Intellectual World of C. S. Lewis* (Oxford: Wiley-Blackwell, 2014), pp. 57-59.
3   C. S. 루이스, 『순례자의 귀향: 이성, 신앙, 낭만주의에 대한 알레고리적 옹호서』, 홍종락 옮김(서울: 홍성사, 2013), pp. 249-250. 세멜레는 제우스의 아이를 가졌다 제우스의 오해로 죽임당한다. 제우스는 죽은 세멜레의 뱃속에서 아기 디오니소스를 꺼내 키운다. 여기에도 루이스의 신화관에서 핵심적 위치를 차지하는 죽음과 재생이라는 주제가 자리해 있다.
4   인용문에서 바위나 광물 찌꺼기는 '추상적 사고'를, 옥토는 성경의 '감각적·유기적·인격적 이미지'를 상징한다. C. S. 루이스, 『개인 기도』, 홍종락 옮김(서울: 홍성사, 2019), pp. 79-80. 다음 편지에서도 불트만의 실존주의적 성경 해석에 대한 비판이 예기되고 있다. 1959년 1월 16일 메리 밴 듀센 부인에게 보낸 편지. C. S. Lewis, *Collected Letters, Vol. III: Narnia, Cambridge, and Joy, 1950-1963*, ed. Walter Hooper (New York: HarperCollins, 2007), pp. 1011-1012.

❈ 하나님의 말씀인 성경의 권위 ❈

루이스는 성경을 "거룩한 책, 영감으로 된 책, 성 바울의 표현에 의하면 하나님의 말씀"[12]으로 보았다. 성경 66권을 기록한 다수의 '인간 저자'와 이들을 감동시켰던 성령이라는 '신적 저자' 모두 중요하다. 인간 저자에게 작용한 하나님의 영감inspiration에 대한 강조 때문에 때로 그는 근본주의자로 오해받았지만, 오히려 근본주의자들은 인간 저자의 개성을 강조한 루이스의 입장을 자유주의 신학과 타협한 결과로 보았다. 이러한 상반된 평가를 뒤로하고 루이스가 생각한 영감설의 진의를 파악해 보자.

루이스는 성경이라는 고대 문서가 초자연적 기적 이야기를 포함하므로 비역사적이라고 단정하던 근대의 환원주의적 사고를 거부했다.[13] 당시 상당수 성서학자가 기적은 일어나지 않는다는 전제를 공유하여, 기적을 증언한다는 이유로 텍스트의 역사적 개연성이 떨어진다고 평가하곤 했다. 그러나 루이스가 볼 때 이들은 기적에 대한 '철학적' 논의와 텍스트의 개연성을 따지는 '역사학'의 범주를 혼동하고 있었다. 역사 속에서 기적의 발생 여부를 판단하는 것은 문헌학이나 성서학이 아니라 '철학적'인 문제이며, 기적이 일어나지 않는다는 견해를 지지할 충분한 철학적 근거도 존재하지 않는다.[14] 그렇다고 근본주의자가 주장하듯 "성경에 담겨 있는 모든 명제적 진술이 문자적으로나 역사적으로나 완벽한 사실"[15]임을 무조건 믿어야 한다는 것도 부적절하다. 성경에 여러 책이 있는 만큼 그 역사성에도 다양한 층위가 존재한다. 예를 들면, 복음서에 나오는 예수 그리스도의 부활이 역사적 사건임을 인정한다고 해서, 동일선상에서 구약성경의 전쟁 이야기에 등장하는 병사 수를 역사적으로 정확한 숫자라고 단정할 수는 없다.[16] 기독교 신앙은 부활 사건의 역사성에 기초하지만, 소금 기둥으로 변한 롯의 아내 이야기의 개연성에는 의지하지 않는다.[17] 비록 성경이 한 분 성령의 영감을 통해 하나님의 말씀을 전달함으로써 통일성을 가진다지만, 마치 단 한 명의 저자가 성경 전체를 다 쓴 것인 양 각 책 특유의 개성과 역사성을 구별하지 않고 읽으려 해서는 안 된다.[18]

근본주의와 역사비평 모두로부터 거리를 두면서, 루이스는 '기독론적'인, 더 정확하게는 '성육신적'인 영감설을 전개했다. "성경이 아니라 그리스도 자신이 하나님의 참 말씀"[19]이기에, 하나님의 말씀으로서 성경의 권위는 참 하나님의 말씀인 예수 그리스도에 기초한다. 따라서 성경의 권위를 정의하는 기본 틀은 '말씀이 육신이 된 역사적 사건'이어야지 인간의 머리가 만들어 낸 '권위 이론'이어서는 안 된다. 한 편지에서 루이스는 성경의 권위를 이렇게 설명한다. "나는 [영감설]이 성육신과 유비적이라고 생각합니다. 말하자면 그리스도 안에서 인간의 영과 육이 들어 올려져서 신성의 매개로 만들어졌듯, 성경 안에서도 인간의 전설, 역사, 도덕적 가르침 등의 다양한 것들이 들어 올려져서 하나님 말씀의 매개가 되었습니다."[20] 달리 말하면, 고대 문명의 상징이나 문학적 이야기, 철학의 개념도 하나님 말씀을 전달하는 새로운 목적을 감당하도록 성령에 의해 '사용'될 수 있다. 성경의 저자나 편집자가 여러 자료를 모으고 글을 쓰고 다듬는 과정 속에서, 비록 의식하지는 못했더라도 그들은 자신의 글이 더 깊고 큰 목적을 위해 사용되게 할 "신적인 압박"divine pressure[21] 속에서 작업했다.

그렇다면 이 신적 압박은 성경의 저자와 편집자에게 어떻게 작용했을까? 루이스가 재구성했던 고대 근동의 창조 신화에서 창세기 1-2장의 독특한 구조와 내용이 유래한 과정을 통해 살펴보자. 우선 루이스는 "언제 어디서든 좋은 작품은 빛들의 아버지 되신 분의 원조 없이는 만들어질 수 없는 법"[22]임을 환기한다. 고대 신화가 비기독교적이라 하더라도 이것은 그리스도 탄생 이전 사람들에게 하나님이 주신, 파편적이지만 희미하게나마 진리가 담긴 이야기다. 그래서인지 학문적으로 훈련받지 않은 눈으로 보더라도 고대 근동 창조 신화와 창세기 1-2장에서 나타나는 우주관은 매우 유사하다.[23] 일례로 바벨론의 창조 신화인 "에누마 엘리쉬"*Enuma Elish*('높은 곳에서'라는 뜻)와 구약성경의 창세기가 세계의 기원에 관해 보고하는 내용과 방식은 상당히 비슷하다. 둘은 창조의 순서, 창조 이전의 흑암 상태, 물의 분할, 태양과 달의 창조 이전에 존재하는 빛 등의 주제를 공유한다.[24]

하지만 자세히 살펴보면 고대 근동의 창조 신화와 창세기가 보여 주는 신과 우주의 모습 사이에는 큰 차이도 있다. 루이스가 볼 때 이러한 '차이'는 이야기 전달 과정에서 함께했던 성령의 '압박' 때문에 생겼다. 유사한 고대의 이야기가 시간이 흐르며 다르게 '진화'하는 과정은 이렇게 구분해 볼 수 있다.

1. 작가나 이야기꾼은 본인이 들은 이야기를 전할 때 이야기를 '반복'할 뿐 아니라 '변화'시킨다.
2. 이야기가 '변화'할 때 두 가지 가능성이 있다.
   2-1. 저자가 본인의 창조성과 윤리관 등을 주입하거나, 전혀 다른 독자층을 염두에 두고 '의식적'으로 이야기를 바꾸는 경우가 있다.
   2-2. 기억력 문제, 삶의 철학의 변화, 새로운 세계관으로의 편입 등이 불러온 '무의식적' 변화가 있을 수도 있다.
3. 이야기의 의식적·무의식적 진화 과정 속에서 성령은 기존의 이야기가 '원래 의도를 넘어' 하나님의 말씀을 담도록 들어 올리실 수 있다.[25]

따라서 고대 근동의 창조 서사시 "에누마 엘리쉬"와 창세기 1-2장이 유사한 우주관을 공유하지만,[26] 창조신 마르두크가 다른 신들과의 참혹한 전투를 통해 힘을 얻어 가며 최고신으로 등극하는 과정을 다룬 "에누마 엘리쉬"와 달리, 성경은 하나님의 형상으로 창조된 인간의 존엄과 전 우주가 함께 하나님의 안식에 참여하는 구원론적 비전을 궁극적으로 보여 준다.

결론적으로 말하면, 성육신적 영감설은 근본주의에서 간과하기 쉬운 성경 속 '인간적 특성'에 더 주의를 기울이게 한다. 또한, 이런 관점은 고대 문학이 하나님의 말씀으로 둔갑했다는 근대 역사비평을 넘어서서, 다양한 문학을 들어 쓰시면서까지 인간에게 자신을 스스로 알리고자 하시는 하나님의 갈망을 보게 한다. 물론 전문 신학자가 아닌 루이스가 남긴 단편적 글에서 성경의 권위에 대한 정교하거나 포괄적인 이론을 기대할 수는 없다. 하지만 그가 남긴 불완전한 성경론은 성육신에 대한 깊은 성찰과 문헌학자로서 텍스트를 읽던 섬세한 눈과 풍부한 경험이 어우러져 나온 결과물이라고 할 수 있다.[27]

> 더 생각할 거리
> ## 성육신과 성경의 권위
>
> 그리스도인은 성경을 하나님의 말씀이라 믿는다(딤후 3:16 등). 요한복음에서는 예수 그리스도를 하나님의 말씀이라 소개한다(요 1:1). 이렇게 예수 그리스도와 성경 모두가 하나님의 말씀이다. 하지만 더 근원적인 의미에서 하나님의 말씀은 '거룩한 책'이 아니라 인간이 되신 하나님인 '예수 그리스도'다. 루이스도 "진정한 하나님의 말씀은 성경이 아니라 그리스도"[1]라고 하지 않았던가. 따라서 하나님의 말씀으로서 성경의 권위는 참 하나님의 말씀인 그

리스도에게서 나온 권위, 특별히 66권의 책이 그리스도를 진실하게 증언하도록 성령께서 허락하신 권위다.

그리스도와 성경 모두가 하나님의 말씀이기에 초기 교회 이래 지금까지 성경의 권위를 설명할 때 별도의 이미지와 언어, 논리를 만드는 대신 성육신을 유비로 사용하는 신학자들이 있었다. 일례로 카파도키아 출신 교부인 니사의 그레고리오스는 '섞음'이라는 뜻의 그리스어 '아나크라시스'anakrasis를 가지고 그리스도 안의 신성과 인성의 결합을 표현했다.² 그런데 그는 성경에서 신적 로고스가 인간의 언어와 불가분의 관계에 있음을 설명할 때도 같은 단어를 사용했다.³ 물론 그리스도의 신성과 인성의 구분됨을 잘 보여 주지 못할 수도 있는 '아나크라시스'가 적절한 기독론적 개념인지에 관한 논쟁이 뒤따랐지만, 성경의 권위를 성육신의 신비를 빌어 설명하는 방식은 지금껏 기독교 역사에 광범위한 영향을 끼쳤다.

성육신의 유비는 보수적 성향의 현대 복음주의 신학계의 성경론에서도 발견된다. 1978년 영어권 복음주의자들이 성경의 권위와 무오성에 대한 믿음을 공개적으로 천명하고자 "성경 무오에 관한 시카고 선언"Chicago Statement of Biblical Inerrancy을 발표했다. 이후 1982년에 다시 모인 복음주의자들은 하나님 말씀인 성경을 어떻게 해석해야 할지에 대한 견해를 모아 "성경 해석학에 관한 시카고 선언"Chicago Statement of Biblical Hermeneutics이라는 문서를 작성했다. 이 선언문의 2항은 다음과 같다.⁴

우리는 그리스도가 한 인격 안의 하나님이자 인간이시듯, 성경은 인간 언어와 나뉘지 않는 하나님 말씀임을 확언한다.

우리는 그리스도의 인간성이 그분의 겸비 속에서도 죄를 포함할 수 없었던 것과 마찬가지로, 성경의 겸손하고 인간적인 형태가 오류를 포함한다는 것을 거부한다.

이러한 성육신 유비에 따르면 그리스도의 신성과 인성의 관계처럼 성경에도 하나님의 말씀과 인간의 언어가 "혼동되지도, 변화되지도, 분리되지도, 나뉘지도"[5] 않게 결합하고 있다. 이 지점에서 주의를 기울여야 한다. 초기 교회 시기 그리스도의 본성을 논할 때마다 극단적 주장을 펼치던 이단이 있었다. 그렇다면 당시 이단이 된 입장과 유사한 극단화된 형태의 성경관도 알게 모르게 출몰하지는 않았을까?

우선, 가현설Docetism로 보면 하나님의 아들은 진정으로 인간이 된 것이 아니라 잠시 인간 몸을 빌렸을 뿐이다. 이와 유사하게, 성경을 여러 인간 저자가 썼다는 것은 인정하더라도 그건 하나님이 그들을 펜처럼 도구로 잠깐 쓰셨을 뿐 성경의 저자는 궁극적으로 하나님이라는 '가현설적 성경관'이 있다. 우리 주위에도 널리 퍼져 있는 이러한 입장은 성경이 담고 있는 다양한 인간의 언어, 역사, 철학, 문화, 문학 양식을 압살할 위험이 있다.[6]

반면 양자설Adoptionism은 예수가 태어났을 때는 보통 인간이었지만 생애의 특정 시점에 하나님의 아들이 되었다고 주장한다. 마찬가지로 성경은 인간이 쓴 고대 문서였다가 교회가 제도화되면서 공의회의 필요와 결정에 따라 수정되고 편집되며 신앙의 규범으로서 권위를 얻게 되었다는 주장이 있다. 이러한 '양자설적 성경관'은 역사적 문서라는 성경의 인간성에 묶여 하나님의 계시라는 성경의 본질은 약화되는 또 다른 일방적인 독해법으로 빠질 수 있다.

초기 교회 기독론 가운데 이단이었던 가현설과 양자설은 모양을 조금씩 바꾸며 교회 역사에 끊임없이 출몰했다. 마찬가지로 가현설적 성경관과 양자설적 성경관도 의식적으로든 무의식적으로든 우리의 성경 해석 방식에 계속 나타날 것이다. 비록 성육신의 신비를 우리가 온전히 설명하지는 못할지라도, 그리스도의 신성과 인성의 결합은 인간의 노력이 아니라 성령의 기적으로 이루어졌음을 기억하는 것은 언제나 중요하다. 마찬가지로 하나님과 인간이 오랜 기간 함께 써 내려간 성경을 적절히 읽어 내는 지혜와 기술을 성령의 조명 없이 습득하기란 어려움도 명심할 필요가 있다. 하나님 아들의 겸비謙卑를 보여 주는 성육신의 빛 아래서 보았을 때, 성경이 어떤 책이고 성경을 어떻게 해석할지를 우리의 '겸손' 없이 제대로 알 길이 없지 않은가.

1 1952년 11월 8일 존슨 부인에게 보낸 편지. C. S. Lewis, *Collected Letters, Vol. III: Narnia, Cambridge, and Joy, 1950-1963*, ed. Walter Hooper (New York: HarperCollins, 2007), p. 246.
2 대표적으로 다음을 보라. Gregory of Nyssa, *Contra Eunomium*, III.3.44.
3 참고. Vasile Mihoc, "An Example of Late Patristic Use and Interpretation of

Holy Scripture: St. Maximus Confessor", in *Begegnungen in Vergangenheit und Gegenwart*, ed. Claudia Rammelt, Cornelia Schlarb and Egbert Schlarb (Berlin: LIT, 2017), p. 101.
4   "Chicago Statement on Biblical Hermeneutics." http://www.bible-researcher.com/chicago2.html(2020. 6. 23. 최종 접속).
5   이는 451년 칼케돈 공의회에서 그리스도의 신성과 인성의 관계를 표현하고자 사용한 문구다.
6   엔즈는 고대 근동학의 결과물을 외면하는 복음주의가 이러한 '가현설적 성서관'에 빠져 있지 않은지 비판적으로 질문한다. 피터 엔즈, 『성육신의 관점에서 본 성경 영감설: 최신 구약학이 복음주의 성경관에 주는 도전과 복음주의적 대답』, 김구원 옮김 (서울: 기독교문서선교회, 2006), pp. 24-25.

❋ 성경 해석의 어려움과 유익 ❋

성육신적 관점에서 볼 때 성경의 인간성과 성령의 영감은 신비롭게 공존한다. 하나님이 나사렛 예수의 육신을 들어 올리셨어도 그의 인간성의 본질이 소멸하지 않았던 것처럼,[28] 성경의 원재료가 가졌던 인간적 요소도 하나님 말씀인 성경에 남아 있다. 하지만 이러한 성경의 인간성이 우리를 당혹하게 한다. 다양한 인간 저자의 고유한 개성을 억누르지 않고 들어 쓰시는 성령의 영감 때문에, 신실한 독자의 기대와 달리 성경은 일관성과 논리적 아름다움을 갖춘 매끈한 책이 아니다. 성경은 "하나님의 말씀과 그 인간적 재료들의 삐꺽거리는 마찰"[29]을 일으키는 '우둘투둘한 텍스트'다. 성경의 형성과 해석에 대한 총체적 인식을 가질 수 없는 유한한 독자는 성경의 원재료가 가진 인간적 요소들 때문에 해석의 어려움에 빠질 수밖에 없다.[30] 루이스는 이렇게 말한다.

어떠한 불완전도 없는 우리 주님의 가르침도, 우리가 기대했을 법한 논리정연하고 똑떨어지고 체계적인 형태로 우리에게 주어지지 않았다는 사실을 주목할 필요가 있습니다. 그분은 책을 쓰시지 않았습니다.…우리는 [그분의] 말씀들을 모아 하나의 체계 속으로 정리해 넣을 수 없습니다.…그분은 우리가 원하는 방식대로 '규정되지' 않는 분이십니다. 그런 시도는(이번에도 불경하게 보지 마시기를) 마치 햇살을 병 속에 담으려는 것과 같습니다.[31]

루이스가 볼 때 구약성경은 역사적 개연성을 판단하기 더욱 어렵고, 심지어 고대 근동 신화와 유사한 부분도 많다. 하지만 성경 내에 서로 불일치하는 부분이 있거나 성경이 고대 근동의 문학 양식을 사용했더라도 성경의 권위가 훼손되지는 않는다. 성령의 영감을 받는다는 것은 "성스러운 신화, 성스러운 픽션, 성스러운 역사를 가진다는 점"[32]을 포용한다는 것이기에, 영감설은 성경 내의 다양성과 모호성을 인정하는 개념이다. 따라서 우리가 생각하는 '진리'나 '오류 없음'inerrancy이라는 추상적 개념을 가지고 하나님의 말씀인 성경을 강박적으로 해석해서는 안 된다.

심지어 루이스는 거룩한 책인 성경의 가치를 '불완전해 보인다는 사실' 그 자체에서 찾는다. 성경의 인간성으로 인해 본문에서 나타나는 난해함과 모호성은 억지로 설명하고 풀어낼 대상이 아니라, 불완전한 인간이 하나님의 말씀을 받아들이기 위한 필수 요소다. 성경이 주는 그 불편함 때문에 우리는 신문이나 학술 논문이나 소설처럼 성경을 읽어 낼 수는 없다. 오히려 성경은 "반복적으로 느긋하게 읽지 않으면, 또한 양심과 비판적 지성을 통한 판단력을 갖고 읽지 않으면"33 안 된다. 그 이유는 하나님 말씀인 성경은 지적 동의나 지식의 확장이나 감정이입이 아니라 독자의 '전인적 응답'을 궁극적으로 요구하기 때문이다. 따라서 성경을 읽을 때는 과학 지식을 얻고 역사적 정보를 발견하고 문학적 기쁨을 얻고자 하는 것이 아니라, "어떤 인격 속에 자신을 푹 담금으로써 새로운 시야와 기풍을 얻고, 새로운 공기를 호흡하며, 그분의 방법대로 우리 안에 허물어진 그분의 형상을 다시 세우도록 자신을 그분께 [맡기는]"34 것이 중요하다.

마치 예수 그리스도의 인간성에 우리가 참여하여 하나님과 연합을 누리듯, 성경의 인간적 특성은 성경 텍스트를 통해 말씀하시는 하나님을 만나게 되는 계기가 된다. 성경의 뜻을 꿰뚫겠다는 '나의' 인식론적 강박을 버리고 성경에 서서히 잠겨 협소한 마음을 확장할 때, 성경은 정보의 저장고가 아니라 이 땅에 드리운 하나님을 만나는 공간이 된다. 따라서 문자를 넘어 성경을 통해 우리에게 말을 건네는 분을 만나는 것이 성경 해석의 궁극적 목적이다. "문자에 얽매이는 사람들의 눈에는, 그분은 늘 알쏭달쏭하기만 한 교사일 것입니다. 체계는 섬광처럼 지나가는 그 빛을 따라잡을 수 없습니다. 우리의 온 마음보다 넓지 못한 그물로는, 사랑보다 정교하지 못한 그물로는 결코 그 신성한 물고기[주: 예수 그리스도의 상징]를 잡을 수 없습니다."35 성경은 그 권위가 '성령의 영감'에 있다는 점에서도 다른 책들과 다르지만, 우리의 지성과 상상력과 감정 모두를 아우르는 '전인으로 참여하는 독서'를 요구한다는 점에서도 구분된다. 성경의 낯섦을 새롭게 발견함으로써 독자의 오장육부까지 설득해 내는 독서법에 이르는 것, 이것이 루이스의 성경론이 궁극적으로 지향하는 바다.

> 더 생각할 거리
> **책을 위하여 자기 목숨을 잃는 자는**

예수 그리스도께서는 "나를 위하여 자기 목숨을 잃는 자는 얻으리라"(마 10:39)라고 말씀하셨다. 이 엄청나게 도전적인 생명과 죽음의 신비를 어떻게 이해해야 할까. 이와 유사하게 루이스는 독서할 때 자아가 죽으며 더 풍성한 생명을 얻게 되리라고 말한다. 물론 루이스가 '문학' 독자를 대상으로 한 설명이지만, 책을 읽는 사람 모두에게 적용될 법한 이야기다. 독서란 자아를 강하게 하고 똑똑하게 만들기 위해 하는 일이 아니다. 독서의 일차적 비밀은 좋은 책 속에 자아를 죽이는 자객이 숨어 있다는 데 있다. 하지만 책을 자기식대로 읽는 사람은 그런 위험이 있는 줄도 모르고 책장을 넘길 것이고, 자객 역시 굳이 그런 사람의 목숨은 빼앗으려 하지 않는다.

『오독』의 도입부에서 루이스는 좋은 독서가(혹은 문학적인 사람)의 특징을 몇 가지 제시한다. 독서를 여러 활동 중에서도 특별히 중요시한다, 양서라면 같은 책도 여러 번 읽을 수 있다, 책을 세상을 바라보는 틀로 삼는다 등은 누구나 예측 가능한 특징일 것이다. 그런데 상식적으로 이해하기 힘들 수도 있는 낯설고 불편한(?) 특징이 훌륭한 독서가에게서 발견된다. 그것은 바로 "사랑,

종교, 사별[1]과 같은 강렬한 경험을 좋은 책을 읽다가 느낀다는 점이다. 이러한 '죽음'을 거치기 때문에 독서 후 의식의 변화가 일어나고, 이전과는 다른 사람이 될 수 있다.

책은 어떤 의미에서 '창문' 혹은 '문'과 같다. 개인으로서 인간에게는 자신이 가지지 못한 다른 시점과 상상력과 정서를 체험하고 싶은 욕망이 있다. 이러한 근원적 욕망에 주의를 기울이지 않고 자기만의 관점과 생각과 감정만 고수하다 보면 자아의 감옥에 갇혀 인간다움을 잊어 간다. 인간은 자아 밖을 바라볼 수 있는 '창' 혹은 새로운 조망을 선사해 줄 곳으로 들어갈 '문'을 찾는 존재다. 따라서 좋은 책을 읽고 났을 때 우리는 '빠져나왔구나' 혹은 '들어왔구나' 하는 신비한 느낌을 받게 된다.[2] 책의 세계로 들어가면서 내게 유리한 방식으로 세계를 이해하던 습관에서 해방된다. 그러면서 책에 현존하면서도 책을 넘어서는 위대한 정신과 만나게 된다. 그렇기에 독서란 익숙했던 자아를 흘려보내고 여러 작가에 기대어 다중적 시선으로 세계를 바라봄으로써 자신을 더 크게 채워 가는 과정이다.

자기 자신으로만 만족하는 사람, 그리하여 작은 자아로 만족하는 사람은 감옥에 갇혀 있습니다. 저는 제 눈만으로 충분하지 않고 다른 이들의 눈을 통해서도 볼 것입니다. 많은 이들의 눈을 통해 바라본 현실도 충분하지 않습니다. 그래서 다른 이들이 지어낸 것도 볼 것입니다. 그러나 모든 인류의 눈을 다 모은다 해도 충분하지 않습니다. 짐승들이 책을 쓸 수 없는 것이 애석합니다. 쥐나 벌

에게 세상이 어떤 모습으로 다가오는지 알 수만 있다면 저는 기꺼이 배우고 싶습니다.[3]

독서란 이제껏 사는 데 큰 불편함 없던 자아를 떠나보내는 작업이기에 낯설고 힘든 활동이지만, 자신을 새롭게 채워 가는 과정이기에 비교할 수 없는 기쁨을 선사하기도 한다(이 기쁨은 책의 재미와는 다른 범주에 속한다). 따라서 좋은 책을 진실하게 읽고 나면 "독자는 생각했던 것과 다른 장소에 들어선 자신을 발견하게 된다."[4] 옛 자아로서는 꿈꿀 수 없던 삶의 가능성을 자기도 모르게 얻은, 새로운 시각과 언어와 풍미를 지닌 존재가 책을 통해 빚어진다.

이러한 관점에서 보면, 하나님의 말씀인 성경을 열심히 읽는다고 혹은 성경 공부를 열심히 한다고 만사가 해결되지 않는다. 오히려 성경이 특별한 권위를 가진 책인 만큼, 평소에 다른 책은 안 읽는 사람이 성경만 열심히 읽다가 하나님의 말씀을 소유했다는 독단과 착각에 빠질 위험도 크다. 그러다 보면 성경을 자신의 필요에 따라 읽거나, 욕심에 봉사하는 도구로 삼거나, 적대자들을 처단하는 무기로 사용할 가능성도 함께 커진다. 성경의 권위를 인정하는 믿음만큼이나 좋은 독서가가 되려는 노력도 중요하다.

---

1 C. S. 루이스, 『오독: 문학 비평의 실험』, 홍종락 옮김(서울: 홍성사, 2017), p. 9.
2 같은 책, p. 173.
3 같은 책, p. 175.
4 홍종락, 『오리지널 에필로그: 번역가 홍종락의 C. S. 루이스 에세이』(서울: 홍성사, 2019), p. 254.

❋ 신화를 만드는 하나님, 신화를 담은 성경 ❋

루이스의 성경론이 가진 모호성은 한편으로는 그가 '다른'other 일반 서적을 다루듯 문학적으로 성경에 접근하지만, 다른 한편으로는 그가 성경을 일반 책과 '다른'different 특별한 권위와 목적을 가진 책으로 읽고 있다는 데 있다.[36] 이런 이중적 태도 때문에 그의 성경론을 체계적으로 서술하기 쉽지 않다. 하지만 루이스는 성경에 관한 '이론'이 아니라, 성경이 말하고자 했던 그 '무엇'에 더 관심이 많았음을 기억할 필요가 있다.[37] 잘 만들어진 성경론이 아니라, 성경을 통해 하나님의 말씀이 어떻게 전달되는지, '눈으로 말씀을 들을 때' 어떤 일이 일어나는지가 더 중요하다.

성경에 대해 루이스가 가졌던 태도를 고려한다면, "함께 보는 것"look along과 "쳐다보는 것"look at의 구분법을 성경론에도 적용할 필요가 있다.[38] 성경 자체를 보는 것looking at이 성경을 읽는 궁극적 이유가 되어서는 안 된다. 성경을 읽을 때 성경 본문에 적혀 있는 내용이나 배경 역사에 관한 지식을 얻는 데 그쳐서는 안 되고, 성경과 더불어looking along 자아 밖을 바라보는 '탈아적'脫我的 경험까지 이어져야 한다. 성경을 통해 예언자와 사도들과 더불어 볼 때 우리는 자기 중심적 관점에서 해방되어 창조세계를 그윽이 바라보시는 자비로운 하나님의 시선에 참여하게 된다. 달리 말하면, 성경을 읽는다는 것은 일상에서 하나님을 만나도록 상상력을 거룩하게 물들이고 이성을 훈련하며 신앙의 지평을 넓혀 감으로써, 나와 세계를 새롭게 대면하는 성숙과 배움의 과정이다.

물론 동서고금의 양서를 진지하게 읽을 때도 독자에게 유의미한 변화가 찾아온다. 그렇다면 성경 읽기는 어떠한 점에서 다른 독서 경험과 구분되는 특별한 전인적 변화를 일으킬 수 있을까? 다른 무엇보다 루이스는 성경의 '신화' 때문에 고유한 만남과 변화의 경험이 일어난다고 보았다. 그는 구약의 창세기에 고대 근동의 창조 신화와 유사한 '신화적' 요소가 있음을 인정했고, 복음서에는 죽음과 재생이라는 '신화'의 근본 구조가 있다고 보았다. 이러한 '신화적' 방식을 통해 하나님은 단지 인간의 지적 능력에 호소하는 것이 아니라, 상상력을 확장하여 영혼과 몸 전체의 통전적 반응을 이끌어 내시면서 인간을 새로운 존재로 빚으신다. 따라서 성경을 통해 자기를 계시하시는 하나님이 신화를 만드는 mytho-poeic 창조주라면, 인간은 성경을 통해 거룩한 신화를 받음으로써 mytho-pathic 영적 자양분을 얻는 피조물이다.[39] 즉, 하나님의 말씀인 성경에 들어 있는 신화는 "무수한 신화 중에서 영적 진리를 전달하기 위해 하나님이 특별히 선택하신 신화"[40]다. 하나님이 성경을 과학책과 같이 논리적이고 체계적인 이론서로 만드시지 않고 여러 상징과 암시와 이미지가 난무하는 이야기를 듬뿍 담은 책으로 우리에게 선사하신 이유를 여기서 찾을 수 있다.

구약성경이나 다른 고대 문헌에 기록된 옛 종교의 시끌벅적한 모습과 기묘한 신화론적 사고는 오늘날 기독교나 다른 종교가 보이는 세련되고 조직적인 모습과 차이가 있다. 고대부터 세대를 거듭하며 인간의 추상적 사고가 발전하면서, 종교 역시 고대와는 다른 형태로 변화했다.[41] 물론 종교가 단순한 상태에서 추상적 모습으로 점차 진화한다는 것은 당시에 유행했던 이론이고, 루이스 자신도 이러한 생각을 어느 정도 가지고 있었다. 하지만 그리스도인이 된 후 루이스는 이 '진화 과정'이 우발적으로 일어난 것이 아니라 그 속에 인류의 성숙을 위한 하나님의 특별한 교육 방법이 은밀히 들어 있다고 보았다. 그렇다면 성경 속 신화적 요소 역시 하나님의 '전체적 교육 과정'이라는 넓은 시각에서 보아야 한다. 성경에 고대의 신화적 이야기가 우연히 개입된 것이 아니라, "[이스라엘이] 선택된 백성이었기에, 그들의 신화도 선택된 신화였다."[42] 다른 고대 종교와 별 차이도 없고 그다지 윤리적이지도 않았던 이스라엘의 야웨 신앙은 시간이 흐르며 점점 하나님의 본성을 역사에 더욱 진실하게 반영해 갔다. 특별히 예언자를 통해 이스라엘은 하나님을 더 알아 가면서 제사보다 윤리를 더욱더 강조하게 되었고, 정의와 사랑과 지혜 등의 신적 속성도 발견했다.[43] 하나님이 인류에게 자기를 소개하시는 계시의 느릿하고 점진적인 과정은 결국 '신화가 완전한 역사적 진리'가 되는 성육신에서 정점에 이르렀다.

하나님 아들의 성육신은 "단순히 종교적이고 역사적인 응답뿐 아니라, 상상력의 응답"[44]을 요구하기에, 성육신 교리는 '신화 같은' 모습을 고이 간직하고 있다. 외부 세계를 경험하는 인간의 지성과 경험의 습관은 하나님이나 계시마저 세계의 수많은 대상 중 하나인 것처럼 대하게 만들 위험이 있다. 하지만 신화는 그런 무의식적인 정신 활동과 인습적 사고 유형에 제동을 건다. "성육신 교리가 우리 지성에 호소하는 방식은…전혀 다릅니다. 그 교리는 이면을 파고 들어가며, 전혀 기대하지 못했던 경로를 통해 우리의 나머지 지식과 결국 통하며, 우리가 품고 있던 가장 심오한 생각들…과 가장 잘 조화를 이루며, 그런 생각들과 하나 되어, 그간 우리가 지녀 온 피상적 견해들을 토대부터 허물어뜨립니다."[45] 따라서 그리스도의 성육신과 죽음과 부활은 제거되거나 비신화화되어야 할 미신적 요소가 아니다. 이 낯선 이야기는 시대정신에 잡혀 있거나, 자기 세계에 머물기 만족하거나, 얄팍한 합리주의에 중독되었거나, 체험을 절대화하려는 인간의 굳어 버린 정신에 진리를 맛볼 수 있는 자유를 준다.

더 넓은 시각에서 보자면, 성경의 다양성과 낯섦은 태곳적부터 시작된 하나님의 길고도 신비한 교육 과정을 보여 준다. 성경은 단지 눈으로 읽고 머리로 이해하는 책이 아니라, 하나님이 여러 인간 저자를 통해 펼쳐 놓은 낯설고 신비로운 세계에 들어가도록 인도하는 책이다. 특별히 신화라는 지극히 인간적이고 낯선 문학 양식 때문에, 인류는 성경을 오랫동안 천천히 다양한 방식으로 읽으려 노력해 왔다. 신화로 희미하게 주어졌던 진리가 성육신에서 사실이 될 때까지의 역사는, 인류를 느긋이 기다리시며 인류가 하나님 자신과 맺는 교제를 향유하는 존재로 성숙하기를 갈망하시는 하나님의 자비로운 본성을 알려 준다. 현대의 독자 역시 성경을 읽을 때 하나님의 부분적인 자기 계시를 받았던 이스라엘의 체험을 뒤따르며 궁극적으로 완전한 계시인 그리스도를 통해 참 하나님을 만나도록 초청받는다.

더 생각할 거리
완전한 하나님의 불완전한 계시

19세기 유럽에서 문화인류학, 고고학, 고전문학 등의 학문이 발전하면서 고대 문명에서 잉태된 신화와 기독교의 경전인 성경에 유사한 부분이 제법 많다는 '불편한 진실'이 일반인에게도 무차별하게 공개되었다. 사람들은 신화와 비슷해 보이는 하나님 말씀인 성경의 본질을 어떻게 이해해야 할지를 놓고 고민에 빠졌다. 특히 신화라는 양식이 하나님의 계시와 무관하다고 봤던 사람들은 더욱 불편함을 느꼈다. 초기 교회에 신화를 신을 질투한 악마의 창작품이라고 봤던 경건한 사람이 있었다면, 현대에는 신화를 자연을 무서워한 고대인의 창작품이라고 간주하는 냉소적 비판가가 있다는 데 차이가 있을지 모르겠다.

　루이스는 신화에 "신적인 요소와 악마적인 요소와 인간적인 요소"[1]가 공존하기에, 신화 자체를 무조건 거부해서도, 계시와 섣불리 동일시해서도 안 된다고 봤다. 신화는 그 한계에도 불구하고 '하나님이 직접 허락하신' 진리와 유사한 면이 있다. 즉, 참된 생명을 위해서는 죽음을 거쳐야 한다는 기독교적 진리는 '죽음과 재생'에 관한 고대 신화에도 모호하지만 강렬하게 들어 있다. 따라서 진리와 신화의 관계를 단순히 '참/거짓'으로 판단하기에는 무리가 있다. 연못에 비친 밤하늘의 달, 사람들 입을 거치다 소박하게 각색된 연설, 꿈에 나타난 친구 등은 실재가 아님에도 '진짜'로부터 나온 불완전한 반영 혹은 모방이다. 이런 경우에는 '실재가 아니니까 거짓'이라는 단순한 도식을 무조건 적용할 수 없다. 마찬가지로 신화가 온전한 진리가 아니더라도 그저 허구인 것도 아니다. 따라서 루이스는 성경에 고대 신화와 유사한 이야기나 표현이 있을 때, 이를 인류를 다루시고 교육하시고자 다양한 방법을 사용하신 하나님의 섭리라는 넓은 틀에서 보기를 요청한다.

루이스가 자기 입장을 잘 설명한 것 같지만, 사실 이 지점에서 또 다른 심각한 문제가 발생한다. 하나님이 고대인의 수준을 고려하며 자기를 계시하셨다 하더라도, 신화적 표현 자체가 '불완전'한데 이를 '참된' 계시라 할 수 있을까? 신화가 고대인에게 준 것이라 불완전하다면, 성육신 이후 시대에 속한 그리스도인은 '더욱더 참된' 계시를 받았을까? 이 질문에 대한 답은 루이스에게 직접 듣기보다, 그에게 큰 영향을 줬던 맥도널드의 글을 통해 찾아보자.

> 어떤 계시든 부분적일 수밖에 없습니다. 만일 참된 계시라는 이유로 모든 진리를 일러 주어야 한다면, 더 이상 계시는 필요 없을 것입니다. 그렇습니다. 모든 진리를 일러 주는 게 참된 계시라면, 하나님의 독생자도 필요 없을 것입니다. 부분적 계시가 아니면, 그 어떤 계시도 무한하신 하나님의 지극히 높은 영적 상태를 받아들일 수 없기 때문입니다. 그렇기 때문에, 부분적 계시라고 해서 그 계시가 참되지 않은 것은 아닙니다.···더 낮은 영적 상태에 있는 이에겐 더 부분적인 계시가 많은 것을 계시해 주고 오히려 더 완전한 계시가 아무것도 계시해 주지 않을 수 있기 때문입니다.[2]

기독교 신앙의 핵심인 성육신은 완전과 불완전, 참됨과 거짓됨의 의미와 구분을 뒤바꿔 놓는다. 즉, 그리스도의 빛 아래서 재해석된 '부분적'partial이라는 형용사는 '불완전incomplete하면서 참된true'이라는 의미를 새로 얻는다. '그리스도가 하나님의 완전한 계시'이기에 다른 모두는 본질상 '부분적 계시'일 뿐이다. 또한, 하나님이 인간을 '성장하는 존재'로 지으셨기에, '불완전한' 계시는 계속 달라지는 인간의 구체적 상황에 적합하게 맞춰진 '참된' 진리가 될 수 있다. 게다가 "참된 계시는 그 계시에 담긴 진리의 불완전성으로 말미암아 더 많은 것을 알고 싶어 하는 욕구"[3]를 불러일으킨다는 점도 중요하다.

맥도널드가 강조하듯, 하나님은 인간을 그가 처한 '현재 모습'만이 아니라 그가 되어 갈 '미래 상태'까지 함께 고려하시는 분이다. 따라서 '불완전'이라는 속성은 역사적 존재인 인간을 위해 하나님이 계획하신 바다. 부분적 계시는 하나님을 향한 꺼지지 않는 우리의 갈망에 불을 붙이고, 하나님은 그러한 인간이 시행착오를 거치면서도 자라날 넉넉한 성숙의 여백을 마련해 두신다. 이러한 섭리의 신비 속에서 보면, 루이스가 사랑했던 고대 종교의 신화는 하나님이 각 개인에게 신적 신비를 알리신 소중한 통로이자, 인류의 성장을 돕고자 사용하셨던 명예로운 문학 양식이었던 셈이다.

---

1 C. S. 루이스, 『시편 사색』, 이종태 옮김(서울: 홍성사, 2004), p. 151.
2 조지 맥도널드, 『전하지 않은 설교』, 박규태 옮김(서울: 홍성사, 2020), pp. 59-60.
3 같은 책, p. 60.

❄ 맺으며: 참여와 변화의 성경 읽기 * ❄

루이스가 성경의 권위를 다루는 방식이나 성경을 읽는 방식이 가지는 독특한 의의를 평가하기란 사실 쉽지 않다. 특히 전문적인 신학 훈련을 받은 사람이라면 진지하게 다룰 만한 중요 문제를 그가 문헌학자로서 자신의 권위에 기대어 가볍게 다루고 넘어갈 때는 아쉬움이 들기도 한다. 일례로 그는 전문가인 자기가 복음서와 유사한 고대 문서를 보지 못했다는 사실을 신약성경의 증언이 전설이 아닌 결정적 이유로 제시한다.[46] '내가 이런 사례를 못 봤다'라는 말은 한편으로는 전문가로서 루이스의 주장을 지지해 줄 논거일지 모르지만, 다른 한편으로는 루이스의 지식과 해석의 한계를 지시할 수도 있는 양날의 검과 같다. 또한 성육신의 유비를 통해 성경 영감설을 설명하려는 그의 시도는 탁월하지만, 성령의 영감에 관한 성경 구절을 충실히 다루지 않는 것은 성경의 권위에 관한 성경적 기반을 약화하는 원인으로 작용할 수도 있다.[47] 더욱이 하나님 아들이 인간이 되시면서 신성과 인성이 결합한 유일회적 사건인 성육신을 성경의 권위를 설명하는 '원리'로 사용하는 것이 적절한지에 대해서도 신학자 사이에서 의견이 분분하다.[48]

하지만 루이스가 성서비평과 근본주의 사이의 갈등이 고조되었던 20세기 중반, 진실한 신앙인이자 문헌학자로서 양측 모두를 넘어서는 성경관을 제시하려 했다는 데 큰 의의를 부여할 수 있다. 그가 볼 때 당시 근본주의나 자유주의 성서학이 함께 가지고 있던 문제는 글을 읽는 '문학적 판단력'이 부족하여 성경의 '역사적 사실성' 여부에 매달려 있다는 데 있었다. 달리 말하면, 구약성경의 예언자와 신약성경의 사도와 함께 그리스도를 보는looking along 것이 아니라, 지나치게 성경 자체를 바라보고looking at 있었다. '그분이 우리를 어떻게 생각할 것인가'라는 근원적 질문 대신, '우리는 예수 그리스도를 어떻게 생각해야 하는가'라는 문제에 골몰하고 있었다.[49]

성경을 읽는다는 것은 인간의 언어로 자신을 알리시는 신비의 하나님의 열린 가슴에 기쁨과 감사로 들어가는 참여의 행위이지, 역사적 연대기와 과학적 세계관과 문학 이론 속으로 하나님 말씀을 끌어들이는 행위가 아니다. 밴후저가 루이스의 견해를 잘 요약했듯, "성경을 신앙으로 읽는다는 것은…[성령의] 영감을 받은 주술과 함께 성경 텍스트의 언어와 세계가 우리 세계에 들어오면서 우리 존재에 상상력을 동반한 확장이 일어나는 것을 받아들이는 일"[50]이다. 성경을 통해 비치는 진리의 빛이 우리의 상상력을 일깨우면, 인과율에 따라 움직이는 것 같던 팍팍한 현실마저 부드럽고 여유롭게 감싸고 있는 하나님의 은혜를 늘 새롭게 발견할 것이다. 우리의 인식의 틀과 욕망으로 신구약 66권의 의미를 꿰뚫으려는 강박을 내려놓고 그 대신 성경을 통해 우리에게 말씀하시는 분을 신뢰할 때, 세계의 역사를 바꿨다는 그 거룩한 책이 우리의 존재도 은밀히 변화시키고 있음을 깨달을 것이다.

나오며: 판타지에 빠진 세계, 재주술화된 그리스도인

> 상상력과 정서의 층위에서 볼 때,
> 중세인들처럼 우주에다 우리의 추구와 욕구를 투사하느냐,
> 아니면 근대인들처럼 우리의 경찰제도와 교통법규를 투사하느냐에 따라
> 많은 것이 달라집니다.
> C. S. 루이스, 『폐기된 이미지』[1]

과학과 기술의 발전에 힘입어 삼라만상을 법칙에 따라 정확하게 움직이는 기계처럼 인식하면서, 근대인은 우주를 의미를 찾아볼 수 없는 텅 빈 암흑의 공간으로 상상하게 되었다. 파스칼이 말했듯, "나는 나를 에워싼 이 우주의 무시무시한 공간들을 본다. 그리고 광막한 우주의 한구석에 매달린 자신을 발견할 뿐"이다.[2] 이와는 대조적으로 고대인이나 중세인이 그렸던 우주는 창조주와 다양한 영적·물질적 피조물로 채워졌고, 초자연적 요소와 신비적 힘이 함께 작용할 따스한 여유가 넉넉하게 있었다. 그렇기에 삶과 세계의 운행을 설명하기 위해 과학 이론뿐만 아니라 섭리, 마법, 주술 등의 이미지와 언어도 과하지 않은 범위 내에서 자연스럽게 사용되었다.

근대 유럽에서 일어난 과학 혁명은 삼라만상 배후의 '초자연적'

영역에 장막을 씌우고, 삶의 모든 영역을 '합리적'으로 설명하기를 추구했다. 인간과 자연을 설명하던 종교의 권위가 사라지며 도래한 세속사회를 냉철한 눈으로 분석했던 독일의 사회과학자 막스 베버는 1912년 한 강연에서 "세계의 탈주술화"라는 표현을 사용했다.

> [주지주의와 합리화]는 **원하기만** 한다면 언제라도 배워서 알 **수 있다**는 것, 따라서 생활에 개입하는 그 어떤 힘도 근본적으로는 결코 신비하고 계산할 수 없는 힘이 아니라는 것, 오히려 모든 사물은—원칙적으로는—**계산**을 통해 **지배**할 수 있다는 것을 뜻합니다. 그런데 이것은 세계의 탈주술화*Entzauberung der Welt*를 뜻합니다. 그러한 [신비하고 계산할 수 없는] 힘의 존재를 믿는 미개인처럼, 정령을 지배하거나 간원懇願해서 그 마음을 움직이기 위해 더 이상 주술적인 수단에 호소할 필요가 없습니다.[3]

탈주술화dis-enchantment된 세계에서 과학적 실험으로 증명 가능한 '사실'에 집중하다 보니, 사람들은 증명 불가능한 '의미'나 '가치'에 대해서는 생각하고 이야기하는 지혜를 잃어 갔다. 인간이 파악할 수도, 통치할 수도 없는 '신비한 영역'에 대해 적절히 이야기할 수 있는 언어와 상상력도 사라져 갔다. 탈주술화는 오늘날 우리가 누리는 현대 사회의 발전과 풍요로움의 중요한 배경이 되어 주었지만, 안타깝게도 인간이 우주와 관계 맺는 방식으로 형성해 온 다층적 통로 가운데 합리성만 남겨 두고 다른 것들을 배제해 버렸다. 그 결과 현대 사회의 특징인 '의미 상실'이 인류가 당면한 문제가 되었다. "현대인은 더 이상 '의미'가 내재한 세계, 경이롭고 의미로운 '코스모스' cosmos에 살지 않는다. 전근대인에게 우주는 '텔로스'나 '도'나 '로고스'나 '섭리' 등과 같은 우주적 cosmic 의미로 가득한 집宇/宙이었으나, 이제 현대인에게 우주는 그런 의미들과 전혀 무관한, 그저 텅 비어 있는 거대한 빈 공간 Space일 뿐이다."[4] 이러한 탈주술화된 세계에서 우주를 설명할 적절한 방법을 찾지 못한 채, 종교는 극단적인 합리주의화의 길을 걸어가거나 개인의 내면으로 퇴각해 들어가는 경향을 보였다. 단기적 생존 전략이 종종 장기적 관점에서는 위기를 초래하듯, 새로운 세계에 적응하려 노력하는 사이 그리스도인은 전통적인 예전, 교리, 가르침, 공동체적 삶에서 의미를 형성하는 지혜와 방식을 상당히 잃어버렸다.

루이스를 제대로 파악하기 위한 적절한 맥락은 바로 근대에 '주술화된' enchanted 세계에서 '탈주술화된' 세계로 전환되면서 현대인이 겪었던 '의미의 위기'다.[5] 루이스의 저술을 반기독교적 비판으로부터 복음을 변호하려는 합리적 논증으로만 이해하는 것이 부적절한 이유가 바로 여기에 있다. 근대 세계관 속에서 인간은 경험 가능한 '사실'에 집착하고 의미를 형성할 능력을 잃어 가다 결국 우주를 납작하게 인식했다. 그리고 세계를 인간의 이성과 기술로 설명, 예측, 조종 가능한 대상으로 대하게 되었다. 이렇게 쪼그라든 세계에서는 하나님이 계실 자리도, 자아의 초월을 꿈꿀 공간도, 이웃 사랑과 하나님 사랑을 결합해 줄 고리도 찾기 어렵다. 이런 척박한 상황에서 믿음은 개인의 내면이나 사적 영역에 머물기를 선호하게 되고, 그럴수록 일상에서 의미를 형성하는 신앙의 힘은 점차 약해진다. 이는 단지 개인이 씨름할 믿음의 시련이 아니라, 근대 과학 혁명 이후 변화한 세계의 모습이기도 하다.

✸ 재주술화와 새로운 신화 창조 ✸

탈주술화된 세계에서는 삶을 충만하게 해 줄 의미가 사라지고, 신앙이 현실과 제대로 접속하기 어려워지며, 노골적이든 암묵적이든 무신론적 분위기가 퍼지게 된다. 하지만 당당하게도 루이스는 이렇게 말한다. "그리스도인들을, 갈수록 높아지는 '과학'의 밀물 때문에 점점 더 좁아지는 해변에 몰려 있는 사람들로 묘사하는 그림은 제 경험과 전혀 들어맞지 않았습니다."[6] 탈주술화가 근대의 합리화 과정을 설명해 주는 아주 유용한 모델이라 하더라도, 이 역시 역사를 해석하는 유일한 진리가 아니라 근대인의 사회적 상상력의 결과물임을 명심해야 한다. 달리 말하면 과학 혁명 이후 변화한 삶을 이해하는 데 탈주술화가 자주 언급되었지만, 이 역시 절대적이고 보편적인 모델로 간주하기에는 무리가 있다. 특별히 첨단 과학 기술의 혜택을 누리는 21세기를 살아가는 현대인은 각종 신흥 종교와 종교적 근본주의의 출현, 종교로 격상된 소비문화, 판타지 영화와 문학의 부흥, 영성에 관한 관심 고조 등 탈주술화만으로 설명이 안 되는 여러 현상과 더불어 살아간다. 따라서 비록 인간이 자신이 속한 시대정신에 알게 모르게 기대어 살아갈 수밖에 없지만, 세계를 이해하는 특정 모형은 존중하되 그 어떤 모형도 우상화하지 않을 수 있는 지혜가 필요하다.[7]

동화나 요정 이야기를 보면 마법에 걸린 사람을 구하기 위해서는 더 강한 마법이 필요하다. 마찬가지로 루이스는 '근대의 주술'에 걸려 있던 현대인이 일상에서 신비와 현실의 공존을 지각하고 사실과 의미를 통합적으로 경험하는 능력을 되찾도록 '순전한 복음의 주술'을 걸려 했다. "주문은 마법을 걸 때도 쓰지만 깨뜨릴 때도 씁니다. 그리고 여러분과 저를 백 년 가까이 사로잡고 있던 세속성의 사악한 마법에서 깨어나려면 가장 강력한 주문이 필요합니다."[8] 루이스는 가시적 세계에 고착되었던 '이성'을 일깨워 초월자를 향한 갈망을 품게 하고, 탈주술화의 강력한 주술을 깨고 삶 속에서 하나님의 흔적을 발견하도록 '상상력'에 마법을 걸고, 내면의 동굴에 움츠려 있던 신앙에 빛을 비추어 보다 넓은 실재의 지평으로 나오게 했다. 달리 말하면 그는 고대와 중세의 '주술화된' 세계와 근현대의 '탈주술화된' 세계를 넘어선 '재주술화're-enchantment를 시도한 셈이다. 이를 위해 그는 '신화적 상상력'의 힘에 희망을 걸었다. 루이스의 회심 과정에서 봤듯 그가 성육신의 의미를 깨닫고 그리스도인이 된 것도 복음서를 신화처럼 접근했을 때가 아니었던가.

그리스도인이 된 루이스는 1940년대에 『고통의 문제』, 『스크루테이프의 편지』, 이후 『순전한 기독교』로 합쳐질 세 권의 소책자 등을 출판한 이후 세계적인 변증가로 명성을 얻었지만, 1950년대에 접어들자 변증가라는 자신의 역할에 회의감을 느꼈다. 일례로 복음주의 신학자 칼 헨리Carl Henry, 1913-2003가 미국인을 위해 변증하는 글을 요청했을 때, 루이스는 과거에는 자기가 앞장서서 반기독교적 사상에 대해 논리적 비판을 가했지만 "이제 자신에게는 그러한 시대가 끝났다고 확신"⁹한다며 정중히 거절했다. 변증을 하면 할수록 그는 다른 사람이 눈치채지 못한 자기 논리의 허점을 예민하게 발견했고, 정작 지인들에게는 기독교 신앙을 설득하지 못했다는 자책감에 괴로워했고, 나이가 들면서 떨어지는 뇌의 기능에 자신감을 잃어 갔다.

합리적 변증에 대한 루이스의 회의가 커질 때, 그는 오히려 자신의 오랜 장점을 더욱 잘 활용할 기회를 찾아냈다. 즉, 그는 이성의 한계를 넘어 실재의 심층을 이해하게 하고, 교리적 믿음 이면의 생동적 의미에 접속하게 하는 '상상력'을 더욱 신뢰하게 되었다. 그리고 "상상의 요소가 강한 신화일수록 실재를 보여 주는 능력도 더 크다"는 데 주목했다.¹⁰ 이제 50대에 들어선 루이스는 추상적 논증으로 기독교를 변호하지 않고, 어릴 적부터 좋아하던 '신화적 이야기'의 모습을 가진 '판타지'를 재창조하는 쪽으로 글쓰기의 방향을 틀었다. 절대자를 향한 믿음, 선에 대한 헌신, 인간의 기본적 덕과 성품, 치명적이지만 실체가 없는 악의 본질, 윤리적 공동체의 필요성 등의 핵심 가치는 명제로 만들어서 가르치는 것보다 오히려 상상력을 한껏 발휘해 이야기 속에 푹 빠짐으로써 전인적으로 반응하게 하는 것이 더 적절하기도 했다.

이러한 이유로 루이스는 『나니아 연대기』 시리즈를 1950년부터 1956년까지 매해 한 권씩 출판했다.¹¹ 총 7권으로 이루어진 이 판타지 작품은 20세기 산업화된 영국 사회에서 현대 교육을 받은 아이들이 그리스도를 상징하는 사자 아슬란이 다스리는 나니아 세계로 우연히 들어가 여러 모험을 거치며 사람됨의 의미를 배우고 성장해 가는 이야기다. 이로써 '옥스퍼드의 영문학자'이자 '기독교 변증가'

로서 알려졌던 루이스에게 '아동 문학 작가'라는 명예로운 호칭이 추가되었다. 그리고 지금까지 『나니아 연대기』는 현대 아동 문학의 고전이자 전세계적으로 사랑받는 판타지, 기독교 문학의 대표작으로 손꼽힌다.

바로 여기서 루이스가 기독교에 남긴 독특한 기여를 평가할 수 있다. 앞서 언급했듯 고대부터 신학과 철학에서는 인간의 이성과 신앙의 관계에 대한 여러 입장을 내놓았다. 수천 년간 많은 지성이 씨름하던 문제를 루이스는 제3의 요인인 상상력으로 해결하고자 했다. 인간이 자신을 우주의 일부로 파악하고 이성의 한계를 겸손히 인정했던 근대 이전에는 굳이 상상력을 강조할 필요가 없었을지도 모른다. 하지만 인간이 이성의 힘을 과도하게 신뢰하여 자연을 관찰하고 조종 가능한 기계처럼 여기고 역사를 분석하여 검증 가능한 사실로 환원하려는 탈주술화된 세계일수록, 현실을 유기적이고 통전적으로 보게 하고 일상에서 의미를 발견하도록 도와주는 상상력의 재발견이 필요하다.[12] 루이스가 볼 때, 상상력이 잘 자라나는 터전은 상상력에 관한 추상적 이론이 아니라 신화와 무척 닮은 판타지 문학이었다.

❋ 판타지를 통한 참 생명으로의 도피 ❋

일반적으로 학술서적은 이성, 신앙서적은 믿음에 크게 의지하는 글쓰기를 요구한다. 반면 인간 삶의 모호하고 복잡한 모습을 가장 잘 반영할 수 있는 형식인 이야기는 이성과 신앙과 상상력 모두가 조화롭게 공존할 수 있는 비옥한 공간을 품기에 적합하다. 루이스에 따르면 언어와 이미지와 서사를 통해 이야기로 세계를 창조하는 상상력은 인간에게 특별히 주어진 창조주 하나님의 형상(창 1:26-27)에서 나온다.[13] 루이스는 이러한 독특한 관점을 친구였던 톨킨을 통해 얻었다. 신은 믿었지만 끝까지 기독교 받아들이기를 거부하고, 신화는 좋아하면서도 여전히 신화를 "은silver을 통해 숨을 내쉬는 거짓말"[14]로 보던 루이스에게 결정적 통찰 한 방을 주고자 톨킨이 썼던 편지에는 이러한 아름다운 표현이 나온다.

> 비록 오래 소외된 채 있더라도 본래 인간의 모습이 완전히 상실되었거나 변한 것은 아니다. 불명예스러울지라도 그가 왕위에서 물러나지는 않았고, 한때 소유했던 영주의 옷은 해진 채 가지고 있다. 인간, 하위 창조자Sub-creator, 굴절된 빛이여. 그를 통해 하나의 순백의 빛이 다채로운 색조로 퍼져 나가고, 마음에서 마음으로 움직이는 생동적 형상들 속에서 무한한 결합이 일어난다.…[하위 창조의] 권리는 썩어 없어지지 않았다. 우리는 우리를 만들었던 그 법칙 안에서 창작하고 있다.[15]

톨킨에 따르면, 하나님이 세계를 만드시고 그 안의 동식물을 만드신 창조자Creator라면, 인간은 상상의 세계를 만들고 그 안에 각종 생명체를 채워 넣는 하위 창조자Sub-creator다. 팍팍하고 의미를 찾기 힘든 현실을 살아가면서도 상상의 세계를 현실에 중첩시킴으로써, 삶의 무게에 가려 잘 보이지 않던 정의, 선, 용기, 사랑, 믿음, 희망 등의 가치를 응시하며 일상을 살아가는 창조적 기교가 바로 '주술화'enchantment다. 물론 이것이 실제 삶의 역설과 모순과 고통을 뒤로하고 공상의 세계로 도망치는 비겁한 행위라고 비판할 수도 있다. 하지만 오히려 루이스와 톨킨 모두 판타지의 주요 기능은 '도피'라고 당당히 말한다. 즉, 판타지는 실재로부터 달아나는 도피escape from가 아니라, 현실에 익숙해진 시선으로 보지 못했던 진선미가 어우러진 실제 세계로 나아가는 도피escape to다.

　이 지점에서 우리는 판타지 개념이 '치유적'으로 사용될 가능성이 있음을 알 수 있다. 언뜻 보면 근대의 탈주술화 과정은 세계에서 미신적 주술을 사라지게 한 것 같다. 하지만 인간은 상상하는 존재이고 욕망은 본성상 끝없이 환상을 만들어 내기에, 옛 주술의 힘이 사라진 곳에는 새로운 주술이 들어와 자리 잡게 마련이다. 상상력이 중요한 정신 기능이긴 하지만, 이성 및 신앙과 무관하게 움직일 때 상상력은 자기가 쓰기 좋은 것만 끌어들이는 성향을 보인다. 일례로 현대인의 상상력은 합리적 세계관으로부터 인간 중심의 신화, 과학적 진보의 신화, 물질주의의 신화를 만들어 냈다.[16] 탈주술화 과정이 중세의 세계관을 거의 폐기했지만, 역설적이게도 인간이 세계를 조작하고 통제할 수 있다는 새로운 미신을 불러온 셈이다. 루이스의 말대로 오래된 주술이 새로운 주술로 대체된다면, 우리는 실재에 충실하고 삶을 풍요롭게 하는 선한 주술에 걸리기를 기대해야 하지 않을까? 상상력을 강조하고 재주술화를 위해 판타지를 창작하는 루이스의 시도는 이런 맥락에서 바라볼 필요가 있다.

　'판타지'는 상상력으로 만들어 낸 초자연적 세계를 다루는 문학 양식이지만, 인간의 의식에서 현실과 환상이 혼합된 현상을 지칭하는 심리학적 개념이기도 하다.[17] 인간은 자신이 현실에 속했다는 사실을 잘 알면서도, 실재하지 않는 시공간을 머릿속에서 상상한다. 이러한 심리적 행위를 루이스는 '성 쌓기'Castle-building라고 부른다.[18] 현실의 빽빽함과 팍팍함에 지친 인간은 '상상의 세계'에 오고 가는 정신의 외유를 하면서 탈진하지 않고 일상을 살아간다. 공상과 현실을 구분하지 못하는 병적인 경우를 제외하고는, 상상을 통한 성 쌓기는 일반인에게서 늘 발견되는 심리적 현상이다. 루이스에 의하면 이러한 상상의 활동은 두 종류로 나뉜다. 하나는 자신이 환상의 세계에서 영웅이거나 주인공이 되는 '이기적egoistic 성 쌓기', 다른 하나는 허구의 세계로 들어가서도 자신을 세계의 중심에 놓지 않는 '사심 없는disinterested 성 쌓기'다. 이기적 성 쌓기에서는 판타지가 자신의 욕망을 투사하는 대상으로 작용한다면, 사심 없는 성 쌓기에서는 상상이 만들어 놓은 세계를 여유 있으면서도 제대로 바라볼 수 있는 특별한 자리에 자아를 위치시킨다.

이 같은 심리학적 개념으로서의 판타지는 현대 사회의 근본 문제를 바라보고 해결하는 데 중요한 시각을 제시한다. 판타지는 인간 심리의 보편적 현상이지만, 정작 많은 사람의 의식 속에는 '내가 주인이 되는 세계'가 형성되고 있다. 현실에서는 누구도 세계의 중심이 되지 못하지만, 각자의 의식에서는 '이기적 성 쌓기' 판타지가 쉽게 자라난다. 그 결과 현실과 공상의 괴리가 커지며 현대인은 더욱 아프게 되고, 자기중심적 욕망이 증폭된 사람끼리 만나면서 사회의 갈등은 고조된다. 안타깝게도 자본주의 정신에 흠뻑 젖은 종교와 학계, 출판계마저 지치고 상처 입은 현대인에게 계속해서 자아실현, 자기발전, 자기계발이라는 주술을 걸며 이기적 성 쌓기를 부추긴다.[19] 그러다 보니 상상력이 자기중심적 세계를 더 강화하는 방식으로 작동하고, 판타지는 자기애를 부추기며 부드럽고 달콤한 위로를 던져 줄 위험이 있다.

반면 루이스는 인간 의식 속의 '사심 없는 성 쌓기' 판타지에 주목했고, 그러한 탈脫자아적 상상력으로 문학 작품으로서 판타지를 집필했다.[20] 『나니아 연대기』를 보면 나니아로 우연히 들어간 영국의 아이들은 주인공이지만 이야기의 중심은 아니다. 아름다운 나니아 세계에서는 그리스도를 상징하는 사자 아슬란이 중심이다. 여전히 실수투성이이고 자기중심성을 가졌지만, 아이들은 아슬란의 부름을 듣고 아슬란 '옆에서' 함께 모험한다. 나니아를 통해 세계의 아름다움을 향유하는 법을 배우고 이기적 태도에서 벗어나 서로 협력하고 화해하면서, 점차 책임감 있으면서도 참으로 자유로운 인간으로 성숙해 간다. 루이스가 창조한 세계에서 그들은 주연이 아니라 조연이기에 이기적 망상에서 더 자유로워진다. 그 세계는 자신을 내놓을 때 낙오자가 되는 것이 아니라 오히려 서로의 참 가치를 깨달으며 함께 성장하는 넉넉한 신뢰와 성숙의 공간이다. 독자는 이러한 이야기에 노출되고 잠김으로써, 현실 사회를 휩쓰는 권력 의지와 성공 신화, 물질주의에 가려 제대로 보이지 않던 소중한 덕과 가치를 발견하고 체현할 수 있는 변혁적 해석의 장에 들어가게 된다.

❋ 맺으며: 순전한 그리스도인의 여정 * ❋

이제까지 살펴봤듯 루이스는 상상력과 이성과 신앙의 회심을 겪으며 그리스도인이 되었다. 전인적인 회심 과정을 겪어서인지 그에게 그리스도인이 된다는 것은 현실을 충만히 감싸면서도 무한히 넘어서는 하나님의 은혜에 전인적으로 반응하는 존재로 다시 태어남을 의미한다. 루이스는 성공주의, 소비주의, 과학적 진보주의의 "마법이 걸린 이 세상을 깨우는 것이 바로 우리의 고통스러운 임무"[21]라고 보았다. 따라서 근대 문명 속에서 상실될 위험이 있는 소중한 가치, 덕목, 이상이 현대인에게도 의미를 줄 수 있도록 재주술화가 일어나기를 기대했다. 그는 인간의 지성에 지나치게 호소하는 '교리주의'나 신앙의 언어로 너무 많은 것을 설명하려는 '신앙주의'로는 순전한 그리스도인이 되기에 부족하다고 보았다. 즉, 루이스의 전인격적 회심은 상상력과 이성과 신앙의 조화를 추구하는 통합적 변증으로 이어졌고, 그가 변증에 한계를 느꼈을 때 복음을 닮은 신화적 이야기의 창작으로 이어졌다.

루이스는 영문학과 기독교 변증에 관한 책으로 유명하지만, 사실 그는 시 쓰기를 사랑했고 소설을 창작하는 데도 노력을 기울였다. 하지만 무엇보다도 신화를 사랑한 기독교 작가로서, 그는 자신의 오랜 관심사와 스토리텔링 능력을 살려 현대인을 위한 신화인 판타지를 남겼다. 창조자 하나님이 영원히 변치 않는 분이듯, 하나님의 형상인 루이스는 50대에도 영원한 어린아이인 것처럼 경이로 가득 차서는 펜과 잉크로 나니아 세계를 창조했다. 그는 복음을 반영하는 심층 구조를 지닌 이야기를 통해 독자들이 그 속에서 상상력과 이성과 신앙을 통전적으로 맛보게 도와주었다. 실제 『나니아 연대기』를 읽다 보면 상상력(나니아 세계의 창조), 이성(옳음에 대한 판단), 신앙(궁극적 가치의 육화라 할 수 있는 아슬란에 대한 신뢰)의 조화가 각각의 이야기 속에서 자연스럽게 구현되고 있음을 발견할 수 있다.

그렇다고 상상력과 이성과 신앙이 조화를 이룬 순전한 그리스도인이 되기 위한 조건에 '판타지 문학 필독'이 있는 것은 결코 아니다. 루이스 역시 판타지가 보편적 매력을 지니지는 못함을 누구보다 잘 알았다. 그렇다고 판타지가 동화 같은 이야기라며 어린이만을 위한 글이라고 단정해서도 안 된다. 루이스가 말했듯, "판타지나 신화는 모든 연령대를 포괄하는 일부 독자만 좋아할 양식이다."[22] 판타지는 루이스가 추구했던 재주술화에 적합한 장르이긴 하지만, 어떤 이는 끝끝내 판타지의 주술에 걸리지 않을 수도 있다. 이런 사람은 얼마든지 다른 방식으로 상상력과 이성과 신앙의 균형을 찾아갈 수도 있다. 루이스의 다른 글이 더 좋은 인도자가 될 수 있고, 다른 작가의 글을 읽다 매혹적인 마법에 걸려들 수도 있다. 중요한 점은 어떤 '장르'나 '작가'의 글이 아니라, '복음의 주술'로 상상력과 이성과 신앙이 각각의 한계를 넘어 서로 조화를 이룰 방법을 찾는 것이다. 이것이 루이스가 우리에게 던져 준 중요한 메시지이자, 우리가 루이스에게 매이지 않아야 할 중요한 이유다.

그리스도인으로서 떠나는 여정에서 모두가 같은 방식으로 길을 가지는 못한다. 제대로 된 지도가 없어 길을 잃을 수도 있고, 지도를 보다가 오히려 다른 쪽으로 샐 수도 있다. 이럴 때 순전한 그리스도인이라면 크게 동요하지 않을 것이다. 지금 있는 곳이 어딘지 몰라 두려움이 엄습할 만한 순간에도 생명의 아름다움을 응시하고, 옆에서 고생하는 길동무를 도와줄 여유를 부릴지도 모른다. 서로 어우러지면서 더욱더 풍성해진 상상력과 이성과 신앙이 그의 시선을 살포시 들어 올려 주었기에, 길을 벗어난 것 같은 순간에도 그의 확장된 시야에는 어렴풋하게나마 목적지가 들어와 있기 때문이다. 그는 다수가 선택한 경로를 따라가지 않을 수도 있고, 전형적인 패턴에서 벗어날 수도 있다. 그의 개성과 독창성이 불편하게 느껴질지도 모른다. 하지만 순전한 그리스도인은 여전히 충실히 길을 가는 사람이자, 자신과 다른 방식으로 걸어가는 사람도 인정하고 존중할 줄 아는 자유로운 사람이다. 이 책을 통해 루이스의 기이하면서도 그 나름대로 멋진 순렛길을 잠시 함께 걸어 본 독자라면, 이제 그의 오랜 길벗 톨킨이 던진 수수께끼 같은 명언을 가슴에 품고 남은 여정을 경이와 기쁨 속에서 계속 가길 바란다.

"금이라고 다 빛나는 것은 아니다.
방황한다고 다 길을 잃은 것은 아니다."[23]

주

감사의 글

1 C. S. 루이스, 『폐기된 이미지: 중세 세계관과 문학에 관하여』, 홍종락 옮김(파주: 비아토르, 2019), p. 299.
2 논문집에 실린 논문은 각각 다음과 같다. 김진혁, "그리스도 안에서 조화된 상상력, 이성, 신앙: C. S. 루이스의 회심과정에 대한 연구", 「횃불트리니티저널」 20/1(2017): pp. 81-104; 김진혁, "C. S. 루이스의 자연법적 윤리 연구", 「피어선신학논단」 6/2(2017): pp. 58-81.

들어가며: '순전한'이라는 주술에 걸리다

1 『순전한 기독교』는 루이스의 뜻에 따라 조용히 출판했다고 알려져 있다. 이 책은 루이스가 제2차 세계대전 당시 영국 BBC에서 진행했던 강연의 원고를 기초로 1940년대 초중반에 출판했던 소책자 3권(『방송 강연』, 『그리스도인의 행동』, 『인격을 넘어서』)의 합본이었는데, 루이스는 이미 책을 구매한 사람이 새로운 제목과 표지 때문에 같은 내용의 책을 또 구매하게 되기를 원치 않았다.
2 "Book of the Century", *Christianity Today* (2000. 4. 24.). https://www.christianitytoday.com/ct/2000/april24/5.92.html(2020. 6. 23. 최종 접속).
3 이는 2016년 기준 자료이고, 필자가 이 책을 집필하는 현시점의 통계는 정확하게 알려지지 않았다. George M. Marsden, "'Mere Christianity' Still Gets a Global Amen", *Wall Street Journal* (2016. 3. 24.). https://www.wsj.com/articles/mere-christianity-still-gets-a-global-amen-1458858161(2020. 6. 23. 최종 접속).
4 Lee C. Camp, *Mere Discipleship: Radical Christianity in a Rebellious World*, 2nd ed. (Grand Rapids: Brazos Press, 2008); Alister McGrath, *Mere Discipleship: Growing in Wisdom and Hope* (Grand Rapids: Baker Books, 2018, 『지성의 제자도』, 죠이북스); Donald Williams, *Mere Humanity: G.*

K. Chesterton, C. S. Lewis, and J. R. R. Tolkien on the Human Condition (Nashville: DeWard Publishing, 2018); Alister McGrath, *Mere Apologetics: How To Help Seekers and Skeptics Find Faith* (Grand Rapids: Baker Books, 2012, 『알리스터 맥그래스의 기독교 변증』, 국제제자훈련원); Jason G. Duesing, *Mere Hope: Life in an Age of Cynicism* (Nashville: B. & H. Publishing, 2018); Jim Scott Orrick, *Mere Calvinism* (Philipsburg: P. & R. Publishing, 2019); Wil Hernandez, *Mere Spirituality: The Spiritual Life according to Henri Nouwen* (London: SPCK, 2016); Dan Barker, *Mere Morality* (Durham, NC: Pitchstone Publishing, 2018); Lewis B. Smedes, *Mere Morality: What God Expects from Ordinary People* (Grand Rapids: W. B. Eerdmans Pub., 1983); Todd A. Wilson, *Mere Sexuality: Rediscovering the Christian Vision of Sexuality* (Grand Rapids: Zondervan, 2017); Mark A. Pike, *Mere Education: C. S. Lewis as Teacher for our Time* (Cambridge: The Lutterworth Press, 2013, 『C. S. 루이스의 순전한 교육』, IVP).

5 "mere", *Cambridge Dictionary*. https://dictionary.cambridge.org/dictionary/english/mere(2020. 6. 23. 최종 접속).

6 C. S. 루이스, 『순전한 기독교』, 장경철·이종태 옮김(서울: 홍성사, 2001), pp. 9, 20. 루이스가 사용한 '순전한'의 의미에 대해서는 다음을 참고하라. 조지 M. 마즈던, 『C. S. 루이스의 순전한 기독교 전기』, 홍종락 옮김(서울: 홍성사, 2018), pp. 117-122.

7 백스터가 사용한 '순전한'의 여러 맥락은 다음을 참고하라. N. H. Keeble, "C. S. Lewis, Richard Baxter, and 'Mere Christianity'", *Christianity and Literature* 30/3 (1981): pp. 27-44.

8 루이스, 『순전한 기독교』, p. 21.

9 루이스는 특히 '…를 해야 한다'는 당위는 (특별히 어린이의) 감정을 얼어붙게 하기에 오히려 교육에서 역효과를 낼 수 있음을 강조한다. 참고. C. S. Lewis, "Sometimes Fairy Stories May Say Best What's To Be Said", in *On Stories, and Other Essays on Literature*, ed. Walter Hooper (New York: Harcourt Brace Jovanovich, 1982), pp. 46-47.

10 "자서전의 수수께끼"(Enigma of Autobiography)라는 표현은, 역사적 신빙성은 떨어지지만 이후 루이스의 작품 세계에 큰 역할을 했던 『예기치 못한 기쁨』의 모호함을 표현하고자 맥그래스가 사용한 말이다. Alister McGrath, *The Intellectual World of C. S. Lewis* (Oxford: Wiley-Blackwell, 2014), p. 31.

11 유신론자가 되고서 루이스는 자신이 유물론자에서 신의 존재를 인정하게 되기까

지 과정을 성찰하면서 '기쁨'의 중요성을 강조하는 글을 썼다. 비록 출판되지 않은 소책자이지만, 58페이지에 달하는 그 글에는 인용한 문장 외에도 루이스의 초기 사상을 맛볼 수 있는 여러 주제가 들어 있다. 필자가 번역하여 인용한 문장은 다음 책에서 재인용한 것이다. Walter Hooper, *C. S. Lewis: The Companion & Guide* (London: HarperCollins, 1996), p. 182.

1부 신앙과 불신앙 사이에서: C. S. 루이스의 세 번의 회심

1   C. S. 루이스, 『예기치 못한 기쁨』, 강유나 옮김(서울: 홍성사, 2003), p. 325.
2   참고. 조지 세이어, 『루이스와 잭』, 홍종락 옮김(서울: 홍성사, 2006), p. 281; C. S. 루이스, 『오독: 문학 비평의 실험』, 홍종락 옮김(서울: 홍성사, 2017), pp. 112-120. 루이스 책의 원서 제목은 *An Experiment in Criticism*이고, 국내에서는 2002년에도 동문선에서 『문학비평에서의 실험』이라는 제목으로 출간하였다.
3   특별히 루이스와 그의 아내 조이의 사랑 이야기는 극작가 윌리엄 니콜슨(William Nicholson)에 의해 〈섀도우랜즈〉(*Shadowlands*)라는 텔레비전 영화로 1985년에 만들어졌고, 1989년에는 연극으로 각색되었다. 1993년에는 영화로 제작되었는데, 이 영화는 국제 영화제에서 수많은 상을 받으며 루이스와 조이의 관계를 20세기를 대표하는 아름다운 사랑 이야기로 만들었다. 그 외에도 데이비드 페인(David Payne)이 루이스를 연기한 일인극 〈C. S. 루이스와 저녁〉(*An Evening with C. S. Lewis*)은 이제껏 1,000회를 넘는 공연을 할 정도로 큰 인기를 끌고 있다.
4   아마도 20세기 개신교 작가 중에 C. S. 루이스보다 더 많은 전기가 출판된 사람을 찾아보기도 힘들 것이다. 영어권에서 출판된 대표 전기 몇 가지만 꼽아 보면 다음과 같다. Roger L. Green and Walter Hooper, *C. S. Lewis: A Biography* (New York and London: Harcourt Brace Jovanovich, 1974); William Griffin, *Clive Staples Lewis: A Dramatic Life* (San Francisco: Harper & Row, 1986); George Sayer, *Jack: C. S. Lewis and His Times* (London: Macmillan, 1988, 『루이스와 잭』, 홍성사); A. N. Wilson, *C. S. Lewis: A Biography* (London: Collins, 1990); Alan Jacobs, *The Narnian: The Life and Imagination of C. S. Lewis* (London: SPCK, 2005); Alister McGrath, *C. S. Lewis: A Life: Eccentric Genius, Reluctant Prophet* (London: Hodder & Stoughton Ltd, 2013, 『C. S. 루이스』, 복있는사람); Colin Duriez, *C. S. Lewis: A Biography of Friendship* (Oxford: Lion Hudson, 2013); Devin Brown, *A Life Observed: A Spiritual Biography of C. S. Lewis* (Grand Rapids: Brazos Press, 2013, 『C. S. 루이스의 생애』, 기독교문서선교회).
5   Owen Barfield, "The Five C. S. Lewises", in *On C. S. Lewis*, ed. G. B.

Tennyson and Jane Hipolito (Oxford: Barfield Press, 2011), pp. 129-131.
6 회심(回心)이라는 우리말 표현은 '마음을 돌리다'라는 의미를 강하게 나타내지만, 이에 상응하는 영어 conversion은 일반적 의미에서 '전환'이나 '전향'을 뜻한다. 이 책에서는 루이스가 그리스도인이 되는 과정을 상상력, 이성, 신앙의 회심으로 나눠 살펴볼 것이다. 사실 상상력과 이성과 신앙의 변화는 각기 다른 이론적·실천적 함의를 가지기에, 회심이 아니라 각 개념과 더 적절히 결합할 수 있는 표현을 찾을 필요도 있다. 하지만 한 권의 책에서 진행하는 논의이기에 통일성을 위해 '회심'이라는 단어를 상상력과 이성과 신앙의 변화에 모두 적용하기로 한다.
7 루이스가 무신론자가 되었다가 기독교로 회심하기까지 과정을 요약한 다음 논문도 있다. 이 논문의 결론 부분에는 루이스의 독특한 회심이 어떻게 그의 전인적 변증을 불러왔는지에 대한 짤막한 성찰과 평가가 담겨 있다. 김진혁, "그리스도 안에서 조화된 상상력, 이성, 신앙: C. S. 루이스의 회심과정에 대한 연구", 「횃불트리니티저널」 20/1(2017): pp. 81-104.

1장 무신론의 길에 들어선 소년

1 루이스가 L. K. 베이커에게 한 말을 형 워런 루이스가 기록에 남겼다. 세이어, 『루이스와 책』, p. 170에서 재인용.
2 루이스 본인은 가족의 종교적 배경이 자신에게 끼친 영향을 노골적으로 부정하려 한다. 하지만 그리스도인이 된 루이스에게서 아일랜드 성공회의 흔적을 발견한 사람들이 적잖다. 회심 후 루이스의 첫 작품인 『순례자의 귀향』에 대한 카펜터의 평가를 보면 잘 알 수 있다. 자신의 아일랜드 배경에 대해 루이스가 보인 복잡한 태도는 아일랜드 출신인 맥그래스가 잘 정리해 주고 있다. 참고. 루이스, 『예기치 못한 기쁨』, p. 18; Humphrey Carpenter, *The Inklings: C. S. Lewis, J. R. R. Tolkien, Charles Williams and Their Friends* (London: HarperCollins, 2006), p. 50; 알리스터 맥그래스, 『C. S. 루이스: 별난 천재, 마지못해 나선 예언자』, 홍종락 옮김(서울: 복있는사람, 2013), pp. 32-37.
3 http://www.census.nationalarchives.ie/pages/1901/Down/Victoria/Dundella_Avenue/1221931에서 루이스 가족 4명과 그들과 함께 살았던 가사 도우미 2명의 간략한 신상 정보를 볼 수 있다(2020. 6. 23. 최종 접속).
4 루이스, 『예기치 못한 기쁨』, p. 17.
5 같은 책, p. 98.
6 어머니를 잃었던 당시의 경험을 반영하듯, 루이스의 대표작 『나니아 연대기』 7부작의 첫 이야기인 『마법사의 조카』에는 죽어 가는 어머니를 살리려는 한 아이의 이야기가 등장한다. 아울러, 아내 조이와의 사별 이후에 쓴 『헤아려 본 슬픔』은

사별의 슬픔을 그린 대표작으로 손꼽힌다.
7 루이스, 『예기치 못한 기쁨』, p. 34.
8 같은 책, p. 35.
9 루이스는 그의 자서전에서 성공회 사제 로버트 캐프런(Robert Capron)이 교장으로 있던 왓퍼드의 윈야드 스쿨을 다루는 장의 제목을 "강제 수용소"라고 붙였다. 루이스는 심지어 그 학교를 독일의 강제 수용소인 벨젠(Belsen)이라 부른다. 같은 책, pp. 38-66.
10 Albert Lewis, "Lewis Papers: Memoirs of the Lewis Family" III (unpublished), ed. Warren Lewis, p. 140를 Hooper, *C. S. Lewis: The Companion & Guide*, p. 640에서 재인용.
11 C. S. Lewis, *Surprised by Joy* (Glasgow: Collins, 1955), p. 32. 참고. 루이스, 『예기치 못한 기쁨』, pp. 53-55.
12 루이스, 『예기치 못한 기쁨』, p. 63.
13 루이스의 자서전에서는 루이스가 겪은 양심의 고통이 성적 충동과 연결되었음을 암시하고 있다. 루이스의 제자이자 친구인 세이어는 사춘기 루이스가 성적 죄책감과 수치감을 크게 느꼈고, 이것이 신앙을 잃은 결정적 계기라고 말한다. 이후 루이스는 무신론자 당시 자신에게 사도마조히즘 성향의 성적 욕망이 있었음을 인정한다. 세이어, 『루이스와 잭』, pp. 64, 106-108.
14 루이스, 『예기치 못한 기쁨』, p. 91.
15 루이스, 『순전한 기독교』, p. 221.
16 윌리엄 커크패트릭에 대한 존경심 때문에 루이스는 자서전의 한 장 전체를 부컴에서 커크패트릭과 공부했던 경험으로 채우고 있다. 지금은 루이스 가문의 스승으로 잘 알려졌지만, 커크패트릭 본인의 지적 성취 또한 무시할 수 없는 수준이다. 그는 1868년 퀸스 칼리지를 졸업할 때 영어, 역사, 형이상학에서 1등급을 받았고, 아일랜드 왕립 대학에서도 놀라운 수상 경력을 보여 줬다. 흥미롭게도 커크패트릭은 교직에 들어가기 전에 3년 정도 장로교 목사 안수를 위해 신학도 공부했지만, 목회자의 길을 가진 않았다. Ian Wilson, "William Thompson Kirkpatrick (1848-1921)", *Journal of Craigavon Historical Society* 8/1 (2000-2001). http://www.craigavonhistoricalsociety.org.uk/rev/wilsonikirkpatrick.html(2020. 6. 23. 최종 접속).
17 루이스, 『예기치 못한 기쁨』, p. 197.
18 커크패트릭에 대한 루이스의 감정은 그리스도인이 된 이후에도 줄곧 긍정적이었다는 데 주목할 필요가 있다. 같은 책, p. 215. 루이스는 자신의 최고작으로 꼽았던 『우리가 얼굴을 찾을 때까지』에서 커크패트릭에 대한 경의를 표하고자 그를

모델 삼아 자연주의적 관점을 고수하던 합리주의자이면서도 지혜롭고 자상한 그리스인 노예 '여우 선생'을 창조해 낸다. 커크패트릭에 대한 존경 때문인지 이후 루이스는 신앙 없는 사람을 비판하기보다는 그에게 공감을 보이는 모습을 종종 보인다.

19 루이스와 아서 그리브즈의 우정은 반세기나 지속될 정도로 유별났다. 카펜터가 올바로 지적했듯, "루이스의 삶을 공부하는 사람의 배경에는 언제나 아서 그리브즈가 있다." Carpenter, *The Inklings*, p. 33.

20 루이스는 친구를 두 부류로 나눈다. 첫 번째 유형은 "나의 분신(alter ego)으로서, 내가 은밀하게 좋아하는 것들을 전부 공유함으로써…세상에 나 혼자만 있는 것이 아니라는 것을 깨닫게 해 주는 사람이다.…그러나 두 번째 친구는…분신이라기보다는 반자아(anti-self)라고 할 수 있다." 루이스는 첫 번째 유형으로는 아서 그리브즈를, 두 번째 친구로는 오언 바필드를 꼽는다. 루이스, 『예기치 못한 기쁨』, pp. 286-287.

21 1935년경에 쓰인 것으로 추정되는 루이스의 글에서 발췌했다. 루이스는 자신의 비판이 사실상 그의 친구의 신앙에 전혀 영향을 끼치지 못했고, 당시 논쟁에서 패자는 사실상 자신이었다고 고백한다. C. S. Lewis, "Lewis Papers", V, pp. 219-220를 Walter Hooper, "Introduction", in *The Letters of C. S. Lewis to Arthur Greeves (1914-1963)*, ed. Walter Hooper (New York: Collier Books, 1986), p. 25에서 재인용.

22 1916년 10월 25일 아서 그리브즈에게 보낸 편지. C. S. Lewis, *Collected Letters, Vol. I: Family Letters 1905-1931*, ed. Walter Hooper (New York: HarperCollins, 2000), p. 238.

23 1916년 10월 12일 아서 그리브즈에게 보낸 편지. 같은 책, pp. 230-231.

24 1916년 10월 12일 아서 그리브즈에게 보낸 편지. 같은 책, p. 231.

25 마르틴 켈러의 고전적 연구가 잘 보여 주듯, 역사학적 연구를 통해 재구성한 '역사적 예수'와 성경의 증언에 따라 예배하는 대상인 '그리스도' 사이의 불연속성이 19세기 이후 강조되었다. Martin Kähler, *The So-called Historical Jesus and the Historic, Biblical Christ*, trans. Carl E. Braaten (Philadelphia: Fortress Press, 1964).

26 1916년 10월 18일 아서 그리브즈에게 보낸 편지. Lewis, *Collected Letters, Vol. I*, pp. 234-235. 인용문에서 언급된 토머스 맬러리 경(Sir Thomas Malory, c. 1415-1471)은 영국과 프랑스의 자료들을 모아 15세기 말 『아서왕의 죽음』(*Le Morte d'Arthur*)을 출판한 것으로 알려져 있다. 이는 아서왕과 원탁의 기사에 대한 가장 잘 알려진 책으로, 말년의 루이스는 이 책의 프랑스 자료를 직접 연구할

계획을 세울 정도로 책에 애정을 보였다.

27 1916년 10월 12일 아서 그리브즈에게 보낸 편지. Lewis, *Collected Letters, Vol. I*, p. 231.

28 1916년 10월 18일 아서 그리브즈에게 보낸 편지. 같은 책, p. 235.

29 아서 그리브즈에게 보낸 편지에서 쇼펜하우어의 철학과 제임스 프레이저의 『황금가지』(*The Golden Bough*, 한겨레출판, 을유문화사 역간)에 나온 인류학적 종교관에 정통했던 커크패트릭의 합리주의로부터 루이스가 받은 영향을 추적해 볼 수 있다. 참고. 루이스, 『예기치 못한 기쁨』, p. 203. 신, 자유의지, 영혼 불멸 등을 거부하고 세상을 만들어 내고 생을 관통하는 의지를 강조했던 쇼펜하우어의 대작 『의지와 표상으로서의 세계』(*Die Welt als Wille und Vorstellung*, 을유문화사 역간)를 커크패트릭이 독일어 원서만 가지고 있어, 루이스는 도서관에서 영역본을 빌려 읽었다. 제임스 프레이저의 인류학적 종교 접근은 루이스에게 기독교를 세상에 존재하는 많은 신화 중 하나로 보게 했다. 루이스가 직접 밝히지는 않았지만, 월터 후퍼는 루이스가 커크패트릭을 통해 니체의 도덕관에 영향을 받았으리라 추측한다. Walter Hooper, "Introduction", in C. S. Lewis, *Spirits in Bondage: A Cycle of Lyrics* (San Diego: Harcourt Brace Jovanovich, 1984), p. xx.

30 같은 글, p. xxiv.

31 1916년 10월 12일 아서 그리브즈에게 보낸 편지. Lewis, *Collected Letters, Vol. I*, p. 230. 그리스도인이 된 루이스는 자기가 당시에 God 대신 Yahweh로, Jesus 대신 Yeshua라고 굳이 불러야 한다고 생각했던 "젊은이 특유의 천박한 자부심"에 부풀어 있었다고 회고한다. 루이스, 『예기치 못한 기쁨』, p. 250.

32 1916년 10월 18일 아서 그리브즈에게 보낸 편지. Lewis, *Collected Letters, Vol. I*, p. 235. 루이스의 또 다른 발언도 보라. "물론 어느 시대나 일반인들은 미신을 믿어 왔어. 그러나 어느 시대나 교육받고 사려 깊은 사람들은 미신에서 벗어나 우뚝 섰지. 물론 편의상 자연스럽게 겉으로는 미신에 동의하는 척하기도 하면서 말이야. 나는 네가 오래된 믿음으로부터 서서히 해방되리라고 생각해 왔어." 1916년 10월 12일 아서 그리브즈에게 보낸 편지. Lewis, *Collected Letters, Vol. I*, p. 231.

33 루이스, 『예기치 못한 기쁨』, p. 168.

34 같은 책, p. 37.

35 루이스의 대표작 『스크루테이프의 편지』에서 악마가 인간을 괴롭히는 방법으로 거듭 언급되는 것은, 기도를 못 하게 하는 것이 아니라 부적절하게 만드는 것이다. 그 정도로 루이스는 소년 시절 자신이 겪었던 기도의 부정적 영향을 심각하

게 봤던 것 같다. 참고. C. S. 루이스, 『스크루테이프의 편지』, 김선형 옮김(서울: 홍성사, 2005), pp. 35, 84, 180; 『예기치 못한 기쁨』, pp. 92-93.
36 루이스, 『예기치 못한 기쁨』, p. 93.
37 같은 책, p. 167.
38 같은 곳; 세이어, 『루이스와 잭』, pp. 112-113.
39 C. S. Lewis, "Loki Bound" (extracts) in C. S. Lewis, *The Collected Poems of C. S. Lewis: A Critical Edition*, ed. Don W. King (Kent: The Kent State University Press, 2015), p. 34. 이 시의 일부가 "Lewis Papers", Vol. IV, pp. 218-220에 실려 있다.
40 1914년 10월 6일 아서 그리브즈에게 보낸 편지. Lewis, *Collected Letters, Vol. I*, p. 78.
41 1914년 10월 6일과 14일에 아서 그리브즈에게 보낸 편지. 같은 책, pp. 75-78, 86-87.
42 제1차 세계대전이 영국인의 신앙에 끼친 영향에 대해서는 영국 국립 도서관 큐레이터 매튜 쇼의 분석을 참고하라. Matthew Shaw, "Memory, Belief, and Superstition", *British Library* (2014. 1. 29.). http://www.bl.uk/world-war-one/articles/faith-belief-and-superstition(2020. 6. 23. 최종 접속). 제1차 세계대전과 기독교의 관계에 관한 최근 연구는 다음의 책을 참고하라. Philip Jenkins ed. *Remembering Armageddon: Religion and the First World War* (Waco, TX: Baylor ISR, 2015). 독일도 제1차 세계대전 후 1920년에만 30만 명 이상이 교회를 떠났고, 교회는 보수적 시민층과 관료 위주로 재편되었다. 요한네스 발만, 『종교개혁 이후의 독일 교회사』, 오영옥 옮김(서울: 대한기독교서회, 2006), p. 300.
43 루이스, 『예기치 못한 기쁨』, p. 272.
44 특히 세이어, 『루이스와 잭』, pp. 135-141에 인용된 워런 루이스의 기록들을 보면 알 수 있다.
45 루이스, 『예기치 못한 기쁨』, p. 282.
46 맥그래스, 『C. S. 루이스』, p. 82.
47 루이스, 『예기치 못한 기쁨』, p. 229; Lewis, *Surprised by Joy*, p. 128.
48 1918년 6월 3일 아서 그리브즈에게 보낸 편지. Lewis, *Collected Letters, Vol. I*, p. 379.
49 1918년 9월 12일 아서 그리브즈에게 보낸 편지. 같은 책, p. 397.
50 『구속된 영혼』과 제1차 세계대전의 관계에 대한 연구서로 다음을 참고하라. John Bremer, *C. S. Lewis, Poetry, and the Great War 1914–1918* (Lanham: The

Rowman & Littlefield Publishing Group, 2014).

51 루이스는 『구속된 영혼』에 실린 시를 "감옥, 주저, 도피"라는 제목 아래 셋으로 나누었지만, 오히려 영문학자 킹은 전쟁 경험을 반영한 '우울한 시'와 자연에 애정을 보이는 '낙천적 시'로 나누기를 제안한다. Don W. King, *C. S. Lewis, Poet: The Legacy of His Poetic Impulse* (Kent: The Kent State University Press, 2005), pp. 69-70.

52 Lewis, "Apology", in *Spirits in Bondage*, p. 12.

53 루이스의 전쟁 시 가운데 이 시가 가장 우울한 작품으로 뽑히곤 한다. 특히 일출이라는 소재는 루이스가 전쟁의 아이러니를 보여 주기 위해 거듭 사용했다. 참고. King, *C. S. Lewis, Poet*, p. 74.

54 Lewis, "Hymn: For Boy's Voices", in *Spirits in Bondage*, pp. 58-59.

55 Hooper, *C. S. Lewis*, p. 142. 형은 이 작품에 드러난 루이스의 무신론적 사고를 심각하게 받아들였으나, 아버지는 젊은 날의 치기로 대수롭지 않게 여겼다.

56 맥그래스, 『C. S. 루이스』, pp. 98-99.

57 세이어, 『루이스와 잭』, p. 158.

58 King, *C. S. Lewis, Poet*, pp. 96-97. 루이스의 전쟁시에 대한 긍정적 평가로 다음 연구도 참고하라. Malcolm Guite, "Poet", in *Cambridge Companion to C. S. Lewis*, ed. Robert MacSwain and Michael Ward (Cambridge: Cambridge University Press, 2010), pp. 300-302.

59 "우리의 일용할 양식"(Our Daily Bread)은 (기독교적이면서도) 범신론적인 시라고 평할 수 있다. 반면 "사탄이 말한다"(Satan Speaks)에서는 이원론적 세계관이 보인다. Lewis, *Spirits in Bondage*, pp. 60, 22.

60 대표적으로 "단단한 사람을 찬양하며"(In Praise for Solid People)를 보라. 같은 책, pp. 42-44. 흥미롭게도 '단단함'은 회심 이후 루이스가 쓴 기독교 판타지 『천국과 지옥의 이혼』에서 천국에 속한 물질을 묘사하는 핵심 메타포가 된다.

61 『구속된 영혼』에 수록된 상당수의 시가 우울한 분위기를 뚫고 들어오는 아름다움에 대한 신비로운 경험이나 동경을 묘사하고 있다. 대표적으로는 "순례자들의 노래"(Song of the Pilgrims), "그는 어떻게 앵거스 신을 보았나"(How He Saw Angus the God), "묻지 마세요"(Tu Ne Quaesieris) 등을 꼽을 수 있다. 같은 책, pp. 47-49, 61, 68-69. 이 책을 집필하며 『구속된 영혼』을 분석할 때 King, *C. S. Lewis, Poet*에서 많은 도움을 받았다.

62 1919년 영국에서 처음 출판된 『구속된 영혼』은 1984년 미국에서 다시 출판된다. 미국판 편집을 했던 후퍼는 '보편적 영혼의 조각으로서 인간'이라는 루이스의 새로운 생각이 이후 루이스가 가지게 될 신관과 비슷함을 지적한다. Hooper,

"Introduction", in Lewis, *Spirits in Bondage*, p. xxxiii. 하지만 루이스가 이후 가지게 될 '보편적 영혼'이라는 생각은 세계대전 당시에는 루이스가 본격적으로 접하지 못했던 철학적 관념론에 영향을 많이 받았다는 점에서 후퍼의 지적을 확대 해석해서는 안 된다. 즉, 일부 시에서 보인 범신론적 영혼 이해를 이후 그가 겪게 될 지적 회심과 지나치게 관련짓는 일은 경계해야 한다.
63 루이스, 『예기치 못한 기쁨』, pp. 279, 282. 특히 루이스는 군대에서 이전에 만날 수 없던 다양한 사람을 보았고, 일반인에 대한 그의 태도는 긍정적으로 바뀌었다. 이후에 루이스가 쓴 글을 보면, 엘리트에 대한 비판은 많은 반면 자기 삶에 충실한 보통 사람에게는 존경과 연민을 보이고 있다.
64 루이스가 학자로서 명성을 날릴 당시 학생이었던 철학자 J. R. 루카스는 당시 옥스퍼드를 비롯하여 영국 내 지성계에서 루이스가 그다지 영향력을 발휘하지 못한 이유를 몇 가지 제시한다. 흥미롭게도 그중 하나가 바로 상대방을 공격하는 루이스의 태도와 방법이다. J. R. Lucas, "Restoration of Man: A Lecture given in Durham on Thursday October 22nd, 1992 to Mark the Fiftieth Anniversary of C. S. Lewis's *The Abolition of Man*", *Theology*, November/December (1995): pp. 445-456. http://users.ox.ac.uk/~jrlucas/lewis.html(2020. 6. 23. 최종 접속).
65 루이스, 『예기치 못한 기쁨』, p. 305. 존 던(1572-1631)은 잉글랜드 성공회 사제이자 시인이었다. 한국어판에서는 '단'이라고 옮겼지만, 이 책에서는 국내 학계에서 통용되는 이름인 '던'을 사용한다.

2장 기독교로 돌아오는 순례자
1 루이스, 『예기치 못한 기쁨』, p. 276.
2 Lewis, "In Praise of Solid People", in *Spirits in Bondage*, pp. 42-44.
3 루이스, 『스크루테이프의 편지』, p. 37.
4 알리스터 맥그래스, 『위대한 기독교 사상가 10인』, 신재구 옮김(서울: IVP, 1992).
5 Aristotle, *De Anima*, III. 428a5-16. 『영혼에 관하여』(아카넷).
6 René Descartes, *Discours de la Méthode*, VI. 37. 『방법서설』(문예출판사).
7 참고. 먼로 C. 비어슬리, 『미학사』, 이성훈·안원현 옮김(서울: 이론과실천, 1987), p. 158. 데카르트 이후 근대 미학은 당분간 상상력과 예술의 영역을 어떻게 이성의 빛 아래서 이해할 수 있느냐는 문제에 집중했다.
8 물론 근대철학이 표면적으로 상상력의 중요성을 평가 절하하는 것 같지만, 낭만주의 때 꽃을 피우게 되는 상상력에 대한 강조는 데카르트, 홉스, 흄, 칸트 등 계몽철학에서 그 근원을 찾을 수 있다. 상상력에 대한 최근 철학적 담론을 소개하

는 것은 이 책의 의도를 넘어서기에 생략한다. 이 주제에 관심 있는 독자라면 다음 논문을 참고하라. John D. Lyons, "Descartes and Modern Imagination", *Philosophy and Literature* 23/2 (1999): pp. 302-312.
9   특별히 이는 아우구스트 빌헬름 슐레겔의 "비엔나 강의"(1809-1811)에서 전개한 낭만적 시와 예술 개념이다. 참고. 비어슬리,『미학사』, p. 284.
10 루이스,『예기치 못한 기쁨』, p. 30.
11 루이스와 낭만주의의 관계에 대한 연구는 다음을 참고하라. Corbin Scott Carnell, *Bright Shadow of Reality: Spiritual Longing in C. S. Lewis* (Grand Rapids: William B. Eerdmans, 1974), pp. 13-29; James Prothero and Donald T. Williams, *Gaining a Face: The Romanticism of C. S. Lewis* (Newcastle upon Tyne: Cambridge Scholars Publishing, 2013), pp. 1-32.
12 루이스,『예기치 못한 기쁨』, p. 32.
13 같은 책, p. 90.
14 같은 책, p. 258.
15 이후 영문학자로서 루이스는 맥도널드가 작가로서 보여 주는 재능은 알레고리적인 것과 신화적인 것을 결합한 판타지에서 가장 잘 드러났다고 평한다. C. S. 루이스, "머리말", 조지 맥도널드,『조지 맥도널드 선집』, C. S. 루이스 편, 홍종락 옮김(서울: 홍성사, 2011), p. 11.
16 루이스,『예기치 못한 기쁨』, p. 261. 루이스는 자서전에서 이 사건이 1915년 10월에 일어났다고 했으나 연도와 달을 착각한 것으로 보인다. 다음 전기를 보라. Green and Hooper, *C. S. Lewis*, p. 44.
17 1916년 7월 4일 아서 그리브즈에게 보낸 편지. Lewis, *Collected Letters, Vol. I*, p. 206.
18 루이스,『예기치 못한 기쁨』, p. 262. 이후 루이스는『판타스테스』에 바람직한 죽음의 특성이 있었다고 말한다. 그런 의미에서 죽음의 이미지가 두드러진 '세례'는 그의 상상력에 일어난 근원적 변화를 설명하는 데 적절한 표현이라고 할 수 있다. 루이스, "머리말", p. 21.
19 특별히 판타지 장르에서 요행이나 우연으로 보이는 사건들은 세계를 자연법칙의 인과 관계로만 파악하려는 우리의 인식을 넓혀 섭리라는 더 큰 문맥에서 삶과 역사를 보게 해 줄 수 있다. 다음 논문을 보라. 권연경, "성서의 신화와 그 변용:『호빗』에 나타난 요행과 은총",「한국기독교신학논총」76(2011), pp. 245-274.
20 루이스, "머리말", p. 22. 그리스도인이 된 후 루이스는『판타스테스』를 읽게 된 '우연한' 사건을 하나님이 자기 삶을 새롭게 이끌기 시작한 '충만한 자비의 사건'으로 받아들였다. 루이스,『예기치 못한 기쁨』, p. 258.

21 루이스, 『예기치 못한 기쁨』, p. 272.
22 Lewis, "Tu Ne Quaesieris", in *Spirits in Bondage*, p. 68.
23 King, *C. S. Lewis, Poet*, p. 85.
24 Lewis, "Tu Ne Quaesieris", p. 68.
25 일반적으로 루이스의 지적 회심 시기는 루이스 자신의 증언에 따라 1929년 옥스퍼드 대학교의 트리니티 학기(1929년 4월 28일-6월 22일)로 본다. 하지만 맥그래스는 비판적 연구를 통해 그보다 1년 뒤인 1930년 3-6월에 회심이 일어났다고 주장한다. 맥그래스의 주장은 나름대로 설득력이 있지만, 이 책의 목적이 역사학적으로 루이스의 기억이 정확한지 따지는 것이 아니기에 루이스 본인이 제시한 1929년을 그의 회심 시기로 삼았다. 참고. 루이스, 『예기치 못한 기쁨』, pp. 327-328; 맥그래스, 『C. S. 루이스』, pp. 192-198.
26 Carpenter, *The Inklings*, p. 39.
27 참고. 루이스, 『예기치 못한 기쁨』, pp. 283-328.
28 같은 책, pp. 274-275, 283-285.
29 같은 책, p. 302.
30 같은 책, p. 303.
31 같은 책, p. 286.
32 루이스는 자신이 오언 바필드에게 끼친 영향보다 받은 영향이 더 많다고 했다. 바필드는 당시 루이스가 자신의 말을 도통 듣지 않았다며 왜 그가 자신에게 영향을 받았다고 이야기하고 다니는지 이해하지 못하겠다고 평했다. 둘 사이의 논쟁에 대해서는 다음 연구를 참고하라. Lionel Adey, *C. S. Lewis's "Great War" with Owen Barfield* (Victoria, B. C.: University of Victoria, 1978).
33 루이스, 『예기치 못한 기쁨』, p. 298; 『폐기된 이미지』, p. 263.
34 루이스, 『예기치 못한 기쁨』, p. 299.
35 이 주제는 이제껏 거의 알려지지 않았으나, 루이스와 오언 바필드가 당시 주고받던 편지가 편집되고 미간행 원고가 출판되면서 새로이 주목받게 되었다. Owen Barfield and C. S. Lewis, *The 'Great War' of Owen Barfield and C. S. Lewis: Philosophical Writings 1927-1930*, ed. Norbert Feinendegen and Arend Smilde (Oxford: Inklings Studies, 2015).
36 루이스, 『예기치 못한 기쁨』, p. 323.
37 같은 책, p. 325.
38 같은 책, pp. 327-328.
39 같은 책, p. 321.
40 같은 책, p. 334.

41 맥그래스는 루이스가 자신의 회심 시기에 봄꽃을 언급했다는 점을 근거로 루이스가 1932년 봄에 회심했다는 새로운 가설을 내놓았다. 하지만 루이스가 자신이 신앙을 가지게 되었음을 알리는 편지를 친구 아서 그리브즈에게 1931년 10월 초에 보냈음을 고려한다면, 맥그래스의 주장은 큰 신빙성이 없어 보인다. 1931년 10월 1일 아서 그리브즈에게 보낸 편지. Lewis, *Collected Letters, Vol. I*, p. 977; 맥그래스, 『C. S. 루이스』, pp. 207-211.

42 Hooper, "Albert James Lewis", in *C. S. Lewis*, p. 692.

43 맥그래스는 루이스가 유신론으로 회심한 시기를 1년 뒤로 늦춰서 봤기에, 아버지의 죽음 이후 루이스가 지적 회심을 했다고 본다. 맥그래스, 『C. S. 루이스』, p. 171. 맥그래스는 그 이유 중 하나로 루이스가 아버지에게 유신론자가 된 것을 '언급하지 않았음'을 제시한다. 하지만 이는 다소 설득력이 떨어진다. 상식적으로도 (그리스도인도 아닌) 철학적 유신론자가 되었다고 이제껏 어색한 관계를 지속해 온 독실한 신자인 아버지께 기쁨에 찬 편지를 보냈을 개연성이 그리 있어 보이지 않는다.

44 보들 양에게 보내는 루이스의 편지를 다음의 전기에서 재인용했다. Wilson, *C. S. Lewis*, p. 114. 윌슨의 전기는 아버지의 죽음이 두 형제에 끼친 영향을 잘 정리해 보여 주고 있다.

45 Griffin, *Clive Staples Lewis*, pp. 56-57에서는 아버지의 죽음 전후에 루이스가 주고받은 편지들을 통해 아버지에 대한 루이스의 변화된 감정을 소개하고 있다. 또한 Adey, *C. S. Lewis's "Great War" with Owen Barfield*, pp. 90-91를 참고하라.

46 세이어, 『루이스와 잭』, p. 240.

47 루이스, 『예기치 못한 기쁨』, p. 335.

48 맥그래스, 『C. S. 루이스』, p. 202.

49 Carpenter, *Inklings*, pp. 41-42. 영단어의 역사에 대한 오언 바필드의 연구가 루이스뿐만 아니라 톨킨의 신화 이해에도 큰 영향을 끼쳤다는 데 주목할 필요가 있다. 바필드가 잉클링스에 끼친 영향에 대해서는 다음을 참고하라. 김진혁, "기독교의 재주술화: 잉클링스의 신화적 상상력에 관한 연구", 「신학논단」 84(2016): pp. 170-173.

50 1931년 10월 1일 아서 그리브즈에게 보낸 편지. Lewis, *Collected Letters, Vol. I*, p. 977.

51 톨킨의 신화적 상상력과 그 낭만주의적 기원에 대해서는 다음을 참고하라. 김진혁, "신학과 예술의 만남: 아름다움, 경이, 상상력을 통한 다리 놓기", 『예술신학 톺아보기』, 예술목회연구원 엮음(서울: 신앙과지성사, 2017), pp. 153-157.

52　1931년 10월 18일 아서 그리브즈에게 보낸 편지. Lewis, *Collected Letters, Vol. I*, p. 976.
53　여기서 우리는 루이스가 견지하는 모호한 역사관을 발견할 수 있다. 루이스는 인류 역사의 진보에 대한 19세기의 선입견을 반대하지만, 동시에 역사적 종교로서 기독교가 다른 종교의 완성 내지는 성숙이라는 진보적 사관은 견지하고 있다. 오언 바필드는 역사에 대한 루이스의 모호한 태도를 잘 정리해 준다. Owen Barfield, "C. S. Lewis and Historicism", in *On C. S. Lewis*, pp. 64-82.
54　루이스, 『예기치 못한 기쁨』, pp. 337-338.
55　레싱은 이 2,000년의 시공간 차이를 '우연한 역사적 진리와 필연적인 이성적 진리 사이에 놓인 넓고도 추한 골'이라는 말로 압축했다. 이 표현은 이후 철학자와 신학자들이 어떤 의미에서 먼 과거의 역사적 사건이 오늘날에도 진리가 될 수 있는가를 더욱 고민하게 하는 계기가 되었다. Gotthold Ephraim Lessing, *Lessing's Theological Writings: Selections in Translation*, trans. Henry Chadwick (London: Adam & Charles Black, 1956), p. 53.
56　1931년 10월 18일 아서 그리브즈에게 보낸 편지. Lewis, *Collected Letters, Vol. I*, p. 976.
57　이 시는 1953년 5월에 *The Month*에 수록되었다. 시의 번역은 다음 책에서 발췌 인용했다. 홍종락, 『오리지널 에필로그: 번역가 홍종락의 C. S. 루이스 에세이』(서울: 홍성사, 2019), pp. 114-115.

2부　새롭게 만나는 기독교: 상상력, 이성, 신앙의 종교

1　C. S. 루이스, 『시편 사색』, 이종태 옮김(서울: 홍성사, 2004), p. 43.
2　서양 철학사와 신학사에 깊이 박혀 있는 초월의 욕망에 대한 철학자 누스바움의 비판적 연구를 보라. Martha C. Nussbaum, *Love's Knowledge: Essays on Philosophy and Literature* (New York: Oxford University Press, 1992), pp. 368-378; *The Fragility of Goodness: Luck and Ethics in Greek Tragedy and Philosophy* (Cambridge: Cambridge University Press, 2001), pp. 1-22, 85-234.
3　Blaise Pascal, *Pensées*, éd. par Lafuma, X. 300. 번역본은 블레즈 파스칼, 『팡세』, 이환 옮김(서울: 민음사, 2003), p. 158.
4　Augustinus, *Confessiones*, 1.1.1. 『고백록』(대한기독교서회); Pascal, *Pensées*, X. 300.
5　루이스, 『순전한 기독교』, p. 90.
6　루이스의 기독론이 그의 사상에서 차지하는 중요한 위치가 있긴 하지만 이 책의

주제와는 직접 연관이 없기에 자세히 다루지 않았다. 루이스의 기독론에 관한 국내 자료로는 다음을 참고하라. 김진혁, "그리스도와 작은 그리스도: C. S. 루이스의 그리스도론의 구원론적 함의 연구", 「횃불트리니티저널」 23/1(2020년 7월 출간 예정); 박성일, 『C. S. 루이스가 만난 그리스도: 루이스 신학과 신앙의 핵심』(서울: 두란노, 2020).

3장 상상력과 신화

1 루이스, 『예기치 못한 기쁨』, p. 247.
2 루이스는 이 표현을 근대적 상상력과는 다른 중세의 상상력을 설명하고자 사용했다. C. S. Lewis, *The Discarded Image: An Introduction to Medieval and Renaissance Literature* (Cambridge: Cambridge University Press, 1964), p. 206. 한국어판에서는 이 표현을 '구현해 내는 상상력'이라고 번역했지만, 이 글에서는 realizing이 '현실' 내지 '실재'를 뜻하는 reality와 같은 어근을 가진다는 점에 착안해 '현실을 드러내는'이라고 의역했다. 참고. 루이스, 『폐기된 이미지』, p. 293.
3 Owen Barfield, "Lewis, Truth and Imagination", in *On C. S. Lewis*, pp. 106-108.
4 C. S. 루이스, "변환", 『영광의 무게』, 홍종락 옮김(서울: 홍성사, 2008), pp. 89-91.
5 같은 글, p. 95.
6 같은 글, pp. 96-98.
7 같은 글, p. 98.
8 같은 글, p. 106.
9 루이스의 신화에 대한 이해도 시간이 흐르면서 약간 변화한다. 그의 원숙한 신화 이해가 종합적으로 드러난 글로는 다음을 참고하라. 루이스, 『오독』, pp. 54-65. 하지만 여기 나오는 신화관에는 문학적 관심이 강하게 나타나므로 이 책에서 자세한 소개를 하지는 않겠다.
10 영단어 imagination은 현재 존재하지 않는 표상을 머리에 떠올리는 '상상'(想像)과 상상을 하는 능력인 '상상력'(想像力) 둘 다로 번역할 수 있다. 이 글에서는 필자의 판단에 따라 루이스가 사용한 imagination을 문맥에 따라 상상과 상상력으로 번역하겠지만, 섬세한 구분이 필요하지 않을 때는 한국인의 일상 언어에 더 자주 사용되는 '상상력'을 주로 사용하였다(앞서 이야기한, 하나의 언어를 다른 언어로 옮길 때 생기는 '변환'을 여기서도 볼 수 있다).
11 참고. C. S. 루이스, 『기적』, 이종태 옮김(서울: 홍성사, 2008), pp. 136-137.
12 이하 내용은 1931년 10월 18일 아서 그리브즈에게 보낸 편지를 주로 참고했다.

Lewis, *Collected Letters, Vol. I*, p. 977.

13 밴후저는 신화와 교리에 관한 루이스의 구분을 해석학적 용어를 사용해 1차 언어와 2차 언어라 명명한다. Kevin Vanhoozer, "On Scripture", in *Cambridge Companion to C. S. Lewis*, p. 80.

14 신화를 단지 시각적 이미지와 연계하는 것은 신화에 대한 다소 협소한 이해이기도 하다. 오늘날 많이 사용되는 자본주의 신화, 아이돌 그룹의 신화 등의 표현은 시각적 이미지를 어느 정도 불러오기는 하지만 이미지를 통해 실재에 대한 정보를 전달하는 기능은 거의 하지 않고 있다. 신화 개념의 발전과 오늘날 신화라는 단어가 쓰이는 다양한 용례에 대해서는 다음의 입문서를 참고하라. Robert A. Segal, *Myth: A Very Short Introduction* (Oxford: Oxford University Press, 2004). 『신화란 무엇인가』(아카넷).

15 신화에서 이야기의 중요성에 대해서는 다음을 참고하라. 루이스, "머리말", pp. 10-14.

16 C. S. Lewis, "Bluspels and Flalansferes: A Semantic Nightmare", in *Selected Literary Essays*, ed. Walter Hooper (Cambridge: Cambridge University Press, 1969), p. 265.

17 대표적 예가 루이스와 거의 동시대에 독일에서 활동했던 루돌프 불트만의 실존주의적 성경 해석과 그와 유사한 관심을 공유한 영국의 신학자들이다. 특별히 다음을 보라. C. S. 루이스, "현대 신학과 성경 비평", 『기독교적 숙고』, 양혜원 옮김 (서울: 홍성사, 2013), pp. 281-306; 1962년 7월 28일 발터 판 데 캄프에게 보낸 편지. Lewis, *Collected Letters, Vol. III*, pp. 1358-1359.

18 이러한 구분법은 다비드 슈트라우스를 기점으로 19세기 유럽 신학의 지배적 경향이 되었다. 슈트라우스는 신화가 지어낸 이야기라기보다는 종교의 자연스러운 언어임을 인정하면서도, 복음서의 신화적 요소와 역사적 요소를 구분하기를 주장했다. 특히 D. F. Strauss, *The Life of Jesus Critically Examined*, trans. from 4th German ed. by George Eliot (London: Swan Sonnenschein & Co., 1906), pp. 87-89를 참고하라.

19 루이스, 『기적』, p. 132.

20 코리니우스가 현대 신학을 비판하기 위해 사용한 비유를 루이스가 인용한 것이다. C. S. 루이스, "신화가 사실이 되었다", 『피고석의 하나님』, 홍종락 옮김(서울: 홍성사, 2011), p. 69.

21 루이스, 『기적』, p. 152.

22 루이스, "신학은 시(詩)인가?", p. 131.

23 그런 의미에서 루이스는 비문학적인 사람이면 문학적인 사람보다 신화의 영향을

덜 받을 수 있음을 지적한다. 루이스, 『오독』, p. 63.
24 루이스, "신화가 사실이 되었다", p. 71.
25 같은 글, p. 75.
26 참고. 루이스, 『오독』, pp. 61-62.
27 루이스, "신화가 사실이 되었다", p. 73.
28 같은 글, p. 74.
29 루이스, 『기적』, p. 265 각주 5.
30 루이스, "신화가 사실이 되었다", p. 74.
31 "Truth is always about something, but reality is that about which truth is." C. S. Lewis, "Myth Became Fact", in *Essay Collection: Faith, Christianity and the Church*, ed. Lesley Walmsley (London: HarperCollins, 2000), p. 141.
32 루이스, "신학은 시(詩)인가?", p. 128.
33 루이스, "신화가 사실이 되었다", p. 75.
34 이것은 루이스의 독창적 사고라기보다는 19세기 후반부터 발전했던 영국(특히 성공회) 기독론의 한 특색이다. 참고. Arthur Michael Ramsey, *From Gore to Temple: The Development of Anglican Theology between* Lux Mundi *and the Second World War 1889-1939* (London: Longmans, 1960).
35 루이스, 『기적』, p. 212.
36 루이스, "신학은 시(詩)인가?", p. 127; 『기적』, pp. 218-220. 성육신의 '하강과 상승' 패턴은 '죽음과 재생'이라는 원리로 자연에서 그리고 고대 농경 문화의 신화에서 발견된다.
37 1931년 10월 24일 워런 루이스에게 보낸 편지. C. S. Lewis, *Collected Letters, Vol. II: Books, Broadcasts, and the War 1931-1949*, ed. Walter Hooper (New York: HarperCollins, 2007), p. 7.
38 루이스가 당시 학계에서 유행하던 '역사적 예수' 문제에 비판적 태도를 보였음은 다음 문장 하나를 통해서도 알 수 있다. "[복음서가 쓰이기 이전] 초창기에 회심한 인간들은 단 하나의 역사적 사실(부활)과 단 하나의 신학적 교리(구속)만으로 회심했다." 루이스, 『스크루테이프의 편지』, p. 154. 하지만 루이스가 예수 그리스도의 삶에 철저하게 무관심했던 것은 아니다. 그는 편지를 비롯한 다양한 글에서 예수 그리스도의 삶과 가르침에 대해 (조직적이고 체계적이지는 않지만) 통찰력 있게 언급한다.
39 루이스, "신학은 시(詩)인가?", p. 138.
40 이런 의미에서 루이스는 성육신이 일반의 역사적 사건과는 차이가 있는 다른 의미의 '개연성'을 가진다고 말한다. 루이스, 『기적』, pp. 258-259.

4장 이성과 도덕법

1. C. S. 루이스, "주관주의의 독", 『기독교적 숙고』, p. 147.
2. 임마누엘 칸트, 『실천이성비판』, 백종현 옮김(서울: 아카넷, 2009), p. 271.
3. 이하 루이스의 자연법사상에 대한 내용은 다음 논문으로 출판되었다가 수정을 거쳐 다시 이 책에 실은 것임을 밝힌다. 김진혁, "C. S. 루이스의 자연법적 윤리 연구", 「피어선신학논단」 6/2(2017): pp. 58-81.
4. 참고. Peter Harrison, *The Bible, Protestantism, and the Rise of Natural Science* (New York: Cambridge University Press, 2001), pp. 13-15.
5. 물론 루이스가 사용한 '실천이성'의 개념은 칸트를 비롯한 다른 철학자의 정교한 개념과 차이가 있다. 루이스는 실천이성을 한마디로 "선과 악에 대한 판단"이라 정의한다. 루이스, "주관주의의 독", p. 133.
6. 루이스, 『순전한 기독교』, p. 61.
7. 루이스는 도덕에 대한 현상적 분석이 결국에는 기독교적 인격신 개념에 도달함을 보여 주려 했지만, 자연의 법칙에 대한 이성적 성찰을 통한 논증에는 회의적이었다. 하지만 캠벨 프레이저는 1896년 기포드 강연에서 '순수이성'과 '실천이성'에 관한 칸트의 구분법을 가지고서 과학적 이성도 결국은 도덕적 이성이 보여 주는 절대자 개념을 요구할 수밖에 없다고 주장하기도 했다. Campbell Fraser, *Philosophy of Theism*. 2nd Series (Edinburgh and London: William Blackwood and Sons, 1896), pp. 16-18.
8. 1941년 2월 10일 웰치 박사에게 보낸 편지. Hooper, *C. S. Lewis*, p. 304에서 재인용.
9. 이와 유사하게 루이스는 1945년 부활절 주간 성직자들과 교회 청년 지도자들 앞에서 기독교 변증론의 역할 중 하나는 죄책감을 되찾게 하는 것이라고 주장한다. C. S. 루이스, "기독교 변증론", 『피고석의 하나님』, pp. 116-117.
10. 루이스의 라디오 강연은 『방송 강연』(*Broadcast Talks*, 1942), 『그리스도인의 행동』(*Christian Behaviour*, 1943), 『인격을 넘어서』(*Beyond Personality*, 1945)라는 소책자로 영국에서 출판되었다. 이 중 첫 번째 책은 미국에서 출간되면서 『기독교 옹호론』(*The Case for Christianity*, 1943)으로 제목을 바꿨다.
11. C. S. 루이스, 『인간 폐지』, 이종태 옮김(서울: 홍성사, 2006), pp. 96-112.
12. 루이스, 『순전한 기독교』, p. 27.
13. 루이스, 『인간 폐지』, p. 27; 『순전한 기독교』, p. 29.
14. "윤리에 대하여"에서 루이스는 극도의 주관주의적 윤리 이론이 아니라면 대부분의 윤리학이 사실상 자연법을 의식적이든 무의식적이든 전제하지 않을 수 없다고 주장한다. C. S. 루이스, "윤리에 대하여", 『기독교적 숙고』, pp. 103-105.

15 김창성, "키케로를 통해 본 고대국가의 이상과 현실", 키케로, 『국가론』, 김창성 옮김(파주: 한길사, 2007), pp. 35-38.
16 특별히 Sophochles, *Antigone*, 450-460을 참고하라. 『소포클레스 비극 전집』(숲).
17 적잖은 개신교인이 자연법 이론을 로마 가톨릭의 윤리라고 생각하곤 한다. 하지만 자연법은 종교개혁 때부터 개신교 윤리에도 광범위하게 영향을 끼쳤다. 예를 들면, 복음주의 철학자이자 신학자 노먼 가이슬러는 이런 식으로 자연법을 옹호한다. (1) 도덕에는 기독교를 넘어선 보편성이 있다. (2) 각 문화권의 윤리적 가르침에 유사성이 있다. (3) 자연법은 실재하는 법이 아니며, 마음이 원하는 바를 봐야 한다. (4) 누구나 타인에게 기대하는 윤리가 있다. (5) 윤리적 소통이 가능하다. (6) 그리스도인이 아닌 사람에게도 하나님이 내리시는 공명정대한 판결이 있다. Norman Geisler, *Christian Ethics: Contemporary Issues and Options*, 2nd ed. (Grand Rapids: Baker Academy, 2010), pp. 123-124.
18 종교개혁자들의 자연법 이해에 대한 간략한 설명으로 다음을 보라. 에밀 브루너, 『정의와 사회질서』, 전택부 옮김(서울: 대한기독교서회, 2003), pp. 121-124. 특별히 각주 34에서 브루너는 20세기 초 종교개혁사 연구 분야에서 자연법에 대한 논의가 활발했음을 보여 준다.
19 참고. 루이스, 『순전한 기독교』, pp. 34-40.
20 같은 책, p. 41.
21 자연법 개념에 비판적인 현대 개신교 신학자들도 어렵지 않게 찾아볼 수 있다. 대표적으로 칼 바르트, 스탠리 하우어워스 등이 있다. Karl Barth, *Church Dogmatics* IV/1, ed. Thomas Torrance and Geoffrey Bromiley (Edinburgh: T & T Clark, 1956), pp. 140, 373. 『교회교의학』(대한기독교서회); Stanley Hauerwas, *Peaceable Kingdom: A Primer In Christian Ethics* (Notre Dame: University of Notre Dame Press, 1991), pp. 54-62.
22 루이스, "윤리에 대하여", p. 83
23 루이스, 『순전한 기독교』, p. 137; "윤리에 대하여", p. 88.
24 루이스 외에도 자연법과 이성을 강조하는 신학자들은 성경과 자연법 사이의 유사성을 강조했다. 예를 들면, 루터 역시 십계명과 그리스도의 가르침은 이성이 알 수 있는 자연법의 내용과 다르지 않다고 주장했다. Martin Luther, *Treatise on Good Works* (1520), in *Luther's Works*, vol 44, ed. James Atkins, trans. W. A. Lambert (Philadelphia: Fortress Press, 1966), p. 27.
25 윤리적 가르침의 다양성은 자연법 옹호자가 현대 다원주의 사회에서 당면한 문제만은 아니다. 토마스 아퀴나스도 당시에 자연법 이론을 전개할 때 너무 많

은 윤리가 있기에 사람들이 자연법을 잘 수용하지 않는다고 말했다. Thomas Aquinas, *Summa Theologiae*, Ia 2ae, q. 91, arts. 1-5. 『신학대전』(바오로딸).
26 C. S. 루이스, "나는 왜 반전론자가 아닌가", 『영광의 무게』, p. 61; 『순전한 기독교』, p. 41.
27 공리(公理, axiom)는 정의상 "수학이나 논리학 따위에서 증명이 없이 자명한 진리로 인정되며, 다른 명제를 증명하는 데 전제가 되는 원리"를 의미한다. 일반적으로는 공리는 "일반 사람과 사회에서 두루 통하는 진리나 도리"를 뜻한다. "공리", 『국립국어원 표준국어대사전』. https://stdict.korean.go.kr/search/searchView.do?word_no=392442&searchKeywordTo=3(2020. 6. 23. 최종 접속).
28 루이스, "나는 왜 반전론자가 아닌가", pp. 68-79.
29 루이스가 자연법 이론에서 여러 복잡한 요인을 다루는 방식을 잘 보여 주는 연구로 다음을 참고하라. Gilbert Meilaender, "On Moral Knowledge", in *Cambridge Companion to C. S. Lewis*, p. 123.
30 루이스는 의사가 불치병 환자에게 위안을 주기 위한 경우처럼 선의의 거짓말이 허용될 수 있느냐는 질문을 받았다. 이때도 루이스는 무조건 거짓말을 해서는 안 되는 것이 아니라 언젠가는 사실이 밝혀져 원래 의도보다 더 큰 악을 불러일으킬 가능성이 크기에 거짓말하지 않는 것이 좋다고 조언했다. 1958년 12월 15일 쉘던 배노켄에게 보낸 편지. C. S. Lewis, *Collected Letters, Vol. III: Narnia, Cambridge, and Joy, 1950-1963*, ed. Walter Hooper (New York: HarperCollins, 2007), p. 1000.
31 세이어, 『루이스와 책』, pp. 370-371.
32 루이스, "나는 왜 반전론자가 아닌가", p. 65.
33 루이스, "윤리에 대하여", p. 102.
34 루이스, "나는 왜 반전론자가 아닌가", p. 61.
35 루이스, 『순전한 기독교』, p. 43.
36 같은 책, p. 58.
37 로마서 7장에서 바울이 보여 줬던 율법에 대한 이중적 모습, 특별히 율법 앞에서 가졌던 죄책감은 이후 아우구스티누스, 루터 등의 신학에서 중심 주제가 되며 서방 교회 신학에 큰 영향을 끼친다. 하지만 이러한 해석은 서구 기독교 문명에서 개인이 겪는 양심의 딜레마를 1세기 유대인 바울이 쓴 편지에 '역투사'한 것이라는 비판적 목소리도 20세기 중반 이후 적잖이 나오고 있다. 대표적으로 다음 논문을 보라. Krister Stendahl, "The Apostle Paul and the Introspective Conscience of the West", *Harvard Theological Review* 56/3 (1963): pp. 199-215.

38 루이스, 『순전한 기독교』, p. 65.
39 같은 책, p. 63.
40 이와는 다른 의미에서 루이스의 자연법 개념이 기독교적이라 평가할 수도 있다. 예를 들면, 여러 도덕적 신념이 충돌할 때 우리는 특정 직관이나 신념을 기준으로 다른 신념을 평가하고 조정하게 된다. 이 같은 조정 과정에서 루이스는 기독교적 가치를 평가 기준으로 삼는다. Meilaender, "On Moral Knowledge", p. 122.
41 루이스, "윤리에 대하여", p. 88.
42 루이스, 『인간 폐지』, p. 30.
43 이 주제는 루이스의 창작물 곳곳에 등장하지만, 특별히 SF 3부작인 『침묵의 행성 밖에서』(1938), 『페렐란드라』(1943), 『그 가공할 힘』(1945)에 잘 드러나 있다.
44 몸과 마음의 조화에 대한 루이스의 강조를 보려면 다음을 참고하라. C. S. 루이스, "단편들", 『피고석의 하나님』, p. 289; 『스크루테이프의 편지』, p. 63.
45 루이스, 『인간 폐지』, pp. 24-29.
46 고전적 의미의 철학적 덕과 신학적 덕에 관한 루이스의 재해석을 보라. 루이스, 『순전한 기독교』, pp. 129-136, 204-235.
47 루이스, 『인간 폐지』, pp. 24-29. 루이스는 플라톤과 아리스토텔레스도 '질서'라는 관점에서 덕을 정의했다고 본다.
48 Augustinus, *De doctrina Christina*, 1.28.19-20; *De civitas Dei*, XV. 23 등을 참고하라. 『그리스도교 교양』, 『신국론』(이상 분도출판사).
49 루이스, 『인간 폐지』, p. 77.
50 같은 책, p. 34.
51 루카스는 루이스의 주장이 과학자를 지나치게 일반화했기 때문에 당시 지성인 사이에서는 오히려 큰 반향을 일으키지 못했음을 지적한다. 참고. Lucas, "Restoration of Man." 하지만 기술을 통해 인간의 지적·육체적 능력을 향상하고 변화시키려는 트랜스휴머니즘의 등장 덕분에, 루이스의 윤리 사상의 중요성이 최근 재발견되기도 했다. Daniel Taylor, "The Scientists Take Over: C. S. Lewis Denounced Transhumanism in 1945", *Old Thinker News* (2012. 3. 1.). http://www.oldthinkernews.com/2012/03/01/the-scientists-take-over-c-s-lewis-denounced-transhumanism-in-1945(2020. 6. 23. 최종 접속).
52 루이스, 『인간 폐지』, pp. 83-84.
53 루이스가 도덕을 이성뿐만 아니라 감정의 문제로 본 점, 그리고 도덕적 판단의 정치적 지평을 본 점에서 그의 윤리학과 아리스토텔레스 사이의 유사성을 보기도 한다. Meilaender, "On Moral Knowledge", p. 125.

54 이런 의미에서 루이스는 도덕을 논할 때 "서로 공평하게 처신하며 조화를 이루는 일"과 "각 개인의 내면에 있는 것들을 정돈, 또는 조화"시키는 것, 그리고 "인류의 삶 전체가 지향하는 보편적 목적"이라는 세 가지 사항을 함께 고려할 필요가 있다고 말한다. 루이스, 『순전한 기독교』, p. 123.
55 Paul Holmer, *C. S. Lewis: The Shape of His Faith and Thought* (San Francisco: Harper & Row, 1976), p. 48.
56 특히 루이스는 '독자를 기쁘게 해 주는 시인은 동시에 책임감 있는 시민이다'라고 말했던 16세기 사람 타소의 말을 인용하며 자신의 입장을 변호한다. Lewis, "Sometimes Fairy Stories May Say Best What's to Be Said", p. 45.
57 루이스, "주관주의의 독", p. 149.
58 루이스, "나는 왜 반전론자가 아닌가", p. 72.

5장 신앙과 성경

1 C. S. 루이스, "시편", 『기독교적 숙고』, p. 213.
2 세이어, 『루이스와 잭』, p. 368.
3 C. S. 루이스, 『당신의 벗, 루이스』, 홍종락 옮김(서울: 홍성사, 2013), p. 293. 이 편지는 뒤에서 언급할 1952년 11월 8일 존슨 부인에게 보낸 편지인 Lewis, *Collected Letters, Vol. III*, pp. 245-248와 같은 것이다.
4 루이스의 성경관에 대한 논쟁은 다음을 참고하라. Michael J. Christensen, *C. S. Lewis on Scripture: His Thoughts on the Nature of Biblical Inspiration, the Role of Revelation, and the Question of Inerrancy* (Nashville: Abingdon Press, 1989), pp. 34-38.
5 참고. 피터 엔즈, 『성육신의 관점에서 본 성경 영감설: 최신 구약학이 복음주의 성경관에 주는 도전과 복음주의적 대답』, 김구원 옮김(서울: 기독교문서선교회, 2006), pp. 62-65.
6 리빙스턴이 그려 낸 19세기 독일의 성서학자와 20세기 미국의 근본주의자가 역사를 다루는 태도를 비교해 보면 양자의 공통점과 차이를 잘 이해할 수 있다. James Livingston, *Modern Christian Thought, Volume I: The Enlightenment and the Nineteenth Century*, 2nd ed. (Upper Saddle River, NJ: Prentice Hall, 1996), pp. 234, 323.
7 1952년 11월 8일 존슨 부인에게 보낸 편지. Lewis, *Collected Letters, Vol. III*, p. 246.
8 1955년 10월 5일 재닛 와이즈에게 보낸 편지. 같은 책, pp. 652-653; 루이스, 『시편 사색』, p. 156. 와이즈에게 보낸 편지의 한국어 번역은 다음을 참고하라. 루이

스, 『당신의 벗, 루이스』, pp. 432-434.
9 C. S. Lewis, "The Literary Impact of the Authorized Version", in *They Asked For a Paper: Papers and Addresses* (London: Geoffrey Bles, 1962), pp. 47-48.
10 참고. 루이스, "현대 신학과 성경 비평", pp. 282-289.
11 1961년 12월 28일 메리 밴 듀센 부인에게 보낸 편지. Lewis, *Collected Letters, Vol. III*, pp. 1307-1308. 이 편지의 한국어 번역은 다음을 참고하라. 루이스, 『당신의 벗, 루이스』, pp. 557-558.
12 루이스, 『시편 사색』, p. 156.
13 루이스, 『기적』, pp. 107-119. 루이스는 '기적'이 자연법칙에 모순되는 사건을 의미하는 것이 아니라, 오히려 자연이야말로 그대로 두면 혼자 힘으로는 산출할 수 없는 무엇이라고 정의한다.
14 루이스, "현대 신학과 성경 비평", p. 291; 『시편 사색』, p. 157.
15 1955년 10월 5일 재닛 와이즈에게 보낸 편지. Lewis, *Collected Letters, Vol. III*, p. 653.
16 1959년 5월 7일 클라이드 킬비에게 보낸 편지. 같은 책, p. 1046.
17 1959년 5월 7일 클라이드 킬비에게 보낸 편지. 같은 책, p. 1045.
18 Lewis, "The Literary Impact of the Authorized Version", p. 27.
19 1952년 11월 8일 존슨 부인에게 보낸 편지. Lewis, *Collected Letters, Vol. III*, p. 246.
20 1958년 7월 19일 리 터너에게 보낸 편지. 같은 책, p. 961. 이 편지의 한국어 번역은 다음을 참고하라. 루이스, 『당신의 벗, 루이스』, pp. 494-496.
21 루이스, 『시편 사색』, p. 158.
22 같은 책, p. 157.
23 루이스가 어떤 고대 근동의 신화를 염두에 두고 있는지는 명확하지 않다. 하지만 19세기 중반 영국의 탐험가이자 고고학자인 오스틴 헨리 레이어드 경(Austen Henry Layard, 1817-1894)이 "에누마 엘리쉬"의 조각을 발견했고 그 사건이 영국 지성계에 영향을 끼쳤음을 고려한다면, 루이스가 "에누마 엘리쉬"와 창세기 사이의 우주론적 유사성을 알고 있었으리라 추측해 볼 수도 있다.
24 참고. 엔즈, 『성육신의 관점에서 본 성경 영감설』, p. 34.
25 하지만 루이스는 '영감'이라는 개념을 아주 포괄적으로 사용했기에, 루이스가 사용한 '영감'은 엄격한 신학적 개념과는 차이가 있다. 예를 들면, 루이스는 성경뿐만 아니라 모든 편집된 텍스트에 영감이 있을 수 있으며 악한 사람도 자기가 모르는 영감을 받을 수 있다고 설명한다. 1959년 5월 7일 클라이드 킬비에게 보낸

편지. Lewis, *Collected Letters*, Vol. III, p. 1045.

26 심지어 루이스는 신약성경의 예수 그리스도의 재림 예언과 정경에 포함되지 않는 바룩 묵시록, 에녹서, 이사야의 승천 등의 묵시문학 사이의 유사성도 지적한다. C. S. 루이스, "세상의 마지막 밤", 『세상의 마지막 밤』, 홍종락 옮김(서울: 홍성사, 2014), pp. 122-124.

27 윌 바우스는 루이스의 성경론에 대해, 동의 여부를 떠나 "20세기 성경 비평사에서, 특별히 평신도로 루이스보다 더 통찰력 있는 사람도 없을 것"이라며 높게 평가한다. 윌 바우스, 『C. S. 루이스의 신학』, 이용중 옮김(서울: 지식과사랑사, 2009), p. 46.

28 루이스, "시편", p. 223.
29 루이스, 『시편 사색』, p. 162.
30 루이스, "시편", p. 215.
31 루이스, 『시편 사색』, p. 160.
32 1955년 10월 5일 재닛 와이즈에게 보낸 편지. Lewis, *Collected Letters*, Vol. III, p. 653.
33 루이스, 『시편 사색』, p. 162.
34 같은 책, p. 161.
35 같은 책, pp. 168-169.
36 1959년 5월 7일 클라이드 킬비에게 보낸 편지. Lewis, *Collected Letters*, Vol. III, p. 1044.
37 참고. Vanhoozer, "On Scripture", p. 76.
38 C. S. 루이스, "공구실에서 한 생각", 『피고석의 하나님』, pp. 282-287.
39 루이스와 톨킨에게 핵심적인 이 표현은 바필드를 통해 톨킨에게서 구체화된 것으로 보인다. 참고. Kristin Jones, "Tolkien's Mythopoesis", in *Tree of Tales: Tolkien, Literature, and Theology*, ed. Trevor Hart and Ivan Khovacs (Waco, Tex.: Baylor University Press, 2007), pp. 28-30; 루이스, "신화가 사실이 되었다", p. 76; Carpenter, *Inklings*, p. 45.
40 1952년 11월 8일 존슨 부인에게 보낸 편지. Lewis, *Collected Letters*, Vol. III, p. 246.
41 루이스, 『시편 사색』, pp. 67-75.
42 루이스, 『기적』, p. 265 각주 5.
43 1955년 5월 14일 존슨 부인에게 보낸 편지. Lewis, *Collected Letters*, Vol. III, p. 608; 루이스, 『시편 사색』, p. 162.
44 루이스, 『기적』, p. 265. 특히 각주 5를 참고하라.

45 같은 책, p. 258.
46 "[사복음서가] 상상력의 관점에서 보자면 세련미가 부족하고 이야기가 제대로 펼쳐지지 않습니다.…제가 아는 한 플라톤의 일부 대화편을 제외하고는 고대 문헌에서 사복음서와 같은 대화를 담은 글이 없습니다. 현대 문학에서조차 약 1,000년 전 현실주의 소설이 생겨나기 전까지는 그런 종류의 글이 아예 없었습니다." C. S. 루이스, "예수 그리스도를 어떻게 생각할 것인가?", 『피고석의 하나님』, p. 206.
47 예를 들면 디모데후서 3:16-17, 갈라디아서 3:16, 베드로후서 1:21 등이 성경 영감설의 주요 성경적 근거로 인용된다.
48 대표적으로 다음의 비판을 참고하라. John Webster, *Holy Scripture: A Dogmatic Sketch* (Cambridge: Cambridge University Press, 2003), pp. 22-23.
49 루이스, "예수 그리스도를 어떻게 생각할 것인가?", p. 202.
50 Vanhoozer, "On Scripture", p. 85.

나오며: 판타지에 빠진 세계, 재주술화된 그리스도인
1 루이스, 『폐기된 이미지』, p. 144.
2 Pascal, *Pensées*, éd. par Lafuma, B.11. 번역본은 파스칼, 『팡세』, p. 22.
3 막스 베버, "직업으로서의 학문", 『직업으로서의 학문, 직업으로서의 정치』, 이상률 옮김(서울: 문예출판사, 1994), pp. 29-30.
4 이종태, "아슬란의 노래: C. S. 루이스의 재주술화 비전", 2018 서울 C. S. 루이스 컨퍼런스(2018/8), p. 50.
5 이런 관점에서 루이스에 접근하는 다음의 글을 참고하라. 이종태, "모든 것이 빛난다: 루이스의 '나니아 신학' 소고", 『복음과 상황』 277(2013/12), pp. 38-47; 김진혁, "기독교의 재주술화", pp. 163-192.
6 루이스, "신학은 시(詩)인가?", p. 133.
7 루이스, 『폐기된 이미지』, p. 311.
8 C. S. 루이스, "영광의 무게", 『영광의 무게』, pp. 18-19.
9 1955년 9월 28일 칼 헨리에게 보낸 편지. Lewis, *Collected Letters, Vol. III*, p. 651.
10 맥그래스, 『C. S. 루이스』, pp. 343, 517. 이 입장은 대표적으로 1940년 9월 25일 엘리자 멜리언 버틀러에게 보낸 편지에 나온다. Lewis, *Collected Letters, Vol. II*, pp. 444-446.
11 나니아 연대기 7권의 출판 순서는 다음과 같다. 『사자와 마녀와 옷장』(*The Lion,*

the Witch and the Wardrobe, 1950), 『캐스피언 왕자』(*Prince Caspian*, 1951), 『새벽 출정호의 항해』(*The Voyage of the Dawn Treader*, 1952), 『은의자』(*The Silver Chair*, 1953), 『말과 소년』(*The Horse and His Boy*, 1954), 『마법사의 조카』(*The Magician's Nephew*, 1955), 『최후의 전투』(*The Last Battle*, 1956). 이 책들은 모두 한국어로 번역되어 있다(시공주니어 역간).

12 Owen Barfield, "Imagination from *History in English Words* (1925)" in *A Barfield Reader*, ed. G. B. Tennyson (Middletown: Wesleyan University Press, 1999), pp. 42-43.

13 이하 내용의 더 자세한 설명은 다음 논문의 3장, "잉클링스와 신화적 상상력"을 참고하라. 김진혁, "기독교의 재주술화", pp. 168-184.

14 J. R. R. Tolkien, *On Fairy Stories*, in *The Tolkien Reader* (New York: Ballantine Books, 1966), p. 74.

15 같은 곳.

16 참고. C. S. 루이스, "위대한 신화의 장례식", 『기독교적 숙고』, p. 168.

17 루이스, 『오독』, pp. 67-68.

18 『오독』에서는 castle building을 '공상'으로 옮겼지만, 루이스가 이 표현을 사용할 때 독자들의 시각적 이미지를 불러일으키려 했음을 고려하여 여기서는 본래 의미에 더 충실한 '성 쌓기'로 번역하기로 한다. 『오독』 이전에 나온 번역본(『문학비평에서의 실험』)에서도 '성 쌓기'라는 표현을 사용한다. C. S. Lewis, *An Experiment in Criticism* (Cambridge: Cambridge University Press, 1961), p. 52; C. S. 루이스, 『문학비평에서의 실험』, 허종 옮김(서울: 동문선, 2002), p. 66.

19 흥미롭게도 오늘날 '재주술화' 개념이 주목받는 영역 중 하나가 바로 마케팅이다. 참고. Craig J. Thompson, "The McDonalization of Enchantment and Consumers Practices of Re-enchantment: A Dialectic View of Transformative Consumption", *Advances in Consumer Research* 33 (2006): pp. 352-354; George Ritzer, *Enchanting a Disenchanted World: Revolutionizing the Means of Consumption* (Thousand Oakes: Pine Forge Press, 1999).

20 루이스는 '욕망 충족을 위한 상상력'도 있지만 '욕망을 훈련시키는 상상력'도 있다고 주장하며, 판타지를 인간 욕망을 충족하는 기제로 환원할 위험이 있는 프로이트식의 정신분석학에 비판적 거리를 둔다. 루이스는 두 종류의 상상력이 모두 문학 창작의 동력이 될 수 있기에 둘을 구분하는 것은 쉽지 않음을 인정한다. 그럼에도 그는 문학을 통해 욕망이 교육되거나 정화될 수 있다는 입장을 개인적으로 선호하는 듯 보인다. C. S. Lewis, "Psycho-Analysis and Literary Criticism",

in *Selected Literary Essays*, ed. Walter Hooper (Cambridge: Cambridge University Press, 1969), pp. 287-289.
21 루이스, "위대한 신화의 장례식", p. 172.
22 Lewis, "Sometimes Fairy Stories May Say Best What's To Be Said", p. 48.
23 J. R. R. Tolkien, *The Lord of the Ring: The Fellowship of the Ring* (New York: Ballantine Books, 2001), p. 193. 『반지의 제왕』(씨앗을뿌리는사람).

참고문헌

권연경. "성서의 신화와 그 변용: 『호빗』에 나타난 요행과 은총." 「한국기독교신학논총」 76(2011), pp. 245-274.
김진혁. "C. S. 루이스의 자연법적 윤리 연구." 「피어선신학논단」 6/2(2017): pp. 58-81.
_____. "그리스도 안에서 조화된 상상력, 이성, 신앙: C. S. 루이스의 회심과정에 대한 연구." 「횃불트리니티저널」 20/1(2017): pp. 81-104.
_____. "그리스도와 작은 그리스도: C. S. 루이스의 그리스도론의 구원론적 함의 연구." 「횃불트리니티저널」 23/1(2020년 7월 출간 예정).
_____. "기독교의 재주술화: 잉클링스의 신화적 상상력에 관한 연구." 「신학논단」 84(2016): pp. 163-192.
_____. "신학과 예술의 만남: 아름다움, 경이, 상상력을 통한 다리 놓기." 『예술신학 톺아보기』. 예술목회연구원 엮음. 서울: 신앙과지성사, 2017.
김창성. "키케로를 통해 본 고대국가의 이상과 현실." 키케로. 『국가론』. 김창성 옮김. 파주: 한길사, 2007.
루이스, C. S. 『개인 기도』. 홍종락 옮김. 서울: 홍성사, 2019.
_____. 『기독교적 숙고』. 양혜원 옮김. 서울: 홍성사, 2013.
_____. 『기적』. 이종태 옮김. 서울: 홍성사, 2008.
_____. 『당신의 벗, 루이스』. 홍종락 옮김. 서울: 홍성사, 2013.
_____. 『문학비평에서의 실험』. 허종 옮김. 서울: 동문선, 2002.
_____. 『세상의 마지막 밤』. 홍종락 옮김. 서울: 홍성사, 2014.
_____. 『순례자의 귀향: 이성, 신앙, 낭만주의에 대한 알레고리적 옹호서』. 홍종락 옮김. 서울: 홍성사, 2013.
_____. 『순전한 기독교』. 장경철·이종태 옮김. 서울: 홍성사, 2001.
_____. 『스크루테이프의 편지』. 김선형 옮김. 서울: 홍성사, 2005.
_____. 『시편 사색』. 이종태 옮김. 서울: 홍성사, 2004.

_____. 『영광의 무게』. 홍종락 옮김. 서울: 홍성사, 2008.
_____. 『예기치 못한 기쁨』. 강유나 옮김. 서울: 홍성사, 2003.
_____. 『오독: 문학 비평의 실험』. 홍종락 옮김. 서울: 홍성사, 2017.
_____. 『인간 폐지』. 이종태 옮김. 서울: 홍성사, 2006.
_____. 『천국과 지옥의 이혼』. 김선형 옮김. 서울: 홍성사, 2003.
_____. 『폐기된 이미지: 중세 세계관과 문학에 관하여』. 홍종락 옮김. 파주: 비아토르, 2019.
_____. 『피고석의 하나님』. 홍종락 옮김. 서울: 홍성사, 2011.
루터, 마르틴. 『루터 저작선』. 존 딜렌버거 편집. 이형기 옮김. 서울: 크리스챤다이제스트, 1994.
마즈던, 조지 M. 『C. S. 루이스의 순전한 기독교 전기』. 홍종락 옮김. 서울: 홍성사, 2018.
맥그래스, 알리스터. 『C. S. 루이스: 별난 천재, 마지못해 나선 예언자』. 홍종락 옮김. 서울: 복있는사람, 2013.
_____. 『위대한 기독교 사상가 10인』. 신재구 옮김. 서울: IVP, 1992.
맥도널드, 조지. 『전하지 않은 설교』. 박규태 옮김. 서울: 홍성사, 2020.
_____. 『조지 맥도널드 선집』. C. S. 루이스 편. 홍종락 옮김. 서울: 홍성사, 2011.
바우스, 윌. 『C. S. 루이스의 신학』. 이용중 옮김. 서울: 지식과사랑사, 2009.
바턴, 존. 『온 세상을 위한 구약 윤리』. 전성민 옮김. 서울: IVP, 2017.
박성일. 『C. S. 루이스가 만난 그리스도: 루이스 신학과 신앙의 핵심』. 서울: 두란노, 2020.
발만, 요한네스. 『종교개혁 이후의 독일 교회사』. 오영옥 옮김. 서울: 대한기독교서회, 2006.
베버, 막스. 『직업으로서의 학문, 직업으로서의 정치』. 이상률 옮김. 서울: 문예출판사, 1994.
불트만, 루돌프. "신약성서와 신화." 『학문과 실존 II』. 허혁 옮김. 서울: 성광문화사, 1980.
브루너, 에밀. 『정의와 사회질서』. 전택부 옮김. 서울: 대한기독교서회, 2003.
비어슬리, 먼로 C. 『미학사』. 이성훈·안원현 옮김. 서울: 이론과실천, 1987.
비크너, 프레드릭. 『기이하고도 거룩한 은혜: 고통과 기억의 위로』. 홍종락 옮김. 서울: 비아토르, 2019.
세이어, 조지. 『루이스와 잭』. 홍종락 옮김. 서울: 홍성사, 2006.
세이어즈, 도로시. 『맹독』. 박현주 옮김. 서울: 시공사, 2011.
_____. 『창조자의 정신』. 강주헌 옮김. 서울: IVP, 2007.

어거스틴. 『고백록』. 선한용 옮김. 서울: 대한기독교서회, 2003.
엔즈, 피터. 『성육신의 관점에서 본 성경 영감설: 최신 구약학이 복음주의 성경관에 주는 도전과 복음주의적 대답』. 김구원 옮김. 서울: 기독교문서선교회, 2006.
윌리엄스, 로완. 『심판대에 선 그리스도: 우리의 판단을 뒤흔드는 복음에 관하여』. 민경찬 · 손승우 옮김. 서울: 비아, 2018.
이종태. "모든 것이 빛난다: 루이스의 '나니아 신학' 소고." 「복음과 상황」 277(2013/12), pp. 38-47.
_____. "아슬란의 노래: C. S. 루이스의 재주술화 비전." 2018 서울 C. S. 루이스 컨퍼런스(2018/8).
체스터턴, G. K. 『G. K. 체스터턴의 정통』. 홍병룡 옮김. 서울: 아바서원, 2016.
칸트, 임마누엘. 『실천이성비판』. 백종현 옮김. 서울: 아카넷, 2009.
파스칼, 블레즈. 『팡세』. 이환 옮김. 서울: 민음사, 2003.
프랭클, 빅터. 『삶의 의미를 찾아서』. 이시형 옮김. 파주: 청아출판사, 2017.
홍종락. 『오리지널 에필로그: 번역가 홍종락의 C. S. 루이스 에세이』. 서울: 홍성사, 2019.

Adey, Lionel. *C. S. Lewis's "Great War" with Owen Barfield*. Victoria, B. C.: University of Victoria, 1978.
Aquinas, Thomas. *Summa Theologiae*, Ia 2ae. 『신학대전』(바오로딸).
Aristotle. *De Anima*. 『영혼에 관하여』(아카넷).
Augustinus. *Confessiones*. 『고백록』(대한기독교서회).
_____. *De civitas Dei*. 『신국론』(분도출판사).
_____. *De doctrina Christina*. 『그리스도교 교양』(분도출판사).
Barfield, Owen. "Imagination from *History in English Words* (1925)." In *A Barfield Reader*. Ed. G. B. Tennyson. Middletown: Wesleyan University Press, 1999.
_____. "The Five C. S. Lewises." In *On C. S. Lewis*. Ed. G. B. Tennyson and Jane Hipolito. Oxford: Barfield Press, 2011.
Barfield, Owen and Lewis, C. S. *The 'Great War' of Owen Barfield and C. S. Lewis: Philosophical Writings 1927-1930*. Ed. Norbert Feinendegen and Arend Smilde. Oxford: Inklings Studies, 2015.
Barker, Dan. *Mere Morality*. Durham, NC: Pitchstone Publishing, 2018.
Barth, Karl. *Church Dogmatics* IV/1. Ed. Thomas Torrance and Geoffrey Bromiley. Edinburgh: T & T Clark, 1956. 『교회교의학』(대한기독교서회).

Bremer, John. *C. S. Lewis, Poetry, and the Great War 1914–1918*. Lanham: The Rowman & Littlefield Publishing Group, 2014.

Brown, Devin. *A Life Observed: A Spiritual Biography of C. S. Lewis*. Grand Rapids: Brazos Press, 2013. 『C. S. 루이스의 생애』(기독교문서선교회).

Camp, Lee C. *Mere Discipleship: Radical Christianity in a Rebellious World*, 2nd ed. Grand Rapids: Brazos Press, 2008.

Carnell, Corbin Scott. *Bright Shadow of Reality: Spiritual Longing in C. S. Lewis*. Grand Rapids: William B. Eerdmans, 1974.

Carpenter, Humphrey. *The Inklings: C. S. Lewis, J. R. R. Tolkien, Charles Williams and Their Friends*. London: HarperCollins, 2006.

Christensen, Michael J. *C. S. Lewis on Scripture: His Thoughts on the Nature of Biblical Inspiration, the Role of Revelation, and the Question of Inerrancy*. Nashville: Abingdon Press, 1989.

Descartes, René. *Discours de la Méthode*. 『방법서설』(문예출판사).

Duesing, Jason G. *Mere Hope: Life in an Age of Cynicism*. Nashville: B. & H. Publishing, 2018.

Duriez, Colin. *C. S. Lewis: A Biography of Friendship* (Oxford: Lion Hudson, 2013).

Fraser, Campbell. *Philosophy of Theism*. 2nd Series. Edinburgh and London: William Blackwood and Sons, 1896.

Geisler, Norman. *Christian Ethics: Contemporary Issues and Options*, 2nd ed. Grand Rapids: Baker Academy, 2010.

Green, Roger L. and Hooper, Walter. *C. S. Lewis: A Biography*. New York and London: Harcourt Brace Jovanovich, 1974.

Gregory of Nyssa, *Contra Eunomium*.

Griffin, William. *Clive Staples Lewis: A Dramatic Life*. San Francisco: Harper & Row, 1986.

Guite, Malcolm. "Poet." In *Cambridge Companion to C. S. Lewis*. Ed. Robert MacSwain and Michael Ward. Cambridge: Cambridge University Press, 2010.

Harrison, Peter. *The Bible, Protestantism, and the Rise of Natural Science*. New York: Cambridge University Press, 2001.

Hauerwas, Stanley. *Naming the Silences: God, Medicine and the Problem of Suffering*. Edinburgh: T & T Clark, 1993.

_____. *Peaceable Kingdom: A Primer In Christian Ethics*. Notre Dame: University of Notre Dame Press, 1991.

Hernandez, Wil. *Mere Spirituality: The Spiritual Life according to Henri Nouwen*. London: SPCK, 2016.

Holmer, Paul. *C. S. Lewis: The Shape of His Faith and Thought*. San Francisco: Harper & Row, 1976.

Hooper, Walter. "Introduction." In *The Letters of C. S. Lewis to Arthur Greeves (1914-1963)*. Ed. Walter Hooper. New York: Collier Books, 1986.

_____. *C. S. Lewis: The Companion & Guide*. London: HarperCollins, 1996.

Jacobs, Alan. *The Narnian: The Life and Imagination of C. S. Lewis*. London: SPCK, 2005.

Jenkins, Philip ed. *Remembering Armageddon: Religion and the First World War*. Waco, TX: Baylor ISR, 2015.

Jones, Kristin. "Tolkien's Mythopoesis." In *Tree of Tales: Tolkien, Literature, and Theology*. Ed. Trevor Hart and Ivan Khovacs. Waco, Tex.: Baylor University Press, 2007.

Kähler, Martin. *The So-called Historical Jesus and the Historic, Biblical Christ*. Trans. Carl E. Braaten. Philadelphia: Fortress Press, 1964.

Keeble, N. H. "C. S. Lewis, Richard Baxter, and 'Mere Christianity.'" *Christianity and Literature* 30/3 (1981): pp. 27-44.

King, Don W. *C. S. Lewis, Poet: The Legacy of His Poetic Impulse*. Kent: The Kent State University Press, 2005.

Lessing, Gotthold Ephraim. *Lessing's Theological Writings: Selections in Translation*. Trans. Henry Chadwick. London: Adam & Charles Black, 1956.

Lewis, C. S. "Bluspels and Flalansferes: A Semantic Nightmare." In *Selected Literary Essays*. Ed. Walter Hooper. Cambridge: Cambridge University Press, 1969.

_____. "Loki Bound" (extracts) in C. S. Lewis, *The Collected Poems of C. S. Lewis: A Critical Edition*. Ed. Don W. King. Kent: The Kent State University Press, 2015.

_____. "Myth Became Fact." In *Essay Collection: Faith, Christianity and the Church*. Ed. Lesley Walmsley. London: HarperCollins, 2000.

_____. "Psycho-Analysis and Literary Criticism." In *Selected Literary Essays*.

Ed. Walter Hooper. Cambridge: Cambridge University Press, 1969.

_____. "Sometimes Fairy Stories May Say Best What's To Be Said." In *On Stories, and Other Essays on Literature*. Ed. Walter Hooper. New York: Harcourt Brace Jovanovich, 1982.

_____. "The Literary Impact of the Authorized Version." In *They Asked For a Paper: Papers and Addresses*. London: Geoffrey Bles, 1962.

_____. *An Experiment in Criticism*. Cambridge: Cambridge University Press, 1961.

_____. *Collected Letters, Vol. I: Family Letters 1905-1931*. Ed. Walter Hooper. New York: HarperCollins, 2000.

_____. *Collected Letters, Vol. II: Books, Broadcasts, and the War 1931-1949*. Ed. Walter Hooper. New York: HarperCollins, 2007.

_____. *Collected Letters, Vol. III: Narnia, Cambridge, and Joy, 1950-1963*. Ed. Walter Hooper. New York: HarperCollins, 2007.

_____. *Spirits in Bondage: A Cycle of Lyrics*. San Diego: Harcourt Brace Jovanovich, 1984.

_____. *Surprised by Joy*. Glasgow: Collins, 1955. 『예기치 못한 기쁨』(홍성사).

_____. *The Discarded Image: An Introduction to Medieval and Renaissance Literature*. Cambridge: Cambridge University Press, 1964. 『폐기된 이미지』(비아토르).

Livingston, James. *Modern Christian Thought, Volume I: The Enlightenment and the Nineteenth Century*, 2nd ed. Upper Saddle River, NJ: Prentice Hall, 1996.

Lucas, J. R. "Restoration of Man: A Lecture given in Durham on Thursday October 22nd, 1992 to Mark the Fiftieth Anniversary of C. S. Lewis's *The Abolition of Man*." *Theology*, November/December (1995): pp. 445-456. http://users.ox.ac.uk/~jrlucas/lewis.html(2020. 6. 23. 최종 접속).

Luther, Martin. *Treatise on Good Works* (1520). In *Luther's Works*, vol 44. Ed. James Atkins. Trans. W. A. Lambert. Philadelphia: Fortress Press, 1966.

Lyons, John D. "Descartes and Modern Imagination." *Philosophy and Literature* 23/2 (1999): pp. 302-312.

Marsden, George M. "'Mere Christianity' Still Gets a Global Amen." *Wall Street Journal* (2016. 3. 24.). https://www.wsj.com/articles/mere-christianity-still-gets-a-global-amen-1458858161(2020. 6. 23. 최종 접속).

McGrath, Alister. *C. S. Lewis: A Life: Eccentric Genius, Reluctant Prophet*. London: Hodder & Stoughton Ltd, 2013. 『C. S. 루이스』(복있는사람).

_____. *Mere Apologetics: How To Help Seekers and Skeptics Find Faith* (Grand Rapids: Baker Books, 2012). 『알리스터 맥그래스의 기독교 변증』(국제제자훈련원).

_____. *Mere Discipleship: Growing in Wisdom and Hope*. Grand Rapids: Baker Books, 2018. 『지성의 제자도』(죠이북스).

_____. *The Intellectual World of C. S. Lewis*. Oxford: Wiley-Blackwell, 2014.

Meilaender, Gilbert. "On Moral Knowledge." In *Cambridge Companion to C. S. Lewis*. Ed. Robert MacSwain and Michael Ward. Cambridge: Cambridge University Press, 2010.

Mihoc, Vasile. "An Example of Late Patristic Use and Interpretation of Holy Scripture: St. Maximus Confessor." In *Begegnungen in Vergangenheit und Gegenwart*. Ed. Claudia Rammelt, Cornelia Schlarb and Egbert Schlarb. Berlin: LIT, 2017.

Nussbaum, Martha C. *Love's Knowledge: Essays on Philosophy and Literature*. New York: Oxford University Press, 1992.

_____. *The Fragility of Goodness: Luck and Ethics in Greek Tragedy and Philosophy*. Cambridge: Cambridge University Press, 2001.

Orrick, Jim Scott. *Mere Calvinism*. Philipsburg: P. & R. Publishing, 2019.

Pascal, Blaise. *Pensées*. éd. par Lafuma. 『팡세』(민음사).

Pike, Mark A. *Mere Education: C. S. Lewis as Teacher for our Time*. Cambridge: The Lutterworth Press, 2013. 『C. S. 루이스의 순전한 교육』(IVP).

Platon, *Politeia*. 『국가』(서광사).

Prothero, James and Williams, Donald T. *Gaining a Face: The Romanticism of C. S. Lewis*. Newcastle upon Tyne: Cambridge Scholars Publishing, 2013.

Ramsey, Arthur Michael. *From Gore to Temple: The Development of Anglican Theology between* Lux Mundi *and the Second World War 1889-1939*. London: Longmans, 1960.

Ritzer, George. *Enchanting a Disenchanted World: Revolutionizing the Means of Consumption*. Thousand Oakes: Pine Forge Press, 1999.

Sayer, George. *Jack: C. S. Lewis and His Times*. London: Macmillan, 1988. 『루

이스와 잭』(홍성사).

Segal, Robert A. *Myth: A Very Short Introduction* (Oxford: Oxford University Press, 2004).『신화란 무엇인가』(아카넷).

Shakespeare, William. *King Lear*.

Shaw, Matthew. "Memory, Belief, and Superstition." *British Library* (2014. 1. 29.). http://www.bl.uk/world-war-one/articles/faith-belief-and-superstition(2020. 6. 23. 최종 접속).

Smedes, Lewis B. *Mere Morality: What God Expects from Ordinary People*. Grand Rapids: W. B. Eerdmans Pub., 1983.

Sophochles, *Antigone*.『소포클레스 비극 전집』(숲).

Stendahl, Krister. "The Apostle Paul and the Introspective Conscience of the West." *Harvard Theological Review* 56/3 (1963): pp. 199-215.

Strauss, D. F. *The Life of Jesus Critically Examined*. Trans. from 4th German ed. by George Eliot. London: Swan Sonnenschein & Co., 1906.

Taylor, Daniel. "The Scientists Take Over: C. S. Lewis Denounced Transhumanism in 1945." *Old Thinker News* (2012. 3. 1.). http://www.oldthinkernews.com/2012/03/01/the-scientists-take-over-c-s-lewis-denounced-transhumanism-in-1945(2020. 6. 23. 최종 접속).

Thompson, Craig J. "The McDonalization of Enchantment and Consumers Practices of Re-enchantment: A Dialectic View of Transformative Consumption." *Advances in Consumer Research* 33 (2006): pp. 352-354.

Tolkien, J. R. R. *On Fairy Stories*. In *The Tolkien Reader*. New York: Ballantine Books, 1966.

_____. *The Lord of the Ring: The Fellowship of the Ring*. New York: Ballantine Books, 2001.『반지의 제왕』(씨앗을뿌리는사람).

Vanhoozer, Kevin. "On Scripture." In *Cambridge Companion to C. S. Lewis*. Ed. Robert MacSwain and Michael Ward. Cambridge: Cambridge University Press, 2010.

Webster, John. *Holy Scripture: A Dogmatic Sketch*. Cambridge: Cambridge University Press, 2003.

Williams, Donald. *Mere Humanity: G. K. Chesterton, C. S. Lewis, and J. R. R. Tolkien on the Human Condition*. Nashville: DeWard Publishing, 2018.

Wilson, A. N. *C. S. Lewis: A Biography*. London: Collins, 1990.

Wilson, Ian. "William Thompson Kirkpatrick (1848-1921)." *Journal of Craigavon Historical Society* 8/1 (2000-2001). http://www.craigavon historicalsociety.org.uk/rev/wilsonikirkpatrick.html(2020. 6. 23. 최종 접속).

Wilson, Todd A. *Mere Sexuality: Rediscovering the Christian Vision of Sexuality* (Grand Rapids: Zondervan, 2017).

"Book of the Century." *Christianity Today* (2000. 4. 24.). https://www.christianitytoday.com/ct/2000/april24/5.92.html(2020. 6. 23. 최종 접속).

"Chicago Statement on Biblical Hermeneutics." http://www.bible-researcher.com/chicago2.html(2020. 6. 23. 최종 접속).

"mere". *Cambridge Dictionary*. https://dictionary.cambridge.org/dictionary/english/mere(2020. 6. 23. 최종 접속).

『국립국어원 표준국어대사전』. https://stdict.korean.go.kr/search/searchView.do?word_no=392442&searchKeywordTo=3(2020. 6. 23. 최종 접속).

http://www.census.nationalarchives.ie/pages/1901/Down/Victoria/Dundella_Avenue/1221931(2020. 6. 23. 최종 접속).

인명 찾아보기

그레고리오스, 니사의(Gregory of Nyssa) 71, 176
그리브즈, 아서(Arthur Greeves) 41, 46, 49, 52, 58, 75, 94, 117, 214주19, 214주20, 221주41

다이슨, 휴고(Hugo Dyson) 84, 92, 94
던, 존(John Donne) 67, 230주56
데카르트, 르네(René Descartes) 72, 133, 218주7, 218주8

루이스, 알버트(Albert James Lewis, 아버지) 33-37, 64, 81, 91-92, 221주43-45
루이스, 워런(Warren Hamilton Lewis, 형) 31-32, 36, 65-66, 90
루이스, 플로라(Florence Augusta Lewis, 어머니) 32-33, 50, 64-65, 212주6
루카스(J. R. Lucas) 218주63, 229주51
루터, 마르틴(Martin Luther) 95, 142, 227주24, 228주37

맥그래스, 알리스터(Alister McGrath) 12, 57, 62, 71, 171, 210주10, 212주2, 220주25, 221주41, 221주43
맥도널드, 조지(George MacDonald) 74, 77-78, 88, 108, 190-191, 219주15
맬러리, 토마스(Thomas Malory) 44, 214주26

바우스, 윌(Will Vaus) 12, 232주27
바턴, 존(John Barton) 145-146
바필드, 오언(Owen Barfield) 28, 65, 84-85, 93, 109, 214주20, 220주32, 220주35, 221주49, 222주53, 232주39
밴후저, 케빈(Kevin Vanhoozer) 193, 224주13
버니언, 존(John Bunyan) 130
베르그송, 앙리(Henri Bergson) 82
베버, 막스(Max Weber) 194
보에티우스(Boethius) 88
불트만, 루돌프(Rudolf Bultmann) 167, 168-171, 224주17
비크너, 프레드릭(Carl Frederick Buechner) 65

드 생텍쥐페리, 앙투안(Antoine de Saint-Exupéry) 160

세이어, 조지(George Sayer) 62, 65, 213주13
세이어즈, 도로시(Dorothy L. Sayers) 47, 151-153
셰익스피어, 윌리엄(William Shakespeare) 27, 64, 66주3
소크라테스(Socrates) 141, 142
쇼펜하우어, 아르투어(Arthur Schopenhauer) 215주29
슈트라우스, 다비드(David Strauss) 224주18
슐레겔, 아우구스트 빌헬름(August Wilhelm Schlegel) 73

아리스토텔레스(Aristotélēs) 72, 229주47, 229주53
아우구스티누스(Augustinus) 96-97, 142, 156, 228주37
아퀴나스, 토마스(Thomas Aquinas) 142, 227주25
알라누스(Alanus) 158
웰치, 존(John Welch) 139
이종태 14, 233주5

체스터턴(G. K. Chesterton) 38-41, 63, 78-80

칸트, 임마누엘(Immanuel Kant) 137, 218주8, 266주5, 226주7
칼뱅, 장(Jean Calvin) 142, 166
커크패트릭, 윌리엄(William Kirkpatrick) 36-37, 40, 74, 213주16, 213주18, 215주29
킹, 돈(Don W. King) 62, 217주51

톨킨(J. R. R. Tolkien) 65, 84, 92-94, 202-203, 208, 221주49, 221주51, 323주39

파러, 오스틴(Austin Farrer) 65.
파스칼, 블레즈(Blaise Pascal) 103, 195
프랭클, 빅터(Viktor Frankl) 115주4
프레이저, 제임스(James George Fraser) 215주29
프레이저, 캠벨(Campbell Fraser) 226주7
프로이트, 지크문트(Sigmund Freud) 42, 234주20
플라톤(Platon) 85, 154, 159, 229, 233주46

하우어워스, 스탠리(Stanley Hauerwas) 55, 227주21
하이데거, 마르틴(Martin Heidegger) 168
헨리, 칼(Carl Henry) 199
호메로스(Hómēros) 122
홀머, 폴(Paul Holmer) 161, 230주55
홍종락 14, 184
후퍼, 월터(Walter Hooper) 12, 53, 215주29, 217주62
히에로니무스(Hieronymus) 166

주제 찾아보기

가슴(chest) 74, 142, 154, 157-158, 193, 208
가현설 177-178
갈망 73-76, 93, 97, 103, 118, 130-131, 175, 188, 191, 199. 또한 '동경'을 보라.
감각 37, 84, 112, 126, 150, 170
감정 36-37, 59, 60-61, 70, 75, 83, 91주45, 123, 155-158, 161, 181, 183, 210주9, 229주53
거짓/거짓말 34, 37, 91, 92, 93, 115, 140, 148, 189-191, 202, 228주40
겸비/겸손 86, 177-178, 201
경이 32, 59, 74, 79, 197, 206
경험 17, 32-34, 47, 57, 62-63, 74-75, 81, 87-88, 98, 110-112, 116, 124, 126-127, 133, 137, 183, 185-187, 197, 199, 217주61
계몽주의 39, 72-73, 154, 169
계시 117-118, 122, 128-129, 131주2, 165, 178, 186-191
고대 22, 42-43, 54, 84, 94, 116-117, 120-122, 128, 142, 145, 159, 165, 170, 175, 186-187, 189, 195, 199, 201, 225주36, 233주46

고대 근동 145, 173-174, 180, 186, 231주23
『고백록』 96-97
고통 33, 50-52, 56, 58, 63-65, 98, 213주13
『고통의 문제』 65, 199
공공선 152, 157
공동체 82, 140, 142, 149, 157, 197, 200
공포 35, 42, 57, 151
과학 21, 46, 54, 78, 116, 118-119, 122-125, 157, 165-166, 181, 195-196, 198, 226주7
관념론 82-85, 218주62
광기 38-39, 56
교단/교파 15-17
교리 43-45, 78, 92-93, 118-121, 135, 149, 187, 224주13, 225주38
교리주의 148, 206
교회 35, 37, 44, 53-54, 90, 94, 98, 121, 130, 144-145, 167, 176-178
『구속된 영혼』 58, 59, 62-63, 69, 82, 216주50, 217주51, 217주61, 217주62
구원 79, 129, 168

근대 53, 55, 71, 116, 119-120, 122, 142, 165, 171, 175, 195, 197-198, 201, 203, 206
근본주의 165, 167, 172, 175, 192, 230주6
기계 21, 78, 195, 201
기도 49-51, 70, 86, 163, 215주35
기쁨 60, 74-75, 157, 181, 184, 193, 211주11. 또한 '즐거움'을 보라.
기숙학교 34-36, 50, 56, 65, 74
기적 44, 50, 128, 171-172, 178, 231주13
껍데기 44, 120-121
꿈 67, 72, 73, 75, 113, 189

『나니아 연대기』 21, 118, 200-201, 205, 207, 212주6, 233주11
낭만적 37, 73, 76, 219주9
낭만적 합리주의 85
낭만주의 73-75, 85, 123, 218주8, 219주11, 221주51
낭패감 151, 155
논리 37, 38-40, 47, 83, 128, 167, 176, 199-200
논증 37, 55, 92-93, 109, 124, 133, 139, 147, 149, 150-151, 197, 200, 226주7

덕 156, 162, 200, 205
도덕/도덕법/도덕률 44-45, 130, 132, 137, 139-143, 145-156, 161-162
도덕 교육 155-157, 161
도피 58, 201, 203, 217주51
독서 27, 82, 160, 182-184, 186
동경 32, 59, 70, 73-75, 93, 103, 217주61. 또한 '갈망'을 보라.

동화 77-78, 199, 207
로고스 83, 197
로키 51-52
르네상스 21
『리어왕』 64, 66

마법/마법사 21, 60, 61, 75, 79, 199, 206-207, 212주6
마술사 50
망상 57, 73, 162, 205
『맹독』 47
무신론 28, 36, 41, 44-45, 49, 53, 55, 58-59, 62-63, 67, 71, 77, 80, 82, 84, 94, 217주55
무신론자 15, 17-19, 22, 28-29, 32, 35, 37, 41-42, 44, 46, 62, 83, 98, 107, 133, 143, 212주7, 213주13
무의식 49, 81, 117, 174, 178, 187, 226주14
무한 38, 40, 73, 103, 137-138, 190, 202, 206
문자 121, 148, 181
문자주의 165
문학 20, 37, 62, 122, 130, 134, 139, 159, 168-169, 175, 180, 182, 188, 191, 193, 201, 203, 205, 207, 224주23, 233주46, 234주20
문화 28, 71-72, 110, 142-143, 177
미신 21, 203, 216주32
믿음 36, 46-49, 54, 60, 72, 79, 92, 95, 97, 125, 132, 161-162, 176, 184, 197-198, 200-201, 215주32

바울 89, 95-97, 115, 142, 144, 150-151, 171, 228주37
'밝은 그림자' 74-76
방어기제 58
배교 32, 56
변증/변증학 37, 55, 94, 120, 139, 149, 151, 200, 206, 212주7, 226주9
변증가 12, 28, 44, 47, 67, 139, 154, 199, 200
변증서 20, 67, 94
변환 109-114, 223주10
보편성 39, 140, 148, 150, 152, 227주17
복음주의 15, 167, 176, 177주6, 199, 227주17
부활 22, 45, 128, 172, 188, 225주38
불멸/영생 45, 61, 92
비신화화 167-170, 188
빛 75, 97-98, 108, 111, 115, 173, 178, 181, 191, 193, 202

사랑 47-48, 104, 115, 127, 143, 156, 160, 181, 187, 197, 202, 206, 211주3
사랑의 질서(ordo amoris) 156
"사슬에 묶인 로키" 51-52
사실 44, 49, 92, 94, 104, 117, 125, 128, 134-135, 142, 147-148, 151, 159-160, 165-167, 169, 172, 180, 188, 192, 196-197, 199, 201, 225주38
삼화음의 원리 130주1, 158-160
상상/상상력 11, 17-22, 37-40, 43-45, 47, 62, 71-73, 75-78, 81, 84-85, 87, 92-94, 97, 98-100, 105, 107-134, 141, 159, 163, 169-170, 181, 183, 185-187, 193, 195, 196, 198, 199-201, 202-205, 206-208, 212주6, 217주7, 217주8, 219주18, 221주51, 223주2, 223주10, 233주46, 234주20
상상력의 회심/세례 71-77(특히 76), 81, 84, 87, 108
섭리 38, 41, 87-89, 190-191, 197, 219주19
성 쌓기(castle building) 204-205, 234주18
성경 28, 84, 90, 96, 109, 119-120, 123, 138-139, 143-146, 163-182, 184-190, 192-193, 214주25, 227주24, 231주25, 232주27, 233주47
성경 무오설 167, 176
성경 영감설 166, 171-172, 179-180, 181, 192-193, 231주25, 233주47
성경의 권위 164-165, 167, 171-173, 175-176, 180, 184, 192
성육신 22, 92-93, 96, 117-118, 121-122, 128-129, 134-135, 147, 170, 172-173, 175-179, 187-188, 191-192, 199, 225주36, 225주40
성품 17, 155-157, 161, 200
세계대전 53, 56-57, 60, 65, 81-82, 84, 139, 161, 209주1, 216주42, 216주50, 218주62
순례/순례자/순렛길 69, 98-100, 130-131, 208, 217주61
『순례자의 귀향』 118, 130, 132-133, 169-171, 212주2
순전한(mere) 15-18, 21, 199, 210주6
순전한 그리스도인 16, 18, 22, 206-208
『순전한 기독교』 15, 88, 90, 140, 154, 199, 209주1

순종 83, 146
『스크루테이프의 편지』 70, 199, 215주35
시(詩) 38, 51-52, 58-63, 69-70, 73-74, 80-81, 99, 122-125
시대정신 21, 55, 122, 135, 167, 188, 198
시인 38, 51, 59-62, 117, 122-125, 218주65, 230주56
신념 19, 27-28, 37, 40, 45, 58, 67, 71-72, 82, 85, 146-148, 157, 161-162
신뢰 48, 125, 150, 193, 200-201, 205, 207
신비 48, 60-61, 64, 66, 73, 79, 87-89, 92-93, 96, 111, 138, 169, 176, 178-179, 182-183, 188, 191, 195-196, 199
신앙 16-22, 27-29, 31-32, 34-36, 40, 41-46, 49-52, 55, 58, 62-63, 65, 67, 69-71, 72, 74, 76, 84, 92-94, 97, 98-100, 103-105, 107-108, 120, 122, 127, 132-133, 138-139, 159, 163, 172, 185, 187, 191, 193, 197-201, 203, 206-208, 212주6, 213주13, 214주18, 214주21, 216주42, 221주41
신앙의 회심 90-95, 97, 99, 133, 163
신앙인 22, 28, 99-100, 121, 138, 146, 164, 192
신앙주의 100, 138, 206
신학 28, 44, 55, 71, 94, 95, 105, 118, 125, 130, 134-135, 142, 165-166, 169, 192, 201, 228주37
"신학은 시인가" 135

신화 19, 21-22, 42-45, 51-52, 69, 74, 92-94, 98, 104-105, 107, 112, 116-121, 121-123, 125-129, 130-132, 133-135, 164-166, 168-170, 173-174, 180, 185-188, 189-191, 198-201, 202-205, 206-207, 215주29, 219주15, 221주49, 223주9, 224주13, 224주14, 224주15, 224주18, 224주23, 225주36, 231주23
신화적 상상력 21, 116, 126-129, 169, 199, 221주51
실재 57, 72, 75, 78, 81, 83-84, 89, 93-94, 107, 110-113, 116-117, 119, 121, 123, 125-128, 135, 155-156, 158, 189, 200, 203-204, 223주2, 224주14
실정법 141-142
실존주의 168-169, 171주4, 224주17
실천이성 138, 143, 226주5, 226주7
『실천이성 비판』 137
심판/심판자/심판대 45, 50, 53-55, 73, 145, 153

『아서왕의 죽음』 214주26
아름다움 32, 37, 59, 61-62, 73-74, 76, 97, 138, 179, 208
아슬란 200, 205, 207
아이/어린이/어린아이 33, 48, 61, 77-79, 113-114, 131, 161-162, 200, 205-206, 207
알레고리 118, 132, 169, 219주15
알맹이 44, 120-121
양심 35, 50-51, 104-105, 132, 137-139, 141-142, 144-146, 149-150,

181, 213주13, 228주37
양자설 177-178
언어 44, 74, 87, 109-110, 118-120, 122-124, 128, 151-152, 168, 170, 176-177, 184, 193, 195-196, 202, 206, 223주10, 224주13
"에누마 엘리쉬" 173-174, 231주23
여정/여행 22, 71, 94, 96, 99-100, 130, 134, 163, 169, 206-207
역사 42-44, 71, 95-96, 103-105, 121, 125, 128-132, 133-135, 141-143, 159, 162, 164-167, 171-173, 176, 178, 180, 187-188, 192-193, 198, 201, 213주16, 219주19, 222주53, 225주38, 225주40, 230주6
역사비평 166-167, 172, 175
역사주의 42-43
역설 21, 37, 38-39, 58, 60, 86, 92, 138, 149, 162, 203
염세주의 52, 57
영문학/영문학자 20, 22, 27, 28, 62, 81-82, 92, 164, 200, 206
영원/영원성 40, 52, 79, 87-89, 131, 206
『영원한 사람』 82
영혼 45, 51, 58-59, 63, 89, 92, 186, 215주29, 217주62
『예기치 못한 기쁨』 18-19, 87, 91, 210주10,
예수/그리스도/예슈아 22, 29, 43-44, 77, 83, 90, 92, 94, 95, 104, 105, 109, 118, 121, 128-129, 132, 134-135, 147, 151, 163-164, 172-173, 175-179, 181-182, 188, 191, 193, 200,

214주25, 225주38, 232주26
『오독』 182, 211주2, 223주9, 234주18
오딘 43, 51-52
요정 22, 61, 199
욕망 70, 74-76, 80, 103-104, 131-133, 153, 155-157, 161, 183, 193, 203-204, 213주13, 222주2, 234주20
용서 139, 147, 155
『우리가 얼굴을 찾을 때까지』 118, 213주18
우주/삼라만상/코스모스 21, 51, 58, 78-79, 82-84, 110, 122-123, 138-139, 143, 145, 154주1, 159-160, 169, 173-175, 195-197, 201
위로/위안 33, 60, 64-65, 151, 205, 228주30
유머 11, 39, 127
유신론 83-84, 90, 210주11, 221주43
유한 38, 73, 138,
율법 142, 144-145, 150, 228주37
은유 62, 123-125
은혜 17, 80, 146, 151, 154, 193, 206
의미 21, 57, 65, 76, 92-94, 96-97, 105, 107, 109-111, 117-119, 129, 134-135, 169, 191, 193, 195-202, 206
의심 47-49, 143
의지 35, 64, 70, 76, 110, 151, 172, 201, 215주29
『의지와 표상으로서의 세계』 215주29
이미지 72-73, 113, 116-123, 125, 134, 169, 186, 195, 202, 224주14, 234주18
이성 17-22, 38-40, 72, 73, 76, 85, 92-94, 97, 98-99, 104-105, 107, 108, 112, 116, 119, 126, 128, 129, 132,

133, 137-138, 141, 143, 146, 147-149, 155-156, 159. 161, 163, 185, 197, 199, 200, 201, 203, 206-208, 212주6, 218주7, 227주24, 229주53
이성의 회심 80-90, 97
이야기 11, 40, 44, 65, 75, 83, 93, 95, 118-119, 121, 126, 128-130, 134-135, 165, 169-174, 186-188, 190, 199-202, 205, 207, 224주15, 233주46
인간 17, 21, 35, 40, 42, 50-52, 54-55, 57-58, 60-61, 63-64, 71-73, 79, 82-84, 86-89, 93-94, 103-105, 112-113, 118-119, 126-127, 129, 130-131, 133, 137-143, 145, 149-157, 159, 161-162, 167, 168, 171-173, 175-180, 183, 186-188, 191-193, 196-198, 200-206, 229주51
인과 관계 76, 219주19
인류학 116, 133, 142, 189, 215주29
잉클링스 82, 84, 221주49

자연 37, 42, 58-59, 61, 79, 81, 108, 112, 138, 141, 144-145, 157, 189, 196, 201, 217주51, 225주36, 261주7, 231주13
자연법 139-140, 142-154, 161, 226주14, 227주17, 227주18, 227주21, 227주24, 227주25, 228주29, 229주40
자연법칙 78, 137, 139, 145, 219주19, 231주13
자연신학 138
자연주의 42, 214주18
자유 86-89, 152주1, 153, 188, 205
자유주의 164-167, 171, 192

자율 45, 154
재주술화 21, 195, 197, 199, 203, 206-207, 234주19
재판/재판장 47, 53-55
전설 44, 173, 192
전쟁시 62, 217주58
『전하지 않은 설교』 77, 78주1, 190주2
정신분석학 103, 116, 205주20
종교 35, 37, 41-46, 54, 78, 83, 85, 92-96, 103, 112, 121, 122-123, 137-138, 142, 151, 154, 186-187, 191, 196-198, 204, 215주29, 222주53, 224주18
종교개혁/종교개혁자 95, 142, 166, 227주17, 227주18
죄 79, 91, 104, 147, 177
죄책감 35, 37, 51, 91, 139, 150-151, 213주13, 226주9, 228주37
주술 15, 80, 193, 195-196, 199, 203, 205, 207
주술화 199
죽음 22, 33-34, 45, 50, 56, 63-66, 91, 93, 104, 128, 135, 141, 182-183, 186, 188-189, 219주18, 221주43, 221주44, 221주45, 225주36
즐거움 40, 60, 126. 또한 '기쁨'을 보라.
증거 37, 42, 45, 46-48, 55, 63, 135, 147
지성 16, 47, 72, 126-127, 129, 158, 181, 187, 201, 206
지혜 39, 49, 51, 112, 145, 148, 158-159, 161, 178, 187, 196-198
진리 23, 39, 85, 93, 97, 105, 116-122, 127-128, 131, 133, 138, 164, 173,

180, 186-191, 193, 198, 222주55, 228주27
진보 21, 84, 139, 147, 203, 222주53
진화 174, 187
질서 58, 138, 141, 145-146, 156, 159, 229주47

창조 49, 51, 78-79, 104, 110, 129, 139, 143-145, 173-174, 198, 202, 205-206
창조세계 78, 98, 129, 145, 185
창조자/창조신 51-52, 79, 89, 129, 138-139, 186, 202, 206
『천로역정』 130
철학 20, 42-43, 72, 82-83, 85, 94, 96, 122, 130, 137, 144, 172-174, 201
초월 62, 103-104, 143, 150, 222주2
초자연 42, 45, 108, 112, 171, 195, 203
추론 47-48, 119, 125, 147, 149
취향 36, 71, 129, 161, 166
친구 28, 41, 43-44, 46, 49, 52, 56, 62, 63, 65, 84, 92, 94, 117, 139, 202

칼뱅주의 87

탈주술화 21, 196-199, 201, 203
태양 60, 75, 111, 174
트라우마 56-57

『판타스테스』 75-77, 99, 108, 219주18, 219주20

판타지 88, 195, 200-201, 203-207, 219주15, 219주19, 234주20
프랑스 전선 56-57, 63, 81
피고 53-55
피조물 51-52, 129, 138, 186, 195
필연성 78, 82, 87, 152

하나님의 두 책 138
합리성 45, 108, 133, 196
합리주의 36-37, 39-41, 63, 72-74, 77, 85, 100, 107, 188, 214주18, 215주29
해석/해석학 43-44, 141, 143, 147, 164-167, 169, 176-178 179-181, 192, 205, 224주13, 224주17
햄릿 27
헌신 21, 36, 83, 141, 157, 161, 200
『헤아려 본 슬픔』 65, 212주6
현실과의 협약 56-57, 86
호기심 40, 93, 164
화해 104, 132, 205
환상 34, 59, 73, 74, 154, 203-204
『황금가지』 215주29
회개 87, 127, 139
회심 17-18, 28, 37, 44, 63, 67, 71, 76-77, 80-81, 84, 86-88, 90-91, 95-100, 105, 107, 118, 133-134, 163, 169, 199, 206, 212주 6, 212주7, 218주62, 220주25, 221주41, 221주43, 225주38
흔적 17, 74, 76, 112, 125, 129, 138, 145, 168, 199
희망 45, 60, 80, 113, 139, 199

순전한 그리스도인

초판 발행_ 2020년 7월 17일
초판 2쇄_ 2022년 12월 30일

지은이_ 김진혁
펴낸이_ 정모세

펴낸곳_ 한국기독학생회출판부
등록번호_ 제2001-000198호(1978.6.1)
주소_ 04031 서울시 마포구 동교로 156-10
대표 전화_ (02)337-2257 팩스_ (02)337-2258
영업 전화_ (02)338-2282 팩스_ 080-915-1515
홈페이지_ http://www.ivp.co.kr 이메일_ ivp@ivp.co.kr
ISBN 978-89-328-1769-9

ⓒ 김진혁 2020

책값은 뒤표지에 있습니다.
무단 전재와 복제를 금합니다.